AF319070

EXPOSITION RÉTROSPECTIVE

DE

L'ART FRANÇAIS

DES ORIGINES A 1800

PAR

ÉMILE MOLINIER

CONSERVATEUR AU MUSÉE DU LOUVRE,
PROFESSEUR A L'ÉCOLE DU LOUVRE,
CHEF DES SERVICES DES EXPOSITIONS DES BEAUX-ARTS EN 1900

ET

FRANTZ MARCOU

INSPECTEUR GÉNÉRAL DES MONUMENTS HISTORIQUES
CHEF ADJOINT DES SERVICES DES EXPOSITIONS DES BEAUX-ARTS EN 1900

PARIS

LIBRAIRIE CENTRALE DES BEAUX-ARTS

ÉMILE LÉVY, ÉDITEUR

13, RUE LAFAYETTE

EXPOSITION UNIVERSELLE DE 1900

L'ART FRANÇAIS

DES ORIGINES A LA FIN DU XIXᵉ SIÈCLE

PAR

ÉMILE MOLINIER

Conservateur au Musée du Louvre,
Professeur à l'École du Louvre,
Chef des Services des Expositions des Beaux-Arts en 1900.

ROGER MARX

Inspecteur général des Musées des Départements,
Chef adjoint des Services des Expositions
des Beaux-Arts en 1900.

FRANTZ MARCOU

Inspecteur général des Monuments historiques,
Chef adjoint des Services des Expositions
des Beaux-Arts en 1900.

AVANT-PROPOS

L'histoire du XIXe siècle, au point de vue des arts mineurs, n'est point brillante : pendant trente ans, on a copié un style anémié, faux style Louis XVI, dont les éléments étaient déjà vieux à la fin du siècle dernier, et qui n'eut à son service que des mains très habiles, mais sans génie. De 1830 à 1850 environ, les mains mêmes disparurent complètement, et le développement anormal d'un faux style gothique n'est point pour faire pardonner à une époque les traces horribles de son existence; depuis 1858 jusqu'à une date très rapprochée de la fin du siècle, tous les styles connus ont été successivement en faveur : le néo-grec, la Renaissance, les styles du XVIIe et du XVIIIe siècle ont trouvé de nombreux imitateurs sous l'impulsion desquels des mains se sont reformées sans qu'on ait pu créer un style original. Au total, une époque qui a tant produit en peinture et en sculpture d'œuvres dignes de passer à la postérité, d'œuvres peintes ou sculptées qu'on peut discuter assurément, mais qui toutes témoignent de transformations et d'évolutions qui affirment la vie, ne peut montrer, au point de vue des arts mineurs, que des monuments de pure décadence ou des pastiches heureux. C'est peu de chose, et c'est assurément inquiétant pour l'avenir.

Ce résultat est la condamnation, dans une certaine mesure et à un certain point de vue, des solennités artistiques qui, sous le titre d'expositions, se sont succédé si nombreuses et si répétées depuis 1865 en France, depuis 1862 en Angleterre. Ces expositions rétrospectives, la création de nombreux musées d'art industriel ont été considérés comme un remède suprême et efficace à la décadence indéniable dont nous souffrons encore aujourd'hui. Ces expositions et ces musées ont rendu, c'est évident, de réels et importants services ; je veux croire qu'ils en ont rendu de plus grands encore en Angleterre que chez nous, affaire de tempérament artistique, de circonstances et de latitude. En épurant le goût par la vue des chefs-d'œuvre du passé, ces expositions ont pu prédisposer le public à ne plus se contenter des horreurs qu'on fabriquait à son usage; elles ont aussi, mais ce côté présente bien des inconvénients, recréé à nouveau une véritable pépinière d'artistes dont les mains ont appris à redevenir habiles. Au point de vue pratique, au point de vue de la création ou du développement d'une industrie d'art, là se sont bornés les avantages, avantages importants sans doute mais insuffisants, étant donné le but à atteindre. C'est qu'en réalité la technique une fois restaurée dans son ensemble, remise en honneur en suivant les anciennes traditions et en tenant compte du progrès de l'exécution industrielle, il a manqué chez nous une discipline supérieure, une pensée conductrice qui, autrefois, fit la gloire de l'art français : discipline assez souple pour se prêter à toutes les innovations, faciliter toutes les évolutions de style et de goût, mais condamnant aussi bien le pastiche que l'introduction dans les arts mineurs d'éléments décoratifs mal digérés et incompris. Sans fil conducteur, j'entends sans artiste voué aux arts mineurs assez éminent ou assez personnel pour pouvoir imposer sa volonté et son style, on a adopté successivement tous les styles sans en adopter aucun en réalité, sans prendre un style unique pour lui donner le développement logique nécessité par son origine et son évolution inéluctable.

Cette absence d'hommes, hors de pair, a fait que nous avons possédé une quantité d'artistes de talent, mais de second plan, se traînant dans l'ornière du déjà vu, gaspillant leur goût et leur habileté à une œuvre forcément incomplète. Que n'avons-nous rencontré des administrateurs doublés d'artistes, comme Le Brun ou Robert de Cotte? De bons esprits devraient bien s'appliquer à faire renaître, au point de vue des arts mineurs, cette unité de vue qui fit jadis notre force, qui forma une inoubliable pépinière d'artistes. Jusque là toutes tentatives faites dans ce sens, toute création de musée d'art industriel, si bien conçues soient-elles, demeureront à peu près stériles.

Si on cesse de considérer ce point de vue pratique, et le plus intéressant en somme, puisqu'il touche à la vie même de l'art, les expositions temporaires ont singulièrement développé les études historiques et surtout hâté le développement d'une science née d'hier, l'archéologie du moyen âge et de la Renaissance. Bien des idées préconçues se sont trouvées modifiées entièrement, grâce à la mise au jour d'œuvres d'art que quelques curieux connaissaient ou dont ils soupçonnaient l'existence, mais dont la valeur comme enseignement était perdue pour le plus grand nombre. L'archéologie, dans ses débuts, a eu à lutter contre des idées littéraires qui ont certainement, pendant un certain temps, favorisé son développement, mais qui, ne se modifiant pas dans le même sens et avec la même rapidité que les notions réelles et scientifiques qu'ils avaient contribué rapidement à faire naître, sont devenues une gêne. Rien n'a plus utilement contribué et ne contribue à débarrasser progressivement la science de cette influence littéraire devenue inutile, que ces exhibitions périodiques qui, mettant sous les yeux du public les objets tels qu'ils sont et non tels qu'ils ont été vus primitivement, le rendent plus sceptique à l'endroit d'attributions et de théories qui étaient d'autant plus dangereuses pour la science qu'elles *étaient présentées avec plus de talent. C'est ainsi qu'on est arrivé progressivement à détruire certaines légendes sur la fabrication des objets du moyen âge, qu'on n'attribue plus à Diane de Poitiers ou à Henri II tous les monuments du xvie siècle, qu'on fait entrer un peu d'air et d'histoire, d'ordre et de méthode dans le domaine de l'archéologie qui, il y a une soixantaine d'années, présentait parfois un peu trop d'analogie avec une boutique de bric-à-brac.*

Une conséquence, et non la moins importante des expositions d'objets d'art, a été de concourir, mieux que tous les règlements administratifs, d'une façon très efficace, à leur conservation. Or le domaine artistique, sagement administré, peut avoir pour un pays, pour une ville un intérêt économique tout à fait important : cette vérité élémentaire est depuis longtemps admise en ce qui touche l'antiquité classique; on commence à l'admettre pour le moyen âge et la Renaissance. Du jour où le gardien illettré d'un trésor découvre que ce trésor a une valeur, il y a des chances pour qu'au lieu de s'employer bêtement à sa destruction il le garde jalousement en en exagérant même, par un sentiment de vanité et de propriété à la fois, l'importance. Il est évident qu'à ce point de vue les expositions auront rendu des services très appréciables, non seulement en faisant périodiquement sortir de leur cachette des œuvres presque inconnues ou tout à fait inconnues, mais encore en ouvrant les yeux sur leur valeur réelle et intrinsèque à une foule de gens qu'il ne faut pas espérer conquérir à l'amour de l'art et de l'archéologie, mais que l'instinct de la propriété peut transformer en gardiens absolument sûrs. Sauf de très rares exceptions, on n'entend plus parler aujourd'hui de monuments meubles exécutés en masse, envoyés à la fonte ou transformés en bois à brûler; on ne brûlerait plus des tapisseries pour en retirer l'or ou l'argent, on n'enverrait plus à la fonte les châsses de Limoges pour en avoir le prix du cuivre : on sait maintenant d'une façon générale que tout objet d'art ancien a une valeur en soi, très supérieure à la valeur de la matière, et la tendance, souvent intéressée d'ailleurs, est plutôt d'exagérer cette valeur. Les expositions n'auront pas peu contribué à répandre ce sentiment, précieux auxiliaire pour l'histoire et l'archéologie.

L'Exposition rétrospective de l'art français, tenue en 1900 au Petit Palais des Champs-Élysées, ne comprenant que des objets d'art nés en France, offrant, malgré des lacunes inévitables, un tout formant une sorte d'histoire de l'art de notre pays, écrite à l'aide de monuments dont beaucoup n'avaient jamais été réunis dans une semblable occasion, dont beaucoup ne sont connus que d'un très petit nombre de savants, il a semblé qu'il serait de quelque utilité pour la science d'en conserver le souvenir. Ce livre, bien entendu, ne pouvait fournir l'hospitalité qu'à un petit nombre de monuments particulièrement caractéristiques; mais ces jalons suffiront sans doute à montrer, à travers les siècles, l'admirable développement et l'unité de l'art français. Beaucoup des œuvres qui sont ici publiées, par des procédés d'une exactitude irréprochable, n'ont jamais vu le jour; d'autres, en plus petit nombre, ont été jadis si imparfaitement reproduites par la gravure qu'il a paru important de donner d'une façon définitive leur physionomie exacte, d'en fixer à tout jamais l'image. Je ne crois pas qu'aucun artiste songera à nous le reprocher. Quant au texte explicatif de ces planches, on a pensé qu'il devait être aussi sommaire que possible, ne donner qu'une trame historique permettant de mettre à sa vraie place chacun des monuments faisant époque dans l'histoire de l'art que nous publions, laissant à d'autres le soin d'en faire le commentaire plus étendu; le temps nous aurait manqué pour présenter au public une œuvre scientifiquement complète. Qu'il nous suffise d'avoir amassé pour l'histoire et pour l'archéologie, pour l'art, en cette dernière manifestation artistique du XIXe siècle, des documents précieux.

L'ART FRANÇAIS

A L'EXPOSITION UNIVERSELLE DE 1900

LES IVOIRES. — De même que l'on ne saurait, sans l'aide des miniatures, se faire une idée de
ce que dut être la peinture pendant toute la première partie du moyen âge, de même, pour toute
la période antérieure à l'époque romane, l'histoire de la sculpture ne pourrait se reconstituer
sans le secours des ivoires. Alors que les plus grands
monuments de pierre disparaissaient, ces fragiles petits
ouvrages survécurent. Leur petitesse fut leur salut : la
matière était précieuse, elle fut respectée ; n'étant ni négli-
geable comme le bois, ni transformable comme le métal,
elle a traversé les siècles sous la forme qui lui avait été assi-
gnée dès l'origine ; tout au plus s'est-on borné, au cours des
âges, soit à donner parfois aux objets une destination
nouvelle, soit à les démarquer. C'est ainsi que tel diptyque
à sujet païen nous est arrivé sous l'aspect d'une couverture d'évangéliaire ; que, de telle figure de consul, la simple
modification d'un attribut a pu faire un roi d'Israël ; que
telle petite boîte de toilette, qui avait peut-être servi à
contenir le fard de quelque dame romaine du ve siècle,
s'est vue chargée de conserver les hosties consacrées.

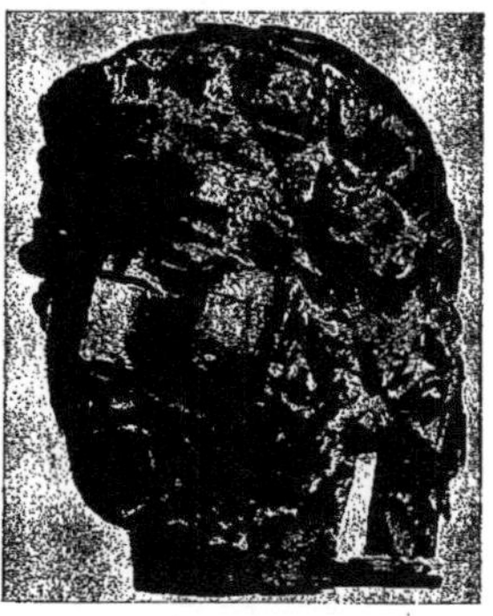

TÊTE DE FEMME
DE STYLE GREC
Musée de Vienne (Isère).

Bien que, depuis les lointaines époques où l'éléphant habitait les forêts européennes, l'ivoire
ait toujours été en cette partie de l'ancien continent un article d'importation relativement rare
et partant coûteux ; bien que, par suite, il ait été réservé à la fabrication d'une catégorie restreinte d'objets, d'objets de luxe, très abondant est l'apport qui nous est venu des siècles
passés. Sans remonter jusqu'aux temps brumeux de la préhistoire, où l'homme, ouvrier
inhabile, mais observateur fidèle, s'essayait à graver sur l'os la ressemblance des animaux qui

vivaient à ses côtés ; sans nous attarder davantage aux quelques objets que nous a fournis la Gaule celtique et indépendante, c'est par une pièce rare et précieuse que nous voyons s'ouvrir la brillante série des ivoires réunis à l'Exposition. Si la petite tête de femme, de style hellénique, qu'a prêtée le musée de Vienne, n'est pas née en Gaule, c'est en Gaule que d'heureuses fouilles la firent découvrir. Longtemps enfouie, elle est réapparue sous une patine foncée, chaude, presque noire, qui l'a pu, tout d'abord, faire prendre pour un ouvrage de bois. La fermeté de la ligne et la hauteur du style permettent de l'attribuer aux meilleurs temps de l'antiquité classique.

Pour cette période de lente décadence, où l'Empire, qui avait trop duré, trop joui et trop produit, incapable d'effort et d'élan, ne vivait plus que de traditions et d'emprunts, il est toute une précieuse série de petits monuments où se manifeste une orientation nouvelle et où apparaît que, malgré le prestige persistant du nom romain, Byzance avait remplacé Rome. Soixante-cinq, tel est à peu près le nombre des diptyques aujourd'hui authentiquement connus et répartis en Europe, diptyques de particuliers, de fonctionnaires, et surtout de consuls, dont l'office était de commémorer en une matière précieuse et durable un événement heureux ou glorieux, et qui, entre hauts personnages du Bas-Empire, s'envoyaient en présents comme s'échangent aujourd'hui des portraits officiels avec dédicace et signature. Sur le double feuillet d'ivoire se voient, en effet, fréquemment l'image du donateur, dans tout l'éclat de sa charge, ainsi qu'un cartouche destiné à en perpétuer le nom et les titres. A ce type

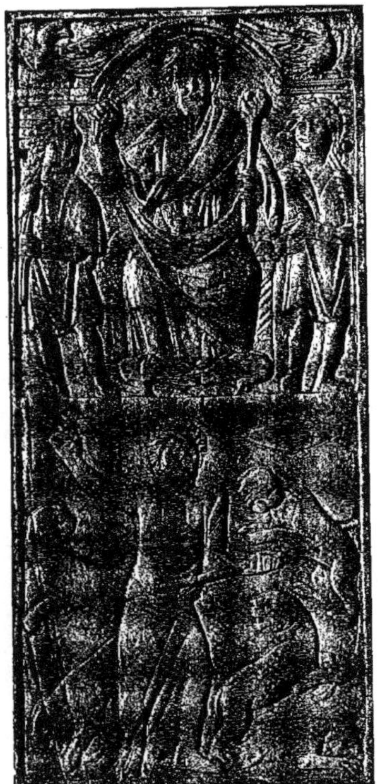

FEUILLET DE DIPTYQUE CONSULAIRE
(vıᵉ sıÈCLE)
Musée de Bourges.

appartient le diptyque consulaire envoyé par le Musée de Bourges, qui nous montre le consul donnant le signal des jeux et la lutte des belluaires et des fauves ; il doit appartenir à la fin du vᵉ ou au commencement du vıᵉ siècle ; la disposition de la scène, l'allure de la draperie, la mollesse de la facture ne permettent pas d'y voir autre chose qu'une œuvre italienne. Byzance, au contraire, se montre dans le métier beaucoup plus précieux, comme aussi dans le décor du diptyque de Justinianus, consul à Constantinople en 521, qui vient de la collectiou Aymard, du Puy, et appartient à M. Bardac. Au centre, un médaillon circulaire entourant l'inscription dédicatoire, au sommet un cartouche, et aux angles quatre fleurons font tous les frais de sa décoration.

C'est au nombre des diptyques émanant de particuliers que, à défaut d'indication plus précise, il convient de classer le célèbre diptyque de Sens, où se voient, dans une composition touffue, le lever du soleil et le lever de la lune, sous les traits de Bacchus et de Diane. Bien que le prototype en puisse appartenir à une époque antérieure, il ne paraît guère possible de faire remonter au delà du vi[e] siècle l'exécution, ronde, lourde et sans accent de cet ivoire, qui révèle la décadence de l'art purement romain, vivant sur son passé sans même chercher à rajeunir par une spéciale habileté de la main la fadeur d'une formule surannée.

Comme le diptyque de Bourges qui, jusqu'à la fin du siècle dernier, servit dans la cathédrale à recouvrir une liste des évêques, comme celui de Sens qui, habillé dans une orfèvrerie du xiiie siècle, relie encore l'Office des Fous et la Prose de l'Ane, d'autres ivoires de la même époque, sans destination liturgique, furent transformés en objets du culte, telle cette pyxide du trésor de la cathédrale de Sens, sur laquelle se déroule un combat de lions, dont le moyen âge a fait une custode eucharistique, puis, en dernier lieu, un reliquaire.

Ces ivoires païens christianisés nous conduisent à une autre série de pièces où apparaissent des sujets purement chrétiens et qui, contemporains des premiers, nous montrent le Nouveau Testament à côté

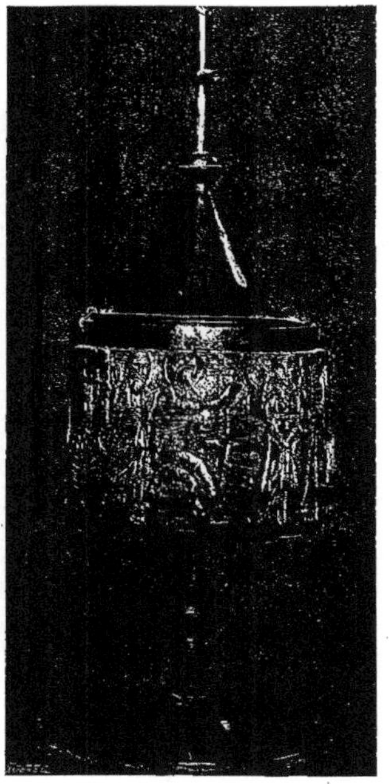

PYXIDE (vi[e] siècle)
Église de la Voute-Chilhac
(Haute-Loire).

de la mythologie classique : c'est, sur deux pyxides de l'église de la Voûte-Chilhac (Haute-Loire), montées au xiiie siècle sur un pied de cuivre, la Samaritaine, la Guérison du Paralytique, le Massacre des Innocents ; c'est, sur une autre pyxide du Musée de Rouen, la Nativité, et une Adoration où les Mages portent, comme sur une plaquette du Musée de Nevers, ce costume phrygien qui ne disparaîtra qu'avec la fin de l'époque carolingienne ; ce sont enfin deux plaques de reliure, d'un faire fort brutal, appartenant à l'église Saint-Andoche de Saulieu, qui nous montrent le Christ et la Vierge assis chacun entre deux apôtres. Si ces petits monuments présentent un particulier intérêt pour l'archéologue, il faut avouer que la brutalité de leur exécution en fait de pauvres œuvres d'art.

Les Barbares, en s'installant dans les meubles des Gallo-Romains, n'avaient pas tardé à adopter ce qu'ils trouvaient à leur convenance. S'il ne nous restait que les ivoires, il serait malaisé de déterminer quel fut l'apport personnel des Mérovingiens dans l'évolution de l'art; quelques fragments de plaques, quelques peignes en os, conservés dans l'ancienne collection Habert à Reims, aux Musées de Cambrai et de Tours, ornés de simples disques ponctués, repercés de croisettes ou de figures d'animaux, ou enfin découpés à jour en forme de têtes

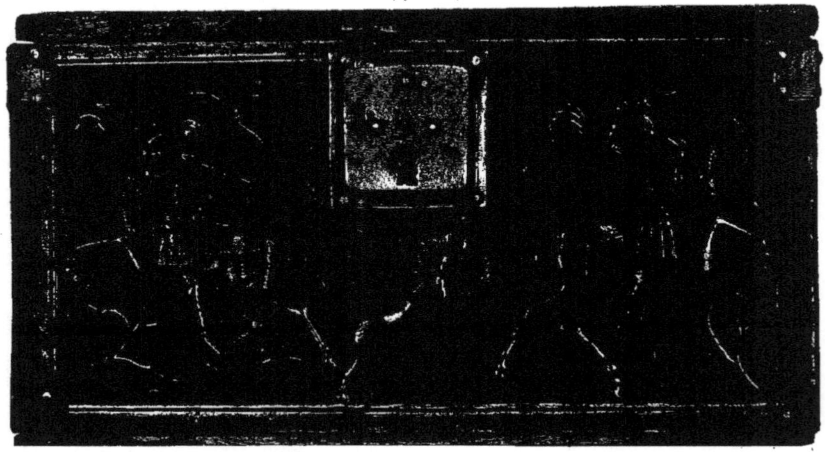

COFFRET. — Travail byzantin
Cathédrale de Troyes.

d'oiseaux, suffisent pourtant à fixer l'apparition d'éléments décoratifs nouveaux, dont les bijoux mérovingiens, beaucoup plus abondants, permettent de saisir le caractère propre et de reporter à l'Orient la lointaine origine.

Il faut attendre l'époque carolingienne pour voir se manifester dans l'art de l'ivoirier cette renaissance qui, bien que Rome fût son objectif, nous apparaît comme un mélange très complexe d'influences tant romaines que byzantines et même orientales. Conçue sous l'action et dans l'entourage de Charlemagne, c'est dans les cloîtres qu'elle s'élabora et reçut son expression. Dans les monuments qui nous sont restés des IXe et Xe siècles, on voit se former, sous la direction savante des ateliers monastiques, comme celui de Saint-Gall, les types iconographiques que l'art roman empruntera et développera. A cette époque se rapportent : la couverture d'évangéliaire de l'église de Gannat, dont le sujet principal est la Crucifixion;

cette curieuse plaque du Musée d'Amiens, à laquelle la légende de saint Remy et le baptême de Clovis ont servi de thème ; enfin, une plaque de la cathédrale de Nancy, la Crucifixion, où

se perçoit l'influence byzantine. Quant au coffret teint de pourpre que conserve la cathédrale de Troyes, et qui nous montre le basileus grec et des scènes de chasse, c'est de Byzance directement que l'a apporté l'évêque Garnier de Traisnel, aumônier des Croisés en 1204. A ce même art carolingien, et soumis à la même influence, appartiennent également le peigne liturgique de saint Gauzelin, à la cathédrale de Nancy, et celui de la cathédrale de Sens, que la tradition met sous le nom de saint Loup, bien qu'il n'ait jamais pu passer dans les cheveux du saint, mort trois cents ans auparavant.

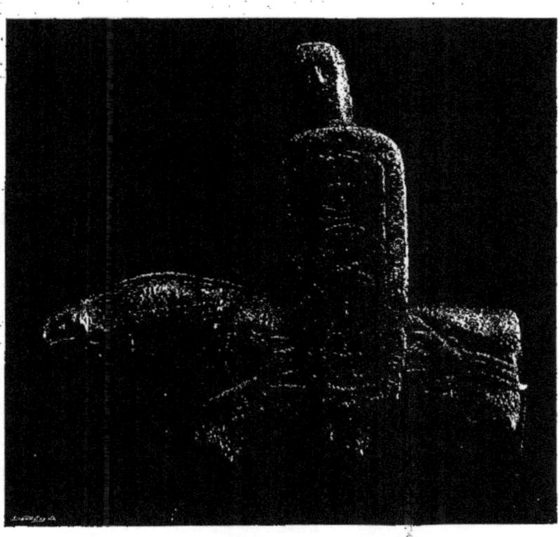

PION D'ÉCHIQUIER (xɪᵉ sɪèCLE)
COLLECTION ALBERT MAIGNAN.

Avec l'époque romane, le développement de la statuaire monumentale, qui accompagne celui de l'architecture, paraît avoir eu pour conséquence un ralentissement dans la production

de l'ivoirier. Les artistes quittent l'ivoire pour la pierre ; aussi les pièces des xɪᵉ et xɪɪᵉ siècles sont-elles peu communes. Une belle plaque appartenant à M. Campe, à Hambourg, nous montre le Christ de majesté bénissant à la latine, tandis que la plaque de la Crucifixion, appartenant à M. Garnier, paraît bien être inspirée d'un ouvrage byzantin et qu'un curieux cavalier taillé dans un os de morse, un pion d'échiquier, semble-t-il, de la collection Albert Maignan, nous révèle une influence purement septentrionale. Le souvenir de ce que dut être le bâton pastoral au temps de la primitive Église, se retrouve dans le tau de l'époque romane. La forme de béquille, qui est celle des taus des abbés de Coulombs et de

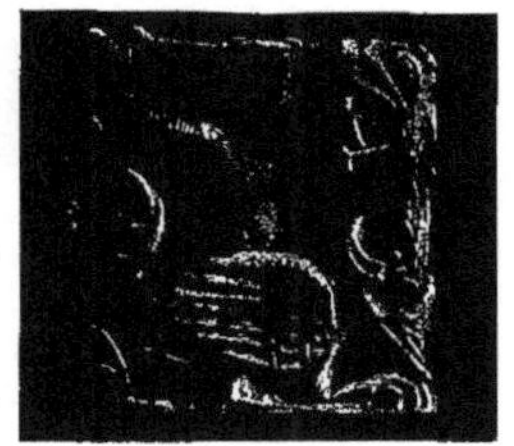

PION D'ÉCHIQUIER
(xɪɪɪᵉ sɪèCLE)
MUSÉE DE COMPIÈGNE.

Fécamp, conservés aux Musées de Chartres et de Rouen, semble bien indiquer que le couronnement du bâton servait à l'appui de la main ; ce ne dut être qu'après l'allongement de la hampe que son sommet se recourba en forme de volute, comme le montrent les crosses, fort petites encore, de Saint-Trophime d'Arles et de la cathédrale de Vannes.

Comme tant d'autres objets qui ne recherchaient pas cet honneur, les oliphants, simples trompes de chasse, se sanctifièrent par la fonction qu'on leur fit remplir. Beaucoup d'entre eux servirent de récipients pour transporter ou pour conserver des reliques, et c'est généralement après un stage dans des églises qu'ils sont entrés dans nos musées. Le caractère oriental de la décoration, qui se voit chez la plupart d'entre eux, n'est pas une preuve suffisante pour permettre d'affirmer que l'Orient les a vus naître. Oriental assurément est le chameau qui orne l'embouchure d'un oliphant du Musée Saint-Jean, à Angers, et orientales aussi les antilopes de l'oliphant de Valmont, au Musée des Antiquités de la Seine-Inférieure, à Rouen, et les bandes d'animaux fantastiques qui s'allongent sur celui de Saint-Sernin de Toulouse ; mais ce n'est peut-être là qu'une traduction qui a pu se faire du côté de Constantinople ; et pour d'autres pièces encore, comme celles de Saint-Orens d'Auch, de Saint-Trophime d'Arles, des Musées de Clermont et du Puy, la question peut se poser de savoir si la traduction n'a pas elle-même été traduite par des ouvriers occidentaux.

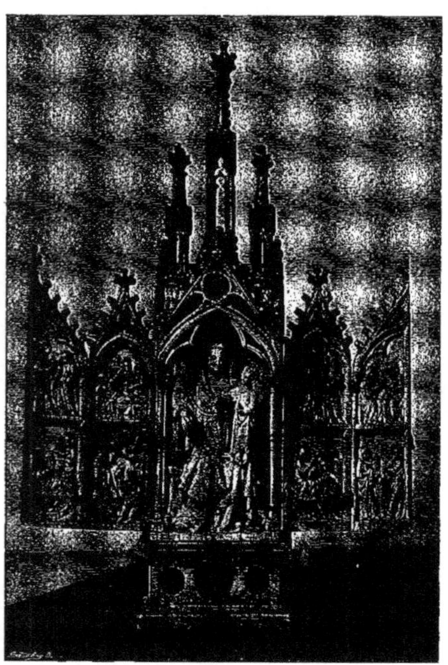

POLYPTYQUE (XIVe SIÈCLE)
COLLECTION BOY.

De cette période intermédiaire entre le roman qui finit et le gothique qui commence, et pour laquelle toute démarcation trop tranchée est périlleuse, une pièce surtout est à signaler, la Vierge ouvrante, dite de Boubon, dont MM. Sailly et Lavergne ont réuni les deux parties longtemps disjointes : assise de face, tenant l'enfant dans son giron, elle s'ouvre en son milieu comme un triptyque. Encore tout roman par son type et son galbe extérieur, elle nous montre, sur ses volets intérieurs taillés en bas-reliefs, diverses scènes de la vie du Christ, dont l'allure et le geste appartiennent déjà à l'art du XIIIe siècle.

En sortant des cloîtres pour courir les rues, en se laïcisant, au XIIIe siècle, l'art de l'ivoirier étendit le champ de sa production et s'appliqua à nombre de petits travaux d'ordre purement civil, qu'il avait jusque là négligés. Si, pour la période romane, les ivoires sont relativement rares, telle est par contre l'abondance des ivoires gothiques, du XIIIᵉ au XVᵉ siècle, que de nombreux exemplaires d'un même modèle se rencontrent souvent, révélant l'existence d'un prototype commun. Il n'est pas douteux que des recueils de dessins devaient exister dans les ateliers, et fournir sinon un inflexible patron, du moins un thème autour duquel s'exerçait l'habileté individuelle de chacun.

L'art roman s'était surtout appliqué à tailler l'ivoire en bas-relief; tout en conservant cette pratique et en la développant, l'art gothique attaque la ronde bosse. Une Vierge de la collection Garnier et un ange de la collection Chalandon ont momentanément reconstitué en faveur de l'Exposition la scène de l'Annonciation. Par la noblesse des attitudes, par l'ampleur de son style, par la rare qualité de son exécution serrée et moelleuse, ce petit groupe appartient aux plus excellentes traditions du XIIIᵉ siècle, et peut, en ses dimensions restreintes, rivaliser avec telles des meilleures figures qui garnissent les portes de nos cathédrales gothiques. L'on sait quel fut, à dater du XIIIᵉ siècle, le culte de la Vierge; presque toutes les cathédrales nouvellement baptisées furent mises sous le vocable de Notre-Dame. Ce sont aussi des Notre-Dame que glorifia l'ivoire. Les admirables Vierges des collections Oppenheim et Martin Le Roy, qui appartiennent aux dernières années du XIIIᵉ siècle,

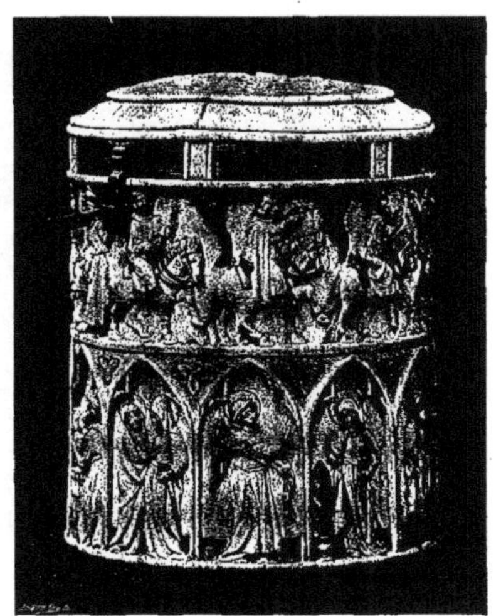

PYXIDE (XIVᵉ SIÈCLE)
Musée de Dijon.

sont comparables à ce que la grande statuaire contemporaine nous a légué de plus précieux. Couronnées, assises sur un trône, elles présentent à l'Enfant l'une une tige de lis, l'autre une pomme; leur sourire est celui qui se retrouve sur les lèvres de nombreuses statues de la Vierge jusqu'au XVᵉ siècle; ingénu et aussi doucement sceptique, on a pu y voir un précurseur du sourire des femmes de Léonard.

Si l'on pouvait douter que la polychromie fût une règle de la sculpture du moyen âge, la Vierge de Villeneuve-lez-Avignon tendrait à prouver la constance de cette pratique. Contemporaine des précédentes, un peu plus jeune, peut-être, elle est, par ses dimensions peu communes, par la fraîcheur de sa coloration, par sa presque parfaite conservation, une œuvre hors de pair dans l'histoire de la petite statuaire. Le même charme, les mêmes qualités d'exécution se voient encore sur maintes pièces de moindre importance, et d'époque à peu près contemporaine, comme les Vierges de MM. Nodet, Boy, Porgès, Cardon, et comme celle du Musée des Antiquités de Rouen, dont la collection Spitzer possédait une réplique, et comme tant d'autres encore. Une date certaine, celle de 1340, nous est fournie par une inscription gravée sur la terrasse d'orfèvrerie de deux anges drapés, porteurs de cierges, qui encadrent, dans le trésor de la cathédrale de Rouen, une relique de saint Romain. Ce petit monument a une origine illustre, et l'on peut regretter qu'il ait quitté le Trésor royal de Saint-Denis, où il abritait, sous un cristal de roche, un ossement de saint Placide. S'il faut en croire les armoiries frappées sur l'écrin de cuir qui le renferme, c'est à Philippe le Bon, duc de Bourgogne, qu'a appartenu un petit groupe précieux de l'ange et de la Vierge, réunis dans la scène de l'Annonciation, qu'a prêté le Musée de Langres. Lui aussi a gardé une bonne partie de sa primitive polychromie. Le style très particulier des figures quelque peu aiguës et anguleuses, et la présence sur le socle de marqueteries d'os teinté chères aux Italiens semble pouvoir en faire rechercher le lieu de fabrication au delà des Alpes, et cette hypothèse se trouve corroborée encore par le caractère essentiellement italien du décor peint et gravé sur l'enveloppe de cuir qui le protège.

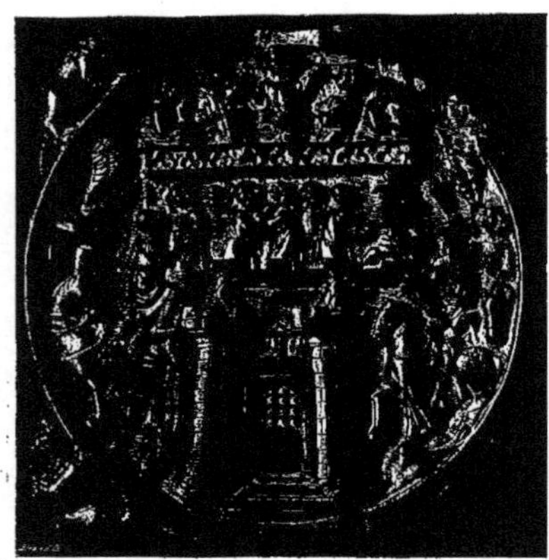

BOITE DE MIROIR
LE SIÈGE DU CHATEAU D'AMOUR (XIVᵉ SIÈCLE)
COLL. DE Mᵐᵉ LA MARQUISE ARCONATI-VISCONTI.

L'histoire de la Vie et de la Passion du Christ, la glorification de la Vierge, plus rarement des scènes de l'Ancien Testament et de la vie des saints, forment le sujet habituel des diptyques, triptyques, polyptyques qui abondent du xiiiᵉ au xvᵉ siècle. Les collections de M. le baron Oppenheim, de M. le comte de Valencia, de MM. Boy, Cottreau, Garnier, Bardac, Campe, ont fourni une admirable série de ces petits objets portatifs de dévotion, devant lesquels se faisaient les oraisons, comme devant un retable.

L'Agneau pascal portant le labarum est un des motifs dont le xiiiᵉ siècle, tant en orfèvrerie qu'en ivoire, aime à décorer la volute des crosses épiscopales, comme celles de l'église Saint-Vincent de Chalon-sur-Saône et de la collection Bardac nous en fournissent un double exemple. Deux autres crosses des collections Taylor, de Londres, et Campe, de Hambourg, nous montrent une disposition qui devient fréquente au xivᵉ siècle, l'adossement de deux sujets dans l'enroulement du crosseron : ici, c'est l'Annonciation et la Déposition de croix; là, le Christ crucifié et la Vierge portant l'Enfant.

C'est dans la littérature du moyen âge, dans les romans de chevalerie, que se doit chercher l'explication des scènes que l'ivoirier taille en un relief généralement faible, comme il convient pour des objets destinés à l'usage, sur les coffrets, tablettes à écrire, boîtes de miroirs, etc. Là encore, comme pour les ivoires religieux, la même scène se voit reproduite à satiété pendant les xive et xve siècles, d'après un type une fois admis, sans qu'il y soit apporté dans le costume des personnages telle modification qui puisse guider l'archéologue à la poursuite d'une date certaine. C'est, sur un coffret de M. Mannheim, la touchante aventure de la châtelaine de Vergy; c'est, sur une boîte de miroir de M. Cardon, l'histoire de Huon de Bordeaux; ce sont, sur un coffret de M. le baron Oppenheim, le lai d'Aristote, la fontaine de Jouvence, l'homme sauvage, la prise de la Licorne, les prouesses de Lancelot, l'épisode de Tristan et Yseult surpris par le roi Marc; c'est, sur des boîtes de miroir de Mme la marquise Arconati-Visconti, de MM. Salting, Garnier, Doistau, l'assaut du Château d'Amour; ce sont des musiciens et des danseurs sur deux coffrets du Musée de Châlons-sur-Marne et de la collection Ricard, de Marseille. Il semble qu'à travers ces petits objets, d'un goût précieux et raffiné, l'on puisse entrevoir l'allure de la société qui en fit usage, aux temps des cours élégantes des premiers Valois et d'Isabeau de Bavière.

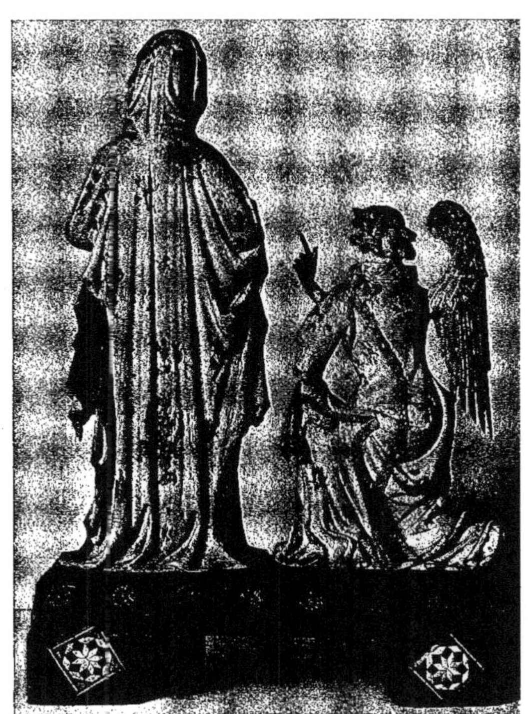

L'ANNONCIATION (Revers)
(xve siècle)
Musée de Langres

Dès la fin du xve siècle, le beau temps de l ivoire est passé. A partir de la Renaissance, alors précisément que les relations ouvertes par les navigateurs avec les côtes africaines semblaient devoir rendre plus facile et plus abondante l'importation de l'ivoire sur les marchés européens, le goût paraît s'être perdu de cette matière qui avait fait la joie du moyen âge. Les objets de cette époque sont peu nombreux et leur qualité est médiocre. L'on rencontre bien encore quelques peignes, quelques baisers de paix, quelques crosses; mais c'en est fini des diptyques où excellait l'outil patient de l'ouvrier gothique. Nous n'aurons guère à citer, comme pièce quelque peu exceptionnelle, qu'une gracieuse petite figure de sainte Madeleine, appartenant à M. André, et qu'un couteau bien connu, dit couteau de Diane de Poitiers, appartenant aujourd'hui à M. Campe. Son manche est formé de la figure en ronde bosse d'un guerrier armé et casqué, tandis que sur la gaine se détachent en bas-relief des figures de déesses de l'Olympe.

L'art de l'ivoirier se mourait au xvie siècle : au xviie, l'on peut dire qu'il est mort; non pas qu'on ne rencontre encore nombre d'objets en ivoire, mais parce que l'ivoire a cessé d'avoir une technique qui lui soit propre, parce qu'en cette matière se traitent des sujets qui pourraient tout aussi bien être coulés en bronze ou taillés dans le bois. L'ivoirier, au lieu de se faire une place petite mais personnelle à côté de la grande sculpture, cherche à l'imiter en des dimensions restreintes; il va même demander des modèles à la peinture et en vient à introduire la perspective dans le bas-relief interprété comme un véritable tableau. François Duquesnoy et Gérard van Obstal nous ont laissé en ce genre de gracieux morceaux; mais l'on ne peut plus dire que ce soient des ivoiriers, ce sont des sculpteurs d'ivoire. Tel est aussi ce *Jacobus Agnesius Caluensis* qui signe en 1638 un groupe violent et grimaçant du martyre de saint Barthélemy écorché par deux bourreaux, que conserve le Musée d'Albi; tel encore Simon Jaillot, natif de Saint-Claude, académicien et grand fabricant de crucifix, qui, en 1664, sculpte un calvaire fameux, appartenant à M. de Meynard, où, quelle que soit l'habileté du ciseau, il est difficile de trouver quelque émotion et quelque caractère. Abandonné au tabletier, au tourneur, au bimbelotier, l'ivoire sut toutefois, en un ordre modeste, trouver au xviiie siècle quelques spirituelles et nouvelles formules dans les étuis, navettes, éventails, râpes à tabac, etc., dont Dieppe se fit le fournisseur attitré, et dont son Musée montre à l'Exposition quelques jolis spécimens. Dans les petites scènes taillées en faible relief sur certaines de ces râpes se retrouve le même esprit que sur les boîtes de miroir du xve siècle, et se montre une fois encore la tradition française se poursuivant à travers les âges.

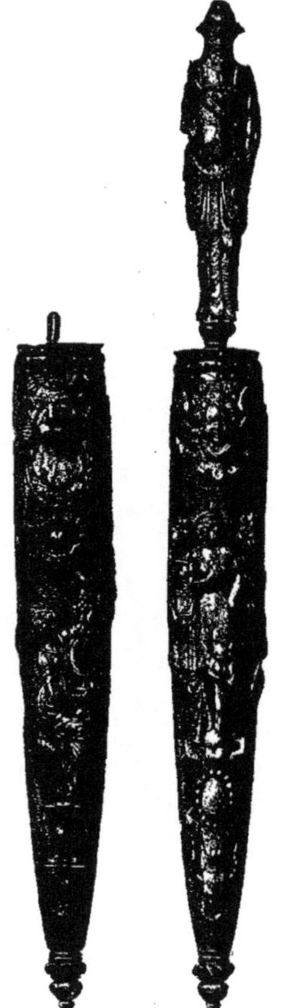

COUTEAU DIT DE DIANE DE POITIERS
COLLECTION CAMPE

LE BRONZE. — Sans remonter jusqu'à l'âge lointain auquel le bronze a donné son nom, et que représentent au Petit Palais les longues, minces et élégantes épées de la collection Morel, de Reims, aussi admirables pièces de fonte qu'admirables outils, que l'on sent d'une pénétration si facile et dont le poids se trouve toujours si judicieusement réparti entre la poignée et la lame ; sans nous attarder non plus aux temps histo-riques de la civilisation gauloise, qui se révèle surtout à nous sous l'aspect d'objets de parure guerrière ou fémi-nine, torques, agrafes, fibules, colliers, bracelets, etc., et dont la collection Bosteaux-Pâris, de Cernay, a réuni de beaux échantillons champenois ; c'est seulement à partir de la domination romaine que l'abondance des objets recueillis nous permettra de jeter un coup d'œil sur le développement de l'industrie du bronze en Gaule. L'on sait quel fut le goût constant des Romains pour le bronze sous toutes ses formes ; à une époque fortunée qui ignorait également le fer-blanc et le zinc d'art, le bronze, avec ses différents alliages destinés à régler sa rigidité ou sa malléabilité, fut le métal par excellence de l'art et de l'industrie ; il pourvut à tous les besoins : il fut Dieu et cuvette. La civilisation latine, en étendant la main sur la Gaule celtique, apporta avec elle ses besoins et ses aspirations ; elle apporta aussi les moyens de les satisfaire, et il n'est pas douteux que bien peu de temps après la conquête, sur tout le territoire gaulois, durent se constituer des centres industriels, où se fusionnèrent en d'inégales proportions les influences importées et les traditions indigènes, où les modèles fournis par le conquérant furent interprétés par les vaincus, qui laissèrent dans leurs copies les traces de leur tempérament national. C'est, assurément, à une adaptation de la théogonie romaine à la mythologie

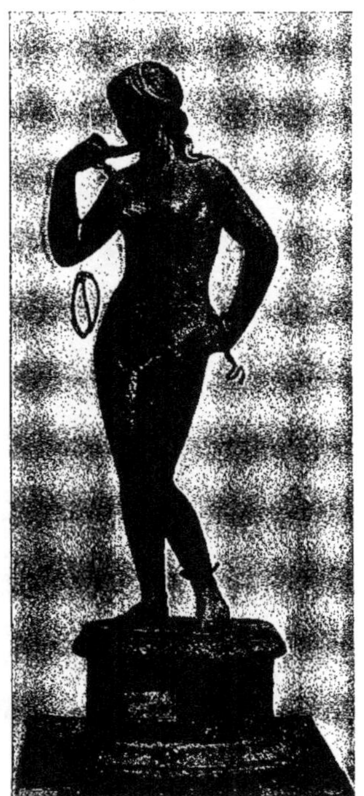

VÉNUS
MUSÉE DE CHAMBÉRY

gauloise que sont dues des statuettes comme celle de ce Dispater, de ce dieu que nous savons s'être appelé Sucellos et dont le Musée de Beaune et la Bibliothèque de Grenoble possèdent chacun un exemplaire ; debout, vêtu de la caracalla à manches longues, les jambes couvertes de braies collantes, il tient de la main gauche levée un marteau à long manche sur lequel il s'appuie, et de la droite l'olla, le vase à libations. Ce petit bronze du Musée de Beaune, trouvé à Pernand, est le seul qui nous soit parvenu avec ses attributs intacts ; il nous permet de restituer aux nombreuses statuettes analogues, comme à celle de Grenoble, le marteau aujourd'hui disparu. C'est aussi à une inspiration gauloise, hantée par un modèle grec, que nous devons cet Apollon, nu et debout, trouvé à Vaupoisson, dans le département de l'Aube, et qu'expose le Musée de Troyes, grande figure d'une allure assez gauche, au crâne aujourd'hui trépané et dont les orbites troués devaient recevoir des yeux rapportés d'autre métal, comme nous le voyons sur un buste de femme, du Musée de Dôle, à la tête ceinte d'un diadème et aux épaules émergeant d'une garniture de feuillages. Nous serions également tentés de reconnaître l'intervention de la main gallo-romaine dans l'incertitude que manifestent deux têtes

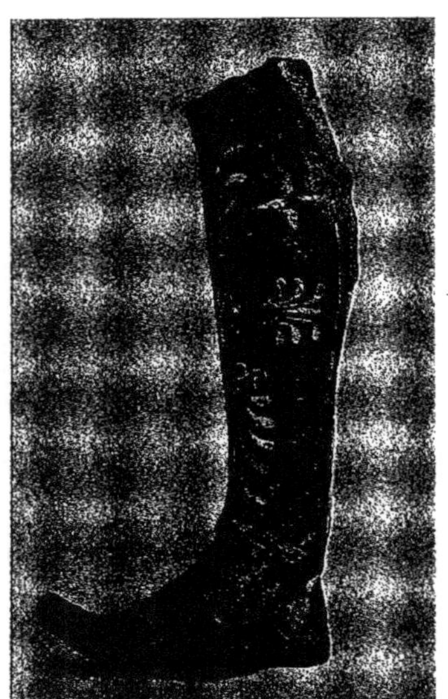

JAMBE INCRUSTÉE D'ARGENT
COLLECTION J. PROTAT

masculines, appartenant au Musée des Antiquités de la Seine-Inférieure et au Musée de Péronne, l'une aux cheveux crépus, trouvée à Lillebonne, l'autre aux cheveux lisses et plats, trouvée à Lyon, dans le lit de la Saône.

Mais, bien que recueillies dans le sol de la Gaule, ce n'est point certes en Gaule qu'ont été créées les plus belles pièces de bronze qui, depuis plusieurs siècles, sont sorties de terre et en sortent encore journellement pour enrichir nos Musées et les collections privées. Dès les premières années de la conquête, il se fit en effet, de par-delà les Alpes, une continuelle importation d'objets de toute nature, tant statuettes de divinités qu'ustensiles usuels, œuvres grecques ou ouvrages romains inspirés d'œuvres grecques, dont s'entourait le luxe des hauts fonctionnaires et des riches personnages de l'Empire. De cette source découlent et ce merveilleux ornement qui devait servir d'amortissement à l'extrémité du timon d'un char, où un cavalier, vêtu à la mode orientale, combat une lionne dont la gueule saisit le poitrail de son cheval, pièce d'une allure et aussi d'une patine admirables, trouvée à Fa (Haute-Garonne), et conservée à la Collégiale Saint-Raymond, à Toulouse; et une petite Vénus anadyomène, du Musée de Chambéry, qui, de sa main droite relevée, tient une boucle de ses cheveux; et une Vénus pudique du Musée de Vienne; et un Mercure portant Bacchus enfant, du Musée de Péronne, précieuse pièce trouvée à Roye, qui peut faire songer à l'Hermès fameux de Praxitèle; et, du même Musée, une gracieuse figure de Morphée, trouvée à Étaples, qui, la chevelure empennée comme Mercure, répand le sommeil d'un rython renversé. L'ancienne et riche collection de Robien, aujourd'hui au Musée de Rennes, fournit encore à la même série et un Mercure-Auguste, Hermès reproduisant les traits de l'Empereur, debout, nu et élégant, aux yeux incrustés d'argent, coiffé d'ailes et porteur de la bourse, comme les collections Morel et Bizot nous en montrent deux autres spécimens ; et encore deux charmantes et fines figures, trouvées l'une et l'autre à Corseul, une Bacchante et un Lare-Auguste, dont le Musée de Vienne possède un similaire. S'il nous fallait faire un choix dans la sélection déjà faite du Petit Palais, nous citerions encore deux gracieuses figures d'Eros, à la figure rieuse, au corps souple et alerte, l'une à l'hôtel Pincé d'Angers, l'autre au Musée de Valenciennes ; deux figures d'Hercule, du Musée d'Avignon et de la collection Bizot, à Vienne ; un petit Harpocrate, au même collectionneur ; un buste de Jupiter Sérapis, à M. Bosteaux-Pâris ; enfin, au Musée d'Avignon, un petit groupe d'applique, bacchant et bacchante étendus, de la plus élégante allure. Enfin, deux fragments, une petite jambe de bronze incrusté d'argent, appartenant à M. Protat, et un grand bras doré, plus grand que nature, appartenant à M. Morel, nous font singulièrement regretter la perte du complément des statues dont ils proviennent.

A côté des représentations multiples de la divinité sous la forme humaine, le sol gaulois nous a fourni encore en abondance des images d'animaux parmi lesquelles il est également possible de faire le départ entre l'importation et l'interprétation locale. Un admirable petit cheval, à la crinière courte et droite,

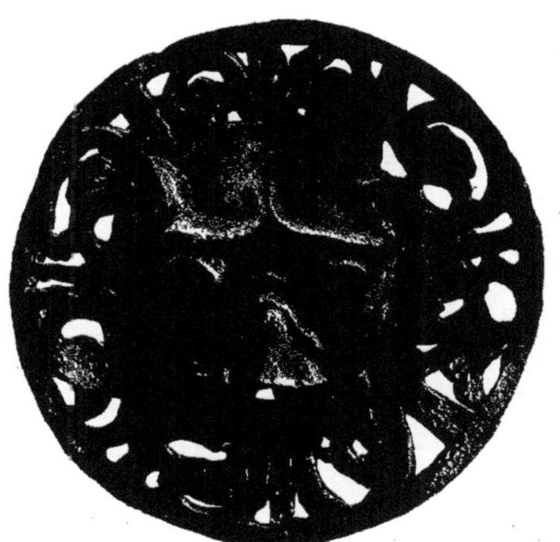

MARTEAU DE PORTE
(XIIe SIÈCLE)
Musée du Puy

trouvé à Aubiac et actuellement au Musée d'Agen, rappelle, de même qu'une tête de cheval, trouvée à Eysies, et appartenant au même Musée, les meilleures productions de la plus belle époque de l'art grec ; tandis que l'exécution plus brutale des artistes indigènes se manifeste dans la plupart des autres sujets de la ménagerie gallo-romaine, taureaux, cerfs, chevaux, chiens, paons, etc. ; dans cet antique emblème des Gaulois, le sanglier, auquel un calembour de date récente a fait substituer le coq, qui n'avait aucun droit à cet honneur. Enfin, en passant de l'autel et du sanctuaire à la table et à la cuisine, la Gaule romanisée nous a encore fourni mille ustensiles de bronze, lampes, miroirs, trépieds, patères, coupes, œnochoés, etc., aux patines vertes et lustrées, qui nous montrent l'unité de l'art s'affirmant aussi bien dans l'exécution de la figure d'un dieu que dans celle du moindre objet de l'ordre le plus commun et de l'usage le plus vulgaire.

Depuis la fin de l'Empire romain jusqu'au début de l'époque romane, pour toute cette longue période qui vit l'établissement des barbares en Gaule et la gloire éphémère de l'empire des Carolingiens, telle est la pénurie des objets arrivés jusqu'à nous qu'il ne nous est guère loisible de nous faire, à l'aide de spécimens subsistants, une idée de ce que fut l'industrie du bronze pendant près de cinq siècles. Entre le monde antique qui meurt et le moyen âge naissant existe une lacune non comblée. Il est certain toutefois que les nouveaux maîtres de la Gaule n'ont pas cessé de fondre le bronze, et si le produit de leur art ne nous est pas parvenu, il le faut imputer à la facilité qu'il y avait à rendre une nouvelle jeunesse au métal devenu hors d'usage en lui donnant une forme nouvelle. Les plus anciens monuments de bronze des xie et xiie siècles suffisent d'ailleurs à nous prouver que l'art du fondeur, s'il avait pu, pendant un temps plus ou moins long, oublier sa technique, avait, bien avant l'époque romane, retrouvé ses lois et ses procédés. Ce n'est pas en effet un art à ses débuts qui a pu produire le grand fragment de pied

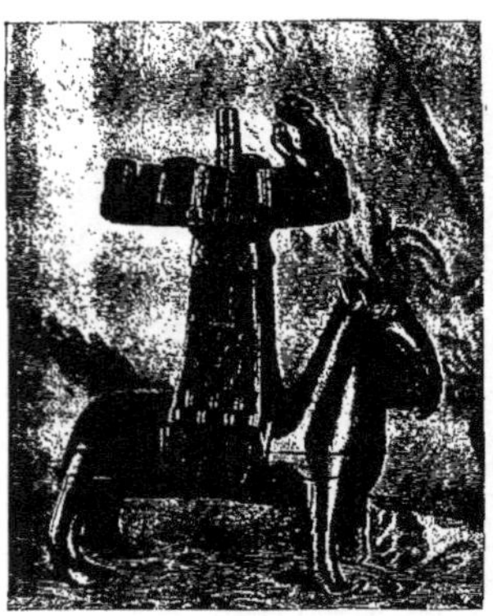

CHANDELIER
(xiie siècle)
Collection Chabrières-Arlès

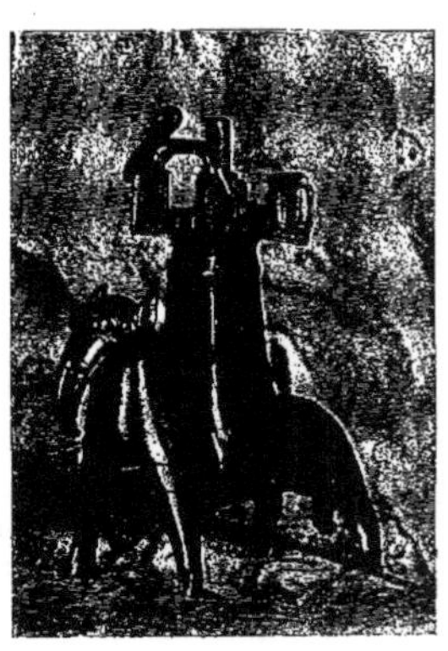

CHANDELIER
(xiie siècle)
Collection Chabrières-Arlès

de cierge pascal, qui appartenait autrefois à l'église Saint-Remy de Reims, et qu'hospitalise aujourd'hui le Musée de la ville. Il y a là un art en pleine possession de ses moyens, habile à varier ses ressources, et il faut reconnaître même que des fondeurs en état de vaincre les difficultés que présentait l'établissement d'une pièce de cette importance, ne laissaient plus, au point de vue de la technique du métier, grand'chose à trouver à leurs successeurs. Dans cet enchevêtrement de gens et de bêtes qu'enlace une végétation puissante et très stylisée, dans l'emploi de ces loupes de cristal qui viennent égayer le sombre éclat du métal, se fait jour cette influence orientale dont une bonne partie de la sculpture monumentale contemporaine porte la marque ou le souvenir. Au même art et à la même époque appartiennent un curieux chandelier de la Collection Oppenheim, formé d'un petit personnage qui, monté sur le dos d'un animal à corps d'oiseau et cou de serpent, soutient la fusée dont la bobèche s'épanouit; et ce fragment du pied d'un chandelier, appartenant à M. Goldschmidt, qui nous montre sur chacune de ses trois faces Alexandre enlevé au ciel par des aigles; et la clochette du séminaire de Reims, dont les symboles des évangélistes garnissent la panse, et encore ces têtes d'animaux qui tenaient ou tiennent encore dans leurs gueules des anneaux

contre les portes en bois des églises de Brioude et de Bourbourg, et de la cathédrale du Puy,
lions, singes et loups, que l'architecture romane nous montre si fréquemment sous la saillie d'un corbeau ou aux angles d'un chapiteau.

Encore qu'imparfaitement exact en son étroite limitation, l'usage a consacré et nous devons conserver le terme de dinanderie pour désigner la généralité des petits ouvrages de cuivre, de bronze ou de laiton qui virent le jour du XIe au XVIe siècle, que ces ouvrages soient battus, fondus ou repoussés. Dinant-sur-Meuse, qui a donné son nom à cette industrie, n'en eut pas le monopole : Liège, dans le Hainaut, Paris, Lyon, et bien d'autres villes de France comptèrent des fabriques florissantes. Il n'est même pas prouvé que Dinant fût la

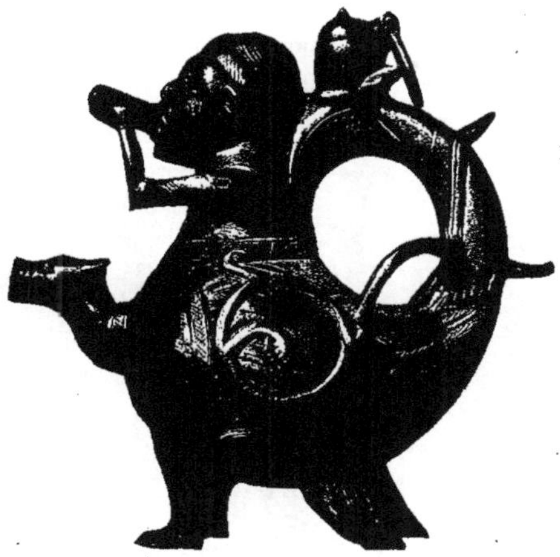

AQUAMANILE (XIIe SIÈCLE)
COLLECTION MARTIN LE ROY

première à en avoir, et il est d'autre part certain que l'industrie des potiers d'airain persista bien après la prise et la ruine de la ville par Philippe le Bon, en 1466. Quelle que soit leur

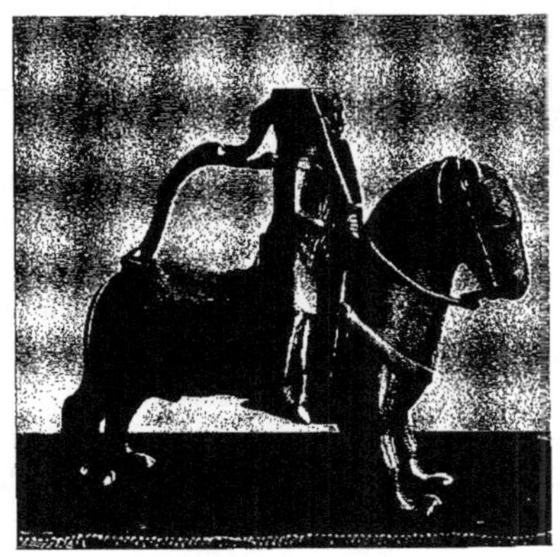

AQUAMANILE (XIIIe SIÈCLE)
COLLECTION MARTIN LE ROY

origine, souvent bien difficile à déterminer avec toute certitude, c'est principalement sous la forme d'ustensiles usuels que ces produits nous sont arrivés : aiguières, bassins, chandeliers, aquamaniles, coquemars, etc. Beaucoup de ces objets devaient être faits en grand nombre dans de véritables fabriques d'après un modèle donné, car les collections publiques et privées nous montrent de nombreux spécimens d'un même type ; et, d'autre part, ce type, une fois adopté, dut se maintenir longtemps dans les ateliers en passant d'un siècle à l'autre, car c'est seulement à l'addition d'un simple détail qu'il est souvent permis de restituer à tel siècle, tel objet dont le type accuse le style d'un siècle antérieur.

C'est ainsi que deux beaux flambeaux des Collections Oppenheim et Martin Le Roy nous montrent un lion sur le dos duquel est monté un personnage soutenant une fusée qui va s'évasant en bobèche et s'amortit en pointe pour recevoir la bougie de cire. Ces deux belles pièces ont tous les caractères de l'époque romane et l'on serait tenté d'attribuer à la même époque trois autres chandeliers de moindre dimension et d'une disposition similaire, appartenant au Musée des Antiquités de la Seine-Inférieure et aux Collections Salting et Goldschmidt, n'était l'ouverture en forme de fenestrage gothique qui perce la douille couronnant leur fusée ; en présence de

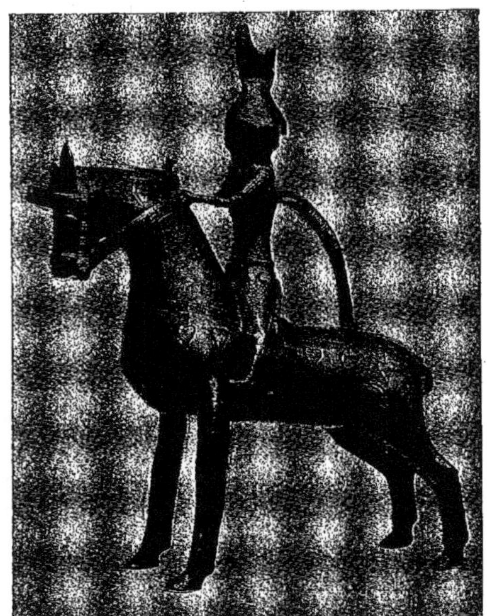

ce détail caractéristique, il paraît difficile d'en faire remonter l'exécution plus haut que la fin du XIIIᵉ ou le commencement du XIVᵉ siècle.

Dans l'abondante série des objets que l'industrie fournissait aux usages de la vie, les aquamaniles constituent une suite des plus curieuses pour la variété et même la bizarrerie des formes que les dinandiers leur firent revêtir. Le genre humain et le règne animal ont fourni à ceux-ci une inépuisable mine : c'est ici (collection Chabrières-Arlès) un oiseau raidi sur ses pattes de devant et soutenu en arrière par la retombée de ses ailes ; c'est là (Collection Martin Le Roy) un composé hybride de l'homme et de la bête, sorte de syrène à ailes d'oiseau et queue de serpent ; ce sont ailleurs (Collection Oppenheim) des lions montés sur leurs quatre pattes ou assis sur leur train de derrière, proches voisins des lions porte-flambeaux, et comme eux du

XIIᵉ siècle. Voici maintenant des cavaliers : l'un, à M. Martin Le Roy, vêtu de plates et de mailles, la large épée du XIIIᵉ siècle dans la main droite et l'écu couvrant le bras gauche ; l'autre, à M. Bardac, dont une longue cotte d'armes flottante recouvre l'armure et laisse voir les pieds chaussés de poulaines à la mode du siècle suivant ; et celui-ci à M. le Bᵒⁿ Oppenheim, dont la tête disparaît sous un heaume à haut cimier, tout raide sous son corset de fer, sur son cheval en arrêt ; et celui-là encore, à M. Chabrières-Arlès, le faucon au poing et l'épée au côté, œuvre précieuse du XVᵉ siècle. C'est plutôt une fontaine de table, comme celle, en forme de tour à poivrière, de la Collection Oppenheim, qu'il faut voir dans ce petit groupe de la même Collection Chabrières-Arlès : ici, le cavalier est une femme, et la monture est un homme ; c'est la jeune maîtresse d'Alexandre le Grand chevauchant sur le dos d'Aristote, suivant la légende que le moyen âge a si souvent exploitée et dont il nous a laissé de nombreuses figurations. Admirable est la fonte de ces petites pièces, ornements des tables et des dressoirs dont les inventaires des xiv⁰ et xv⁰ siècles surtout nous prouvent l'abondance et nous fournissent des descriptions les plus détaillées. Ces mêmes qualités d'exécution se voient dans un petit groupe d'ordre plutôt religieux que civil, qui appartient à M. le Bᵒⁿ de Schickler et représente saint Hubert age-nouillé devant le cerf. Un dessin que conserve la Bibliothèque nationale, projet de mausolée sur lequel Louis XI s'était fait figurer sous les traits du saint et dans la même attitude, a pu donner à penser que le petit bronze ne serait autre que l'exécution réduite du monument ordonné par le roi.

Si les collections publiques ou privées ont pu constituer de curieuses séries de ces petites pièces du moyen âge, et d'autres encore comme ces mesures de capacité, dont les Musées de Chartres, de Rouen, d'Angers, de Rodez, etc., ont recueilli de curieux échantillons locaux, comme ces seaux à eau bénite, comme ces mortiers de la Collection Guérin, des Musées de Toulouse, Clermont, Alby, Carcassonne ; comme aussi ces plats aux images repoussées de la Vierge, de saint Christophe, d'Adam et d'Eve ; comme ces petits chandeliers d'autel, comme

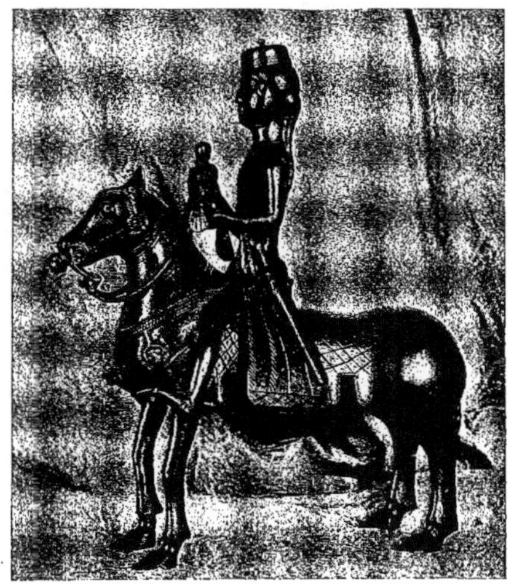

AQUAMANILE (xv⁰ siècle)
CÓLLECTION CHADRIÈRES-ARLÈS

ces encensoirs, etc.; par contre, les œuvres de bronze de grande dimension sont en nombre très restreint ; elles offraient trop de matière précieuse et ouvrable pour être épargnées, et l'on ne rencontre plus guère que quelques lutrins, tels ceux de l'église Sainte-Catherine de Honfleur, de l'église de Rosnay-l'Hôpital dans l'Aube, tous deux du xv⁰ siècle, et, en descendant jusqu'au xviiᵉ siècle, celui de l'église Notre-Dame-la-Grande, à Poitiers, et l'un des plus grands qui aient survécu, celui de l'église de Caudebec-en-Caux, daté de 1656.

Le moyen âge avait constamment mis l'art dans l'industrie et, ne concevant pas l'un sans l'autre, n'avait jamais pratiqué ce qu'une formule moderne a pu appeler l'art pour l'art ; il ignora toujours, si l'on fait exception pour les images et objets de dévotion, le tableau de chevalet et la statuette d'étagère. La renaissance italienne, qui trouvait dans le sol latin tant de souvenirs de la Rome antique, qui n'avait qu'à le remuer pour en faire sortir terres cuites, verreries et bronzes, avait de bonne heure recherché et collectionné ces bronzes exhumés, et de bonne heure aussi les avait imités, souvent jusqu'à la contrefaçon. La Renaissance française fit de même, et alors, à côté d'ouvrages à destination fixe, comme ce beau sphinx à tête de femme, du Musée d'Aix, qui avait dû faire partie d'un ensemble architectural et s'accroupir au départ de quelque escalier ou au seuil de quelque porte ; comme cette grande figure de Vénus appartenant à Mlle Grandjean, qui joue avec un serpent et devait couronner quelque fontaine, l'on vit sortir des ateliers un peuple de petites statues, de petits groupes, sans destination déterminée, objets mobiliers de décoration qui

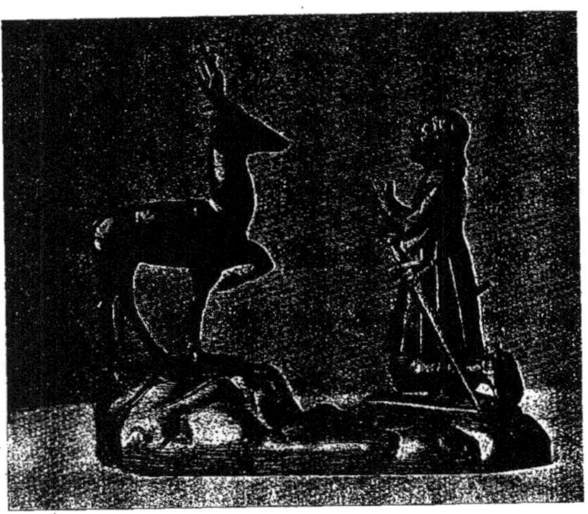

SAINT HUBERT (xve siècle)
COLLECTION DE M. LE BARON DE SCHICKLER

n'avaient d'autre fonction que de plaire aux yeux et à l'esprit par la grâce de leur forme et le charme de leur exécution. Et telle fut parfois l'adresse des imitateurs que l'on a pu attribuer à l'antiquité certains gracieux petits morceaux qui n'ont dû voir le jour qu'au xvie siècle, comme une petite figure d'une admirable patine trouvée au camp de Châlons, Vertumne, à en croire la corne d'abondance qui lui sert d'attribut ; comme aussi, pensons-nous, une belle Vénus, nue et debout, du Musée de Grenoble, inspirée directement de la statuaire grecque.

Mais à côté de ces ouvrages ou l'imitation va jusqu'à la contrefaçon, il en est d'autres, et ce sont les plus nombreuses, dans lesquelles l'interprétation du modèle antique par des mains du xvie siècle, a produit des œuvres d'une singulière

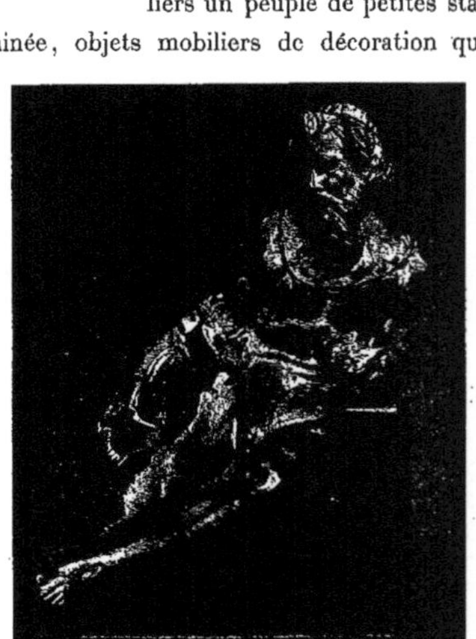

VERTUMNE (xvie siècle)
MUSÉE DE CHALONS-SUR-MARNE

saveur et d'une grâce toute nouvelle, comme ces petites statuettes de Vénus à sa toilette, Vénus peignant sa chevelure, à M. Ch. Mannheim, comme un petit tireur d'épine et une femme et son enfant, à M. Haviland.

Déjà avec Jean Bologne l'on voit apparaître ce qui deviendra le « bronze d'appartement », la statue ou le groupe de dimension restreinte, essentiellement mobiles, que l'on peut changer de place et que l'on pose à son gré sur un piédouche, sur une crédence, sur une console, et dont la fonction est de pourvoir à la décoration des salles, des vestibules, des escaliers. C'est là le rôle que le xvi° siècle et, à son exemple, le xvii° et le xviii° siècles, firent jouer à ces beaux groupes comme le Centaure combattant le Lapithe et l'Hercule terrassant le taureau, de la Collection Porgès, et à cette nombreuse suite de pièces du même maître, Hercule combattant un cerf, Déjanire et le centaure Nessus, Hercule et le sanglier d'Érymanthe, Apollon et tant d'autres qui font actuellement partie du Garde-meuble national et proviennent de l'ancien mobilier de la couronne.

C'est aussi à l'antiquité renouvelée qu'est dû ce que le moyen âge avait à peine connu, le portrait, soit sous l'aspect de

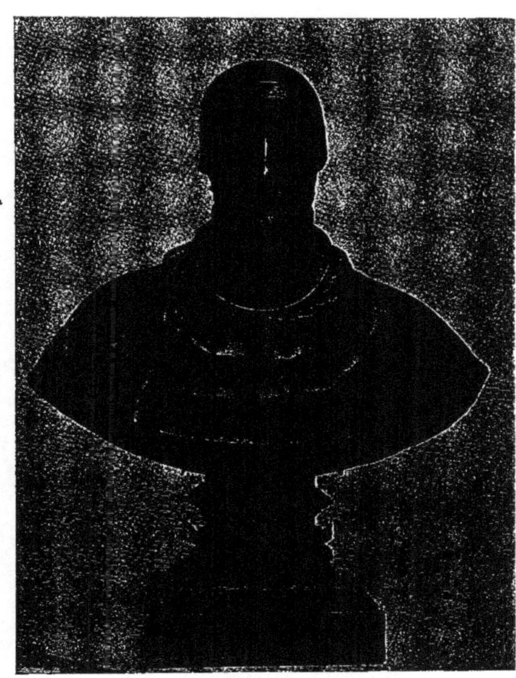

JEAN DE MORVILLIERS, par Germain Pilon
Évêché d'Orléans

médaillons, comme le Henri II du Musée du Mans et le Nicolas Verdun, chancelier de France sous Louis XIII, du Musée de Compiègne; soit sous la forme de bustes, tel l'admirable Jean de Morvilliers, évêque d'Orléans et garde des sceaux en 1588, l'un des chefs-d'œuvre de Germain Pilon, qui décorait le tombeau du prélat dans l'église des Franciscains de Blois et que conserve l'évêché d'Orléans ; tel ce portrait d'homme barbu et rieur, par G. Dupré, appartenant à M. Kahn ; tel le Richelieu de Warin, à la Bibliothèque Mazarine.

Avec les xvii° et xviii° siècles, les bronzes étaient devenus un complément nécessaire et indispensable de l'ameublement des hôtels princiers et des résidences royales ; l'antiquité en fournit les plus nombreux sujets, comme Hercule et Antée, Apollon et Daphné du Musée de Dijon ; Bacchus et un jeune faune, la Fortune, provenant du Palais du Grand Trianon ; comme

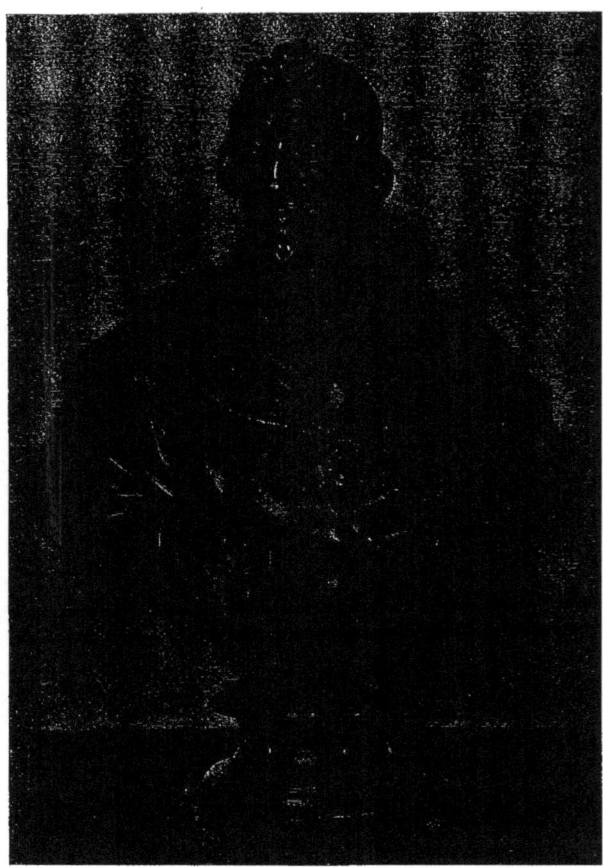

LE CARDINAL DE RICHELIEU, par Jean Warin
Bibliothèque Mazarine

l'Amphitrite de M. Anguier, appartenant à M. Schlichting, comme les deux admirables épreuves de la Collection de M. le Bon G. de Rothschild, Jupiter et Junon assis sur le globe terrestre, par Coyzevox ; mais les fondeurs ne dédaignèrent pas non plus les sujets familiers et anecdotiques, telles ces petites statuettes d'une laitière occupée à traire une vache et d'une servante revenant du marché, appartenant à MM. Taigny et Ch. Mannheim, tel aussi ce groupe du Collin-Maillard dont le Musée de Grenoble et le Garde-meuble ont fourni deux variantes d'un même modèle.

LE FER, LES ARMES. — Les objets en fer remontant à une antiquité fort respectable ne manquent assurément pas, et il serait aisé, en ce qui touche l'histoire de l'art français, d'en composer une série chronologique à peu près complète allant des origines à la fin du xviii⁰ siècle. Reste à savoir si en opérant de la sorte on présenterait aux visiteurs d'une exposition artistique une série de véritables objets d'art. On a, dans l'Exposition du Petit Palais, cherché à éviter un écueil, celui qui aurait consisté à encombrer de nombreuses vitrines de débris de ferraille, plus ou moins oxydée, de l'époque mérovingienne ou de l'époque carolingienne ; mais en évitant ce travers, on a appauvri d'autant une suite de monuments qui n'a plus compté qu'un nombre très limité d'objets.

Si on en excepte des curiosités telles que la cloche dite de sainte Godeberthe (viie siècle) que renferme le Trésor de la cathédrale de Noyon, un pied de cierge pascal transformé en lutrin, très beau travail du xiiie siècle (église Saint-Martin de Brive), le lutrin de Saint-Just de Narbonne ou le brasero de sacristie de la cathédrale de Beau-

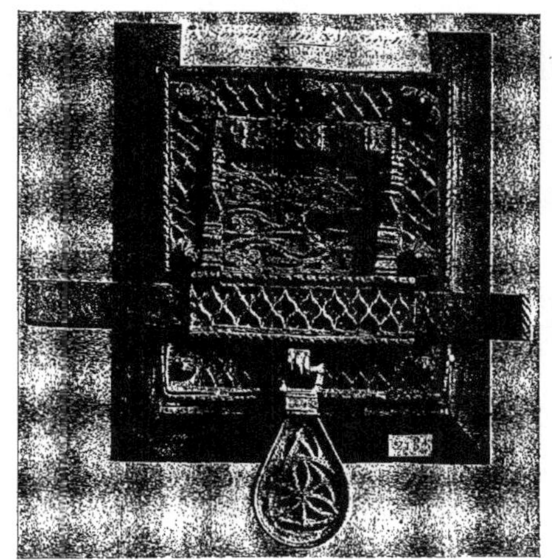

SERRURE A VERTEVELLE (xv⁰ siècle)
Musée de Rodez

vais, quelques sièges pliants, qui datent assurément du moyen âge, mais dont il est malaisé de déterminer l'âge d'une façon exacte, quelques lutrins encore du xviie et du xviiie siècle, ce sont surtout des monuments de petite dimension que nous rencontrons dans cette série de la ferronnerie. Des landiers, tels que celui de Dijon, pour curieux qu'ils soient ne suffisent pas pour former une suite bien nourrie et nous donnant une idée complète du mobilier accompagnant la cheminée en France jusqu'au xvie siècle. La Serrurerie, la Coutellerie et les Armes, telles sont donc en réalité les trois rubriques sous lesquelles on doit classer les monuments relativement peu anciens qui permettent de se faire une idée de la manière dont les artistes de notre pays ont traité le fer.

Ce n'est vraiment qu'avec le xve siècle que commence, en se plaçant bien entendu au point de vue artistique, la suite des serrurres et des clés. Antérieurement à cette date, les échantillons sont rarissimes ou bien dénués véritablement de forme caractéristique : ce sont les grandes pentures de fer ouvragé destinées à maintenir les ais des portails qui nous donnent la connaissance de l'habileté des ferronniers du moyen âge, et ces ouvrages ne sont pas de ceux qu'on peut faire figurer à une exposition. Grâce à des contributions importantes telles que la collection de M. Doistau, et à des emprunts à des collections telles que celle de M. Henri d'Allemagne, ou encore à des Musées comme ceux de Toulouse, de Narbonne, d'Avignon ou de Rodez, la serrurerie française du xve au xviiie siècle a pu être très heureusement représentée : serrures de porte, de coffres ou serrures à vertevelle, targettes, serrures de sûreté, serrures de chef-d'œuvre aussi qui n'ont jamais servi, ont permis de se faire une idée assez exacte des procédés et des traditions artistiques de la corporation des serruriers : application des motifs de décoration empruntés à l'architecture dans les façades de serrurerie, avec ou sans additions de figures rapportées en relief, traitées d'une façon sommaire sans doute, mais dénotant chez leurs auteurs un sens parfait de l'emploi du fer dans la décoration. Un des traits caractéristiques de l'art de la serrurerie, en France du moins, a été la persistance incroyable de certaines formes architectoniques qui parfois trompent sur l'âge exact de tel ou tel monument. Il faut sans doute

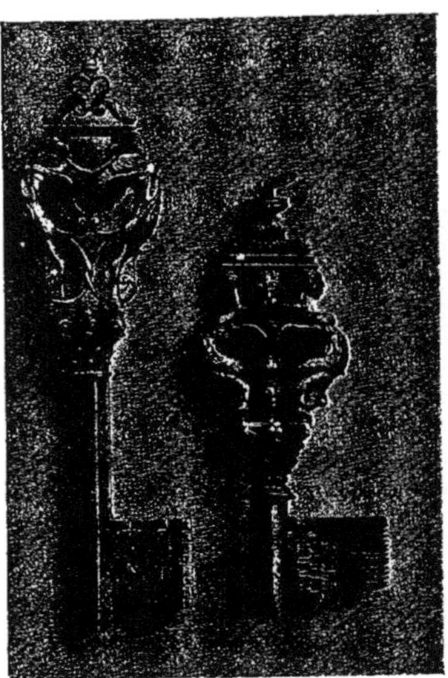

CLÉ (xvie siècle) CLÉ (xvie siècle)
Musée de Narbonne Musée de Toulouse

attribuer ces survivances aux règlements très stricts imposés à l'exécution des chefs-d'œuvre; quoi qu'il en soit, des serrures de la fin du xvie siècle ou même du commencement du siècle suivant montrent parfois de singuliers mélanges d'architecture, la gothique et la classique mariées plus ou moins heureusement, mais toujours traitées avec un scrupule d'exactitude, une perfection de technique qui fait le plus grand honneur à la corporation. Le livre de modèles imprimé par Mathurin Jousse au commencement du xviie siècle est un sûr témoignage de la persistance de ces traditions, surtout sensibles dans ces clés de chef-d'œuvre à panneton en forme de peigne, à anneau composé d'une construction quadrangulaire ajourée dont la collection Doistau compte de si notables exemples. Des serrures à surprise telles que celle exposée par le Musée Calvet d'Avignon montrent d'autres préoccupations, celles de protéger l'appareil de fermeture contre toute tentative mal intentionnée : deux plaques arquées et découpées de délicats ornements surgissent, grâce à un ressort, des côtés de la serrure et viennent briser et retenir le poignet de l'imprudent qui aurait cherché à se servir d'une fausse clé.

A la ferronnerie et à la serrurerie se rattachent et les fermoirs de bourses (collection Doistau) à la décoration compliquée, et les coffrets composés de plaques découpées à jour qui, par leur superposition, forment un dessin d'une complication extrême et une défense efficace pour le dépôt qui leur était confié. Ce sont là de menus objets dont les premiers sont quelquefois des merveilles de composition, les seconds des merveilles de patience.

On ne saurait ici s'arrêter longuement à la description des clés : il en est toutefois quelques-unes qui, au point de vue du dessin et de l'exécution, méritent une mention spéciale : telle cette clé du Musée de Toulouse dont l'anneau est composé de deux chimères adossées et liées ensemble, proche parente de la fameuse clé Strozzi, ou cette clé du Musée de Narbonne, d'une admirable finesse d'exécution, d'une gracilité de forme tout à fait incroyable. Mais de pareils travaux sortaient absolument du cadre du métier du serrurier ordinaire : l'artiste qui les a exécutés s'inspirait plutôt de modèles destinés aux orfèvres qu'aux ferronniers.

La Coutellerie se trouve un peu dans les mêmes conditions que la serrurerie au point de vue de l'ancienneté des œuvres parvenues jusqu'à nous.

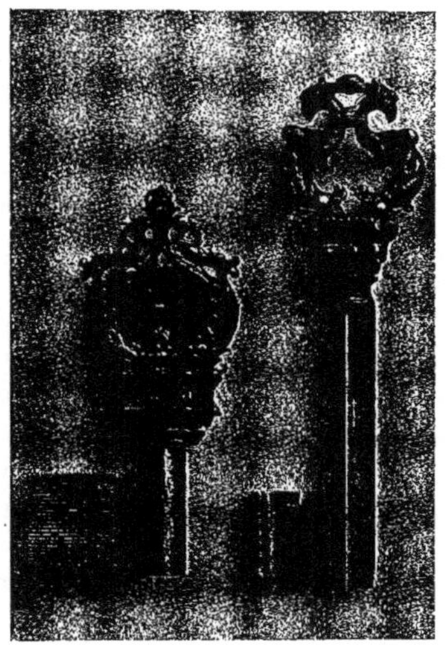

CLÉ (xvie siècle)   CLÉ (xvie siècle)
Musée du Narbonne   Musée de Toulouse

Ce n'est qu'au xive et surtout au xve siècle que les échantillons commencent à être nombreux et intéressants. Les couteaux aux armes du duc Philippe le Bon, duc de Bourgogne, que possèdent les Musées de Dijon et du Mans, sont trop connus pour qu'on ait à y insister ; en dehors de quelques couteaux ou fixes ou pliants du xvie et du xviie siècle, ces derniers parfois accompagnés d'une fourchette, rien dans cette série ne mérite d'être particulièrement signalé.

Quelques personnes ont été étonnées que la série des armes fût si peu abondante. Il semble que dans l'exposition d'un pays dont les habitants ont toujours beaucoup bataillé, tout ce qui touche à l'art militaire devrait se rencontrer à chaque pas. Quand on étudie les armes et les armures on perd vite cette illusion. En réalité, les armes françaises sont d'une rareté extrême : aussi bien depuis la fin du xve siècle surtout, les Français se sont-ils fournis en Allemagne et surtout en Italie des pièces composant le harnais de guerre ou de parade ; en sorte qu'une armure française ou même une épée de travail réellement français, et j'insiste ici sur les armes de luxe, les seules intéressantes au point de vue de l'art, sont des oiseaux rares, qu'on rencontre parfois, mais dont on ne peut espérer former une série.

Il faudrait de très longues recherches pour composer une histoire de l'épée à l'aide de beaux échantillons : néanmoins par la simple juxtaposition des pièces choisies dans les musées provinciaux ou l'apport de quelques particuliers on a pu montrer quelques spécimens admirables de forme, quelques-uns fort anciens et d'une conservation parfaite, telles les épées gauloises en bronze de la Collection Morel ; puis des épées du xiiie et du xive siècle, extrêmement curieuses, décorées d'inscriptions gravées et incrustées de cuivre ou d'argent, la plupart indéchiffrables d'ailleurs, provenant des Musées de Péronne et de Saint-Omer ; n'oublions pas non plus quelques dagues du xive siècle, de même provenance, fort simples de forme assurément, mais si bien dessinées que ces armes, très ordinaires, égalent en beauté de véritables objets d'art.

Si on ajoutait foi à toutes les légendes auxquelles certaines armures ont donné naissance, on posséderait des harnais d'un âge remarquable et de provenance illustre ; mais les archéologues sont terribles, et nous ne sommes plus au temps où le Musée d'artillerie s'enorgueillissait de l'armure de Roland, où le Louvre possédait la masse d'armes de Godefroi de Bouillon. On a encore beaucoup à apprendre, beaucoup plus qu'on ne sait assurément, mais néanmoins ces traditions, soi-disant respectables, trouvent de moins en moins de crédules disposés à les accueillir. Il faut définitivement classer parmi les légendes les titres accordés à quelques pièces d'armures possédées par le Musée de Chartres, provenant du trésor de l'ancienne cathédrale : le bassinet dit de Philippe le Bel n'a jamais pu appartenir à ce prince ; il date de la seconde moitié du xive siècle et il n'y a pas apparence que le dauphin Charles, plus tard Charles V, ait jamais endossé le harnais qu'on lui a si libéralement attribué.

Le Musée de Draguignan possède une très belle demi-armure provenant du château du Lude, décorée de bandes bleuies ou gravées et dorées. La conservation en est remarquable, et du chiffre qui s'y lit répété un très grand nombre de fois on a conclu que ce beau monument avait appartenu à François II. La forme même du corselet, tout à fait en cosse de pois, interdit une semblable attribution ; les cuissards aussi font plutôt penser à l'extrême fin du xvie siècle, et il est impossible qu'un tel harnais ait été forgé avant la fin du règne de Henri III ; peut-être même n'a-t-il vu le jour que sous Henri IV. Il n'en est pas de même d'une autre demi-armure en fer repoussé en partie doré, appartenant à M. Sigismond Bardac. Les robustes mascarons et les beaux rinceaux qui l'ornent complètement, des cuissards à l'armet, ont été dessinés sous le règne de Henri II, et il n'est guère possible de douter que ce soit pour ce prince que ce harnais a été exécuté : du moins il est figuré dans tous ses détails si caractéristiques et si reconnaissables dans divers portraits authentiques du roi ; et, preuve concluante, les dimensions de ce costume de fer fait sur mesure sont les mêmes qu'on relève dans l'armure du Louvre et dans celle du Musée d'artillerie. L'attribution est donc aussi certaine que possible, et tout s'accorde à en démontrer le bien fondé.

LA CÉRAMIQUE. — La verrerie et la céramique sont toujours, dans les expositions rétrospectives, très inégalement représentées. La verrerie, en effet, au moins pour nos pays, ne compte dans les musées et les collections particulières que de rares échantillons anciens.

Généralement, après en avoir montré quelques pièces qui remontent jusqu'à l'époque de l'antiquité classique, quelques monuments encore datant de la basse époque romaine et de l'époque barbare, on arrive sans transition à des monuments du XVIIe siècle. C'est qu'en réalité, l'histoire de cette branche de l'art n'est point faite, et ne pourra s'écrire que le jour où des recherches très méthodiques, des fouilles nombreuses, auront mis les savants en possession de spécimens authentiques de verreries du moyen âge. Ces spécimens sont encore trop clairsemés pour que l'on puisse ne fût-ce qu'esquisser l'histoire d'une industrie qui, avec des mérites artistiques divers évidemment, s'est cependant continuée sans interruption depuis l'antiquité jusqu'à nos jours. Nous ne connaissons en somme, et sur bien des points d'une façon très imparfaite, que l'histoire des vitraux du moyen âge.

Le Petit Palais n'a pas échappé à cette règle générale, et en dehors d'une très intéressante collection de verres, pour la plupart gallo-romains, de la collection Boulanger, de quelques panneaux de vitraux prêtés par l'administration des Monuments historiques, le verre n'y a été représenté que pour mémoire.

En réalité, d'ailleurs, les verres que l'on peut considérer comme fabriqués par des artistes sont excessivement rares en France. On en cite à peine quelques échantillons de l'époque de la Renaissance provenant sans doute de fabriques établies par les Italiens qui créèrent chez nous des produits tout à fait analogues aux verreries de Venise ; il faut bien avouer, en outre, qu'ils ne présentent au point de vue de l'art qu'un intérêt très médiocre. En dehors peut-être de la Bohême et des Flandres, on peut dire que, pendant tout le XVIe siècle et une grande partie du siècle suivant, l'extension prise par la fabrication vénitienne a tué le développement de la verrerie en Europe.

Par contre, la céramique a été amplement représentée par des séries de poteries, de faïences et de porcelaines qui permettent assez complètement de suivre les origines et le développement de l'art de terre en France de l'époque gallo-romaine jusqu'à 1800.

La poterie gallo-romaine s'offre à nous sous les espèces de vases et de coupes, dont les échantillons principaux, et les plus nombreux aussi, proviennent de fouilles opérées pendant de longues années par le docteur Plicque, à Lezoux, dans le Puy-de-Dôme. Un certain nombre d'autres collections particulières ou de musées ont prêté des produits analogues de provenances différentes ou quelques-unes de ces figures en terre blanche que l'on rencontre en si grand nombre dans le département de l'Allier.

Au premier abord, les monuments de cette époque ne sont pas d'un aspect fort plaisant et semblent, par la répétition très fréquente des mêmes types, très monotones. Mais en réalité cette céramique gallo-romaine mériterait une étude approfondie que jusqu'ici on ne lui a pas consacrée. J'entends une étude intelligente et non pas celle qui consiste uniquement à relever sur des poteries des graffites ou des estampilles de potiers ; car, si ce travail peut être nécessaire pour obtenir un premier classement, une sorte de base pour l'étude de la céramique gallo-romaine, entendre l'archéologie de cette manière, et prendre pour un but ce qui ne peut être considéré que comme un moyen, c'est ramener ce qui doit devenir une science à un métier tout à fait inutile.

Malheureusement, ce n'est guère que de cette façon très étroite que l'on a étudié jusqu'ici une série de monuments qui cependant, considérés à un point de vue plus élevé, nous fourniraient des renseignements très précieux sur l'art gallo-romain.

Au surplus, les formes employées par ces très anciens potiers, si, la plupart du temps, elles sont empruntées à l'art grec ou à l'art gréco-romain, trahissent parfois aussi certaines licences prises par eux en face de leurs modèles. Quelques façons de tourner les pièces, de les agrémenter d'ornements en creux ou en relief, n'ont guère leurs analogues dans les poteries classiques.

De plus, si, comme tous les arts mineurs de l'antiquité, la poterie gallo-romaine emprunte son ornementation à des monuments classiques imités et souvent légèrement transformés par des copies assez maladroites, elle fait usage aussi, en dehors de ce répertoire, d'un genre banal, de motifs plus personnels et où se trahissent des tendances particulières à l'art gallo-romain.

Évidemment, des imitations de statues antiques plus ou moins connues, des représentations de divinités dans des attitudes de convention, n'indiquent pas chez leurs auteurs une force créatrice plus grande que chez les potiers grecs ou romains, qui se servent, dans un si grand nombre de cas, de ces modèles très affadis par des copies successives ; mais quand, à ces figurations absolument courantes, le potier arrive à substituer des créations, des représentations exécutées d'après nature, on est en droit de penser que, quelle que fût son habileté manuelle, il avait cependant certains sentiments de l'art qu'il pratiquait non plus en simple copiste, mais en véritable créateur.

Quelques-unes des copies de la collection Plicque ont, à ce point de vue, un caractère aussi tranché que la grande statue du Mercure Gaulois, en pierre, exhumée dans cette même localité de Lezoux. Cette sculpture, si elle a été inspirée pour certains détails par l'art classique, a cependant un aspect tout à fait particulier.

Si la céramique gallo-romaine paraît avoir été négligée par les archéologues, la céramique du moyen âge ne semble pas avoir beaucoup plus attiré leur attention.

Si l'on en excepte les pavages en terre incrustée de deux couleurs, communs en France à partir du xiie siècle et qui nous fournissent un certain nombre de dessins décoratifs, souvent bien composés, et aussi quelques indications sur les ateliers dans lesquels se fabriquaient ces poteries, on ne sait rien à l'heure qu'il est sur la vaisselle de terre employée au moyen âge. On ne peut considérer comme des œuvres d'art les petits vases funéraires qu'il est souvent si difficile de dater et qui, d'ailleurs, ne présentent guère d'intérêt ni au point de vue de la forme ni au point de vue du décor. Il faut descendre jusqu'à des époques relativement récentes pour trouver des vestiges de tentatives artistiques dans la décoration de nos poteries.

La série des pièces exposées au Petit Palais a pu dans une certaine mesure combler une lacune à l'aide de monuments empruntés un peu partout à des collections provinciales, surtout à des musées, et dont on ne trouverait pas les analogues même au Musée de Sèvres.

Ces monuments ne sont, il faut bien le dire, guère plaisants d'aspect; mais comme ils représentent les origines de notre poterie, nous éclairent d'une façon très concluante sur ses procédés et son développement, si grossiers qu'ils soient, ils sont cependant pour l'historien d'un plus grand intérêt que des œuvres très récentes, telles que les faïences du xviie siècle ou du xviiie siècle, qui, en dehors de leur mérite artistique, souvent si mince, n'ont pas d'autre avantage que nous prouver que, à telle date, on fabriquait en tel endroit une faïence ressemblant plus ou moins aux faïences que l'on peignait au même moment à Nevers ou à Rouen.

On conçoit très bien que des amateurs préfèrent pour le plaisir des yeux collectionner ces dernières pièces; mais ce que l'on conçoit moins, c'est que les monuments les plus anciens et les plus concluants soient, à ce point négligés dans un musée technique et qu'on n'ait pas cherché surtout à les classer de façon à en déduire un enseigne-

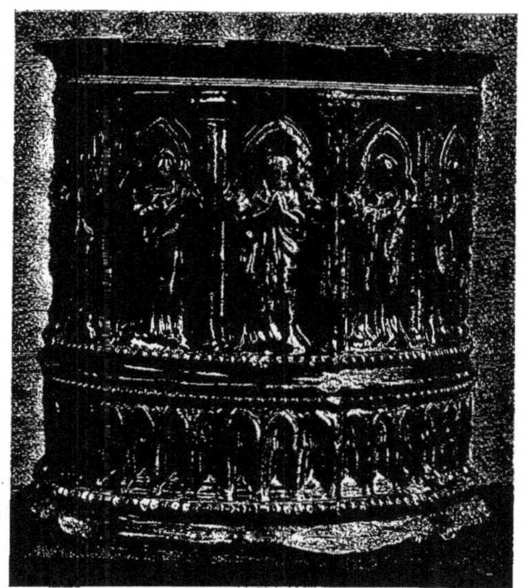

VASE EN TERRE VERNISSÉE EN JAUNE (XVIe SIÈCLE)
MUSÉE DU MANS

ment. La série réunie au Petit Palais, pour peu nombreuse qu'elle fût, a permis cependant de constater qu'en France, au moyen âge, j'entends à partir du xiiie siècle, la céramique a suivi exactement le même développement qu'en Italie.

C'est aux mêmes époques que nous voyons se manifester dans la technique des changements qui, par la suite, ont donné dans les deux pays des résultats assez différents; car si la céramique italienne a de bonne heure pris une grande extension, a bénéficié aussi des nombreuses exportations que faisaient les ateliers italiens, la céramique française a, le plus souvent, jusqu'à une date récente, conservé un caractère tout local.

Quoi qu'il en soit, et sans essayer d'exposer ici les raisons véritables qui ont empêché les Français de donner à cette industrie un semblable développement, dès le xive siècle, nous voyons faire usage dans notre pays, pour recouvrir la terre, d'un émail stannifère blanc grisâtre sur lequel le potier trace des dessins sommaires, généralement des pièces d'armoiries, en manganèse, en vert, en bleu et en jaune.

Les pièces de vaisselle ainsi obtenues, et dont on peut voir des échantillons dans certains musées du Sud-Ouest de la France, notamment à Saintes, à Angoulême, dont on retrouve des spécimens dans le Midi notamment à Agen et aux environs, présentent une étrange analogie avec les faïences à date certaine, exhumées du sol de l'Italie et notamment du sol de Faenza, dont les fabriques devaient prendre tant d'extension.

Ces divers monuments présentent également la même technique, l'emploi des mêmes tons, et les formes données aux pièces sont très sensiblement analogues. On peut se demander si, par hasard, certains ateliers italiens n'auraient pas exercé quelque influence sur les ateliers français ou réciproquement. Il est à croire toutefois qu'il n'est pas nécessaire de recourir à une semblable hypothèse pour expliquer ces analogies.

En réalité, les potiers italiens comme les potiers français, pour modifier leurs procédés, ont puisé les uns et les autres à la même source, c'est-à-dire qu'ils ont imité les poteries orientales, les unes venant de Syrie ou d'Égypte, les autres venant d'Espagne, toutes poteries qui présentaient entre elles des caractères communs, c'est-à-dire l'emploi d'un émail stannifère recouvrant entièrement la pièce et permettant d'y tracer un décor polychrome.

D'ailleurs, à la fin du xive siècle, nous voyons employer en France des artistes qui ont une origine étrangère. Jean de Valence qui fabrique pour le duc de Berry les carreaux de pavage du palais de Poitiers, Jean Le Voleur qui exécute pour le duc de Bourgogne une décoration de pavages émaillés, dont le peintre néerlandais Bröderlam donne les modèles, pratiquent la faïence comme les ouvriers italiens ou les ouvriers moresques. Il est probable que Jean de Valence venait de Valence, en Espagne, et que les reflets métalliques apposés par lui sur ses faïences produisaient le même effet que dans les pièces hispano-moresques que nous connaissons. Au surplus, des fragments découverts dans des fouilles opérées il y a plus de cinquante ans dans le sol de Narbonne, ont révélé l'existence dans notre pays d'un atelier où l'on fabriquait la faïence à reflets métalliques, exactement comme en Espagne.

Des fragments de pavages tels que ceux qui proviennent du Musée de Saint-Omer, tels que ceux qui proviennent de l'église de Brioude, au Musée de Troyes, montrent l'application à la décoration des revêtements céramiques des mêmes procédés d'émaillage et de dessin en manganèse, lavé d'un ton verdâtre, que nous observons sur les pièces de vaisselle.

Sans doute, l'emploi de ces pièces émaillées fut moins fréquent que l'emploi des carreaux incrustés de terre de couleur, jaune généralement, s'enlevant sur un fond rouge ; mais néanmoins les monuments, tels que ceux que nous venons de citer, nous prouvent surabondamment l'usage assez répandu de ce mode d'ornementation.

Enfin, et c'est là un trait de plus de ressemblance avec la céramique italienne, très anciennement, en France, on a fait usage de la décoration gravée sur engobe pour varier les surfaces de la poterie et les orner. Ce système, qui semble être originaire d'Orient — du moins on rencontre sur les bords de la mer Noire des produits de ce genre, et quelques-uns d'entre eux doivent venir de parties de l'Orient encore plus éloignées — ce système de décoration a été imité d'abord en Italie, puis en France, où de très nombreux échantillons du xive et du xve siècle nous le montrent employé.

Plus tard, dans notre pays, traitée d'une façon un peu différente, mais toujours suivant les mêmes méthodes d'incrustation ou de gravure, cette association de terres de différente couleur, produisant une décoration, reçut un développement infiniment plus artistique que celui qu'avaient rêvé les potiers du moyen âge.

Enfin, à côté de pièces de terre cuite vernissée en brun ou en vert ou en jaune, souvent assez belles de forme, mais en somme de fabrication commune, on rencontre de véritables grès parmi lesquels il faut citer ceux de Beauvais, recouverts d'un émail bleuâtre.

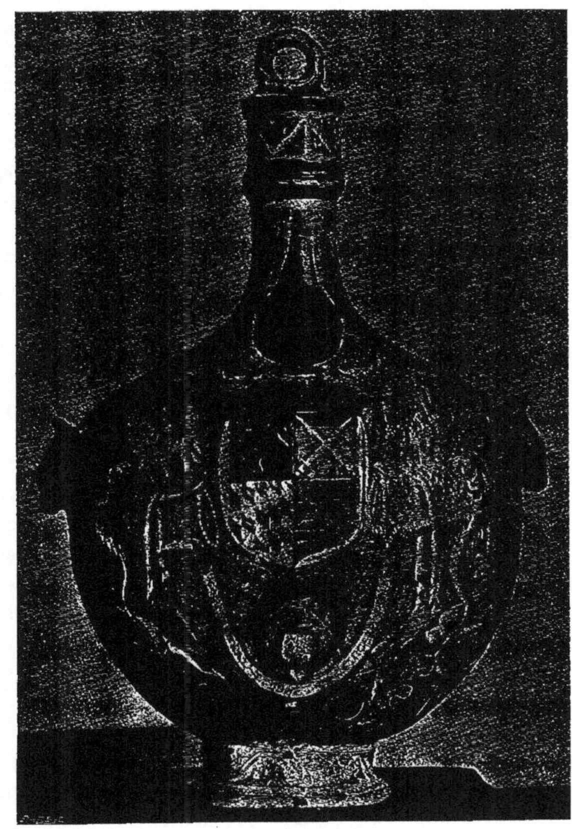

GOURDE EN FAÏENCE PEINTE PAR SIGALON, NIMES, 1581
COLLECTION DE M. LE BARON GUSTAVE DE ROTHSCHILD

Ces grès ont été célèbres dès le xive siècle, puisque, déjà à ce moment, parfois, on les montait en orfèvrerie.

Au xve et au xvie siècle, la fabrication a continué — Rabelais en est témoin — et a donné naissance à des vases et surtout à des gourdes à décors en relief noyés dans un émail très épais qui affecte des tons bleus ou bleuâtres très différents les uns des autres suivant que la matière, plus ou moins abondante, a plus ou moins coulé à la cuisson.

La céramique française de la Renaissance, si elle offre des côtés très originaux, n'est pas sans présenter aussi des imitations italiennes. Il est évident que les premiers ateliers céramiques de Rouen, que l'atelier de Masseot Abaquesne, qui fabriqua des vases de pharmacie, qui fabriqua des pavages pour le château d'Écouen ou le château de La Bastie, ou pour l'une des chapelles de la cathédrale de Langres, s'inspirait des procédés italiens.

Bien que cette technique, comme nous l'avons vu tout à l'heure, fut anciennement connue des ouvriers français, ces derniers ne l'avaient point perfectionnée, modifiée au point où l'avaient amenée les Italiens au commencement du xvie siècle. Il y a une telle ressemblance entre les produits d'Abaquesne et des œuvres fabriquées à Faenza, à Urbino ou à Casteldurante ou en Toscane à la même époque, qu'il paraît bien difficile de nier que le potier français n'ait possédé des recettes venant d'au delà des Alpes.

Il y a un abîme au point de vue technique entre les poteries fabriquées pour les d'Amboise, à Albi, et dont le musée de cette ville possède quelques échantillons, et les pièces faites pour la décoration du château d'Oiron et le pavage d'Écouen ou celui de La Bastie. Ces traces d'influence italienne, soit directe soit indirecte, nous les retrouvons d'ailleurs dans d'autres produits de la céramique française de la Renaissance d'une façon encore plus frappante.

Les ateliers lyonnais, au moins ceux dont nous possédons maintenant des spécimens authentiques qui datent, il est vrai, du règne de Henri III, ont fabriqué de nombreuses poteries à l'italienne, sous la direction de chefs d'ateliers italiens, dont les noms nous sont connus ; et le potier Sigalon, de Nîmes, qui, dans le dernier quart du xvie siècle, décorait des faïences dont on trouve les échantillons, fort rares du reste, dans la collection du baron Gustave de Rothschild et dans la collection Salting, à Londres, avait certainement appris son métier dans la Péninsule. De ses pérégrinations en Italie il avait même rapporté des modèles décoratifs qui étaient depuis longtemps démodés au moment où il les employait. Sa gourde reproduit un parti pris de décoration qui rappelle beaucoup les œuvres créées à Urbino ou à Casteldurante vers 1530.

L'existence en France de ces très nombreux ateliers travaillant à l'italienne, où étaient fabriquées par des mains italiennes ou des mains françaises des faïences recouvertes d'émail stannifère pendant le xvie siècle, rend, quand on y songe bien, tout à fait improbables les interprétations que l'on a voulu donner des premières recherches de Palissy qui, franchement, n'a pu passer de longues années à essayer de retrouver par lui-même des procédés d'émaillage qui étaient universellement connus par les potiers de son époque.

A côté de ces œuvres de Rouen, de Lyon ou de Nîmes qui, au point de vue des origines et de leur histoire, ne présentent que de minces difficultés, la céramique française de la Renaissance offre deux ou trois problèmes plus embarrassants.

Les uns et les autres ont jusqu'ici soulevé beaucoup de discussions qu'il n'est peut-être pas à propos de reprendre. Aussi bien, manquerait-on de la place nécessaire pour recommencer dès l'origine une argumentation sur ce sujet, et puis est-il bien utile d'augmenter de nouveaux numéros la bibliographie d'un point archéologique qui ne recevra sa solution définitive que de la découverte d'un monument constituant un argument sans réplique?

La série des terres à décor incrusté, aiguières, coupes, salières, plateaux, auxquelles on a donné successivement les noms de faïences de Henri II et de Diane de Poitiers, de faïences d'Oiron, de faïences de Saint-Porchaire, sont des œuvres françaises, dont la fabrication s'échelonne depuis le commencement du xvi⁰ siècle jusque vers 1580 environ, mais dont le véritable nom est encore à trouver, en dépit des affirmations successives de ceux qui s'en sont occupés.

On ne connaît ni les noms des potiers qui les ont fabriquées ni le nom de la localité où elles ont été fabriquées, et, à tout prendre, la dernière dénomination qu'on a tenté de leur imposer, celle de faïence de Saint-Porchaire, repose encore aujourd'hui sur des arguments presque aussi fragiles que ceux qui avaient été mis en avant par Benjamin Fillon pour les qualifier de faïences d'Oiron.

Quoi qu'il en soit, ces œuvres de céramique, absolument françaises de fabrication et produites par l'application de procédés très anciennement usités en France, bien souvent belles au point de vue de la forme, sont encore très intéressantes au point de vue du décor. Dans certaines pièces, ce décor trahit des traditions de style gothique, dans les reliefs, tout au moins. Quant aux dessins incrustés, ils semblent surtout inspirés du système d'ornementation adopté par les typographes de la Renaissance pour la décoration des livres.

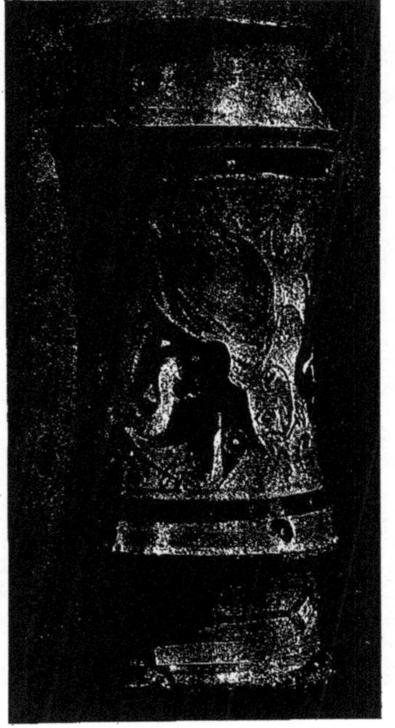

VASE de pharmacie en faïence
peinte par Massëot Abaquesne, de Rouen (xvi⁰ siècle)
Musée de Dieppe

Il est possible que ces poteries, aujourd'hui peu nombreuses, on en compte à peine une soixantaine, soient le résultat de recherches analogues à celles qui se produisaient en Italie à la même époque, et que le potier ou plus exactement les potiers qui les ont créées n'aient eu en vue, en les fabriquant, que la contrefaçon de la porcelaine de l'Extrême Orient.

C'est probablement à la même préoccupation qu'a cédé Palissy le jour où il a pris le parti de rechercher un émail blanc, qu'il ne trouva du reste jamais, mais qui fut le point de départ de toutes ses créations céramiques. On nous pardonnera si nous ne développons pas ici une idée que nous avons déjà eu l'occasion d'émettre ailleurs au sujet des travaux de Palissy et au sujet de laquelle, du reste, il faudrait se livrer à d'assez longs développements.

Les œuvres sorties de la fabrique de La Chapelle des Pots, près de Saintes, dans laquelle Palissy semble avoir commencé ses recherches, n'ont aucun rapport avec ce que produisait Palissy lui-même, ce qui semble bien indiquer que le potier saintongeais avait l'idée bien arrêtée de fabriquer autre chose que ce qu'on faisait autour de lui.

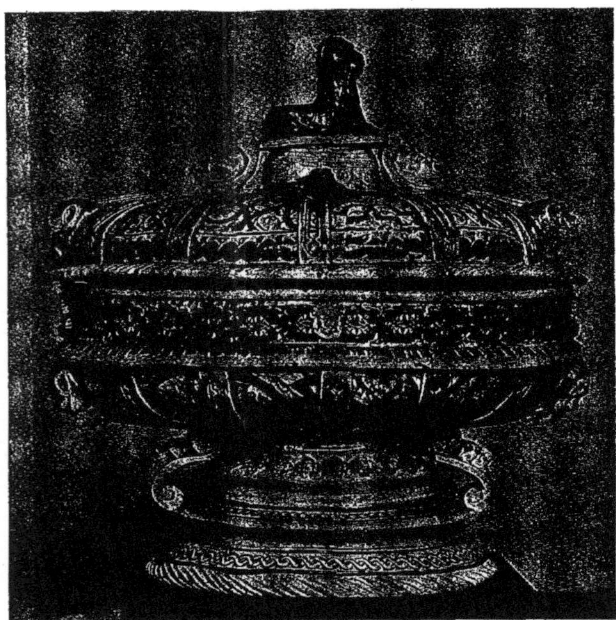

COUPE EN FAÏENCE DITE DE SAINT-PORCHAIRE
COLLECTION DE M. LE BARON GUSTAVE DE ROTHSCHILD

Les pièces à décor rustique, où les reptiles, les poissons et les coquillages se relèvent sur un fond jaspé décoré de feuillages moulés sur nature, étaient suffisamment représentées à l'Exposition rétrospective, comme aussi la principale production de Palissy, les grottes rustiques décorées de grands bas-reliefs ou d'imitations de rochers, était indiquée par un grand médaillon représentant l'empereur Vespasien, à M. le baron Alphonse de Rothschild, ou un charmant profil de femme entouré d'ornements Renaissance appartenant à Mlle Grandjean.

Si le classement de l'œuvre de Palissy est assez difficile à faire, et s'il est malaisé, dans bien des cas, de distinguer les pièces que l'on peut considérer comme créées par lui-même des objets qui ont été créés par ses continuateurs, il faut bien se garder de négliger certains monuments qui, par leur style et les attributs qui y sont représentés, datent certainement du moment de la plus grande vogue du potier. Des œuvres telles que celles que possède le baron Gustave de Rothschild, aux devises de Henri et de Catherine, sont indiscutablement de Palissy, sans doute fabriquées à Paris au moment où il devint potier de la reine-mère. Ce sont des monuments du reste très bien réussis au point de vue de la composition et des émaux, contemporains aussi de ces grottes auxquelles Palissy dut le plus clair de sa réputation.

Ce ne furent point du reste ces œuvres les plus compliquées, ces plats tout surchargés de décors, que collectionnèrent surtout les amateurs du xvie siècle. Catherine, qui devait s'y connaître puisque le potier, dans un grand nombre des cas, travailla à ses frais, rassembla surtout les plats à décor de jaspe. C'est surtout sans doute cette imitation des pierres dures, c'est-à-dire de matières que les gens de la Renaissance estimaient par-dessus tout, qui la séduisait dans le talent de Palissy ; mais il ne faut pas oublier, c'est du moins notre opinion, que ces œuvres de Palissy ne représentent pas du tout, en réalité, l'idée première qui l'avait guidé dans ses recherches.

Si nous retrouvons l'influence de l'Italie à Rouen, à Lyon ou à Nîmes dans le courant du xvie siècle, nous retrouvons la même influence, bien autrement décisive, à la fin du même siècle à Nevers, dont toutes les faïences les plus anciennes sont absolument de décor et de style italiens.

Les ateliers de Nevers furent d'ailleurs fondés par les Gonzagues qui y appelèrent des potiers d'Albissola, les Conrade qui employèrent sans doute pour l'exécution de leurs faïences de très nombreux ouvriers français, mais qui imposèrent leur goût et les traditions des potiers italiens ; en sorte que les premières faïences des Conrade présentent tous les caractères des faïences italiennes de la même époque : dessins de pratique

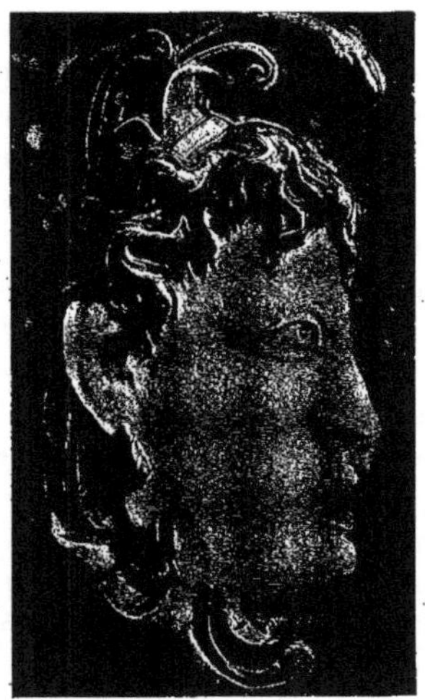

PLAQUE DE REVÊTEMENT, EN FAÏENCE
PAR BERNARD PALISSY
COLLECTION DE Mlle GRANDJEAN

exécutés en manganèse, draperies lavées de bleu ou de jaune, paysages conventionnels teintés de couleurs non moins conventionnelles, bordures de style classique plus ou moins dégénéré.

Les plus belles poteries de Nevers, si recherchées aujourd'hui des amateurs, sont en somme des œuvres italiennes de la décadence auxquelles on ne fait guère attention, quand elles sortent de l'un des ateliers de la rivière de Gênes ; tant il est vrai que dans cette admiration des œuvres d'art anciennes il entre une bonne part de convention. Ce qui ne vaut rien quand il est créé au delà des Alpes, prend une valeur considérable quand il a été créé en deçà. C'est cependant au point de vue du style, au point de vue de la forme, au point de vue du décor, la même chose, faite d'ailleurs par les mêmes mains. Ces fabriques de Nevers n'auraient donc qu'une médiocre importance au point de vue artistique, si dans la suite leur style ne s'était modifié et n'était devenu tout à fait français.

Recouvertes le plus souvent d'un émail bleu très profond sur lequel s'enlève un décor de fleurs ou parfois un décor chinois, les poteries de Nevers ont subi, dans le courant du xviie et du xviiie siècle, de telles modifications dans leurs formes et dans la manière dont elles étaient décorées, qu'elles sont devenues, de produits italiens qu'elles étaient à l'origine, des œuvres purement françaises, ayant leur caractère propre, leur technique et leur façon tout à fait personnelle d'interpréter les modèles dans lesquels elles puisent leurs inspirations; mais on ne saurait oublier que la fabrication italienne de Nevers, en généralisant l'emploi en France, à la fin du xvie siècle et au commencement du xviie siècle, des émaux stannifères tout à fait fabriqués à l'italienne, a imprimé à toute la céramique française, à partir de cette époque, une origine commune, une origine italienne qu'on ne peut pas nier ; en somme, les faïences de Rouen, très dissemblables au point de vue de la conception artistique des faïences italiennes, créées à la même époque, empruntent leurs procédés d'exécution aux traditions de l'Italie.

Il n'est peut-être pas très utile de refaire ici une histoire qui est très connue, au moins dans ses traits principaux. L'application aux faïences de Rouen du décor imaginé par certains artistes, qui dominent tout le développement de l'art français du xviie siècle et du xviiie, n'est pas un fait si extraordinaire dans l'histoire des arts décoratifs qu'il y ait lieu de s'y arrêter longuement.

Rappelons simplement que cette céramique française du xviie et du xviiie siècle reflète, par les variations de son décor, assez fidèlement les diverses faces et les péripéties de la mode, au point de vue du style décoratif, pendant ces mêmes époques.

Pendant un certain temps, les imitations de porcelaines fabriquées par les Hollandais, ou même les porcelaines véritables de l'Extrême-Orient apportées par les mêmes Hollandais, ont inondé l'Europe. Leur décor chinois a été adopté par tous les céramistes. Après l'emploi du décor de fleurs que l'on a nommé souvent décor persan, mais qui est beaucoup plus italien et hollandais que persan, les créations d'un Berain, ses compositions d'arabesques ont défrayé tous les céramistes de la deuxième moitié du xviie siècle, et ces mêmes modèles auront encore du succès dans le Midi de la France, au xviiie siècle, dans les ateliers de Moustiers. Quant aux formes, on ne peut pas dire précisément que les potiers français les ont imaginées. Ils les empruntent le plus souvent à la poterie d'étain ou à l'orfèvrerie, ou bien encore ils traduisent tant bien que mal le galbe des potiches de l'Extrême-Orient.

Où ces potiers sont plus originaux, c'est dans la modification qu'ils apportent à la palette autrefois employée par les fabriques de faïence. Les tons dont ils peuvent recouvrir les surfaces d'un émail bleuâtre ou d'un émail blanc laiteux sont infiniment plus nombreux, et les potiers de Rouen essaient, autant que possible, de rivaliser avec les fabriques de porcelaine de la Chine. Bien entendu, ces tentatives ne sont qu'à demi réussies ; mais néanmoins, à distance, l'emploi de couleurs voyantes et variées arrive à produire à peu près les mêmes effets décoratifs.

L'Exposition a pu montrer une série non pas complète assurément, mais très riche, d'échantillons des principales fabriques, dont les produits peuvent être considérés comme assez caractéristiques, surtout au xviiie siècle, aussi bien pour le Midi que pour le Nord de la France.

Ce n'est du reste que par des différences tout à fait minimes que ces divers ateliers se distinguent les uns des autres. En réalité, à l'origine de tous ces centres de fabrication, on retrouve presque toujours une imitation plus ou moins directe des œuvres fabriquées à Nevers ou à Rouen, ou bien encore, quand on avance dans le xviiie siècle, l'imitation du décor de fleurs qui était employé en Saxe pour la porcelaine.

Les pièces de porcelaine française les plus importantes ont depuis longtemps quitté leur pays d'origine, surtout les porcelaines de Sèvres, dont malheureusement la manufacture n'a point conservé d'échantillons notables. Il est donc assez difficile, à l'heure qu'il est, de réunir dans une exposition française un assez grand nombre d'œuvres qui, par leur dimension, la richesse et la perfection de leur décor, expliquent le succès que la manufacture a eu au xviiie siècle.

Néanmoins, une série de monuments, parmi lesquels il faut nommer des pièces de porcelaine de Rouen, des pièces de porcelaine de Saint-Cloud, de Chantilly ou de Mennecy, et surtout de Sèvres, a pu permettre de suivre d'une façon assez complète l'histoire des origines et du développement en France de l'imitation de la porcelaine orientale. Certains monuments même peuvent être considérés comme des œuvres à peu près parfaites, et des exemples hors ligne de la fabrication de Sèvres.

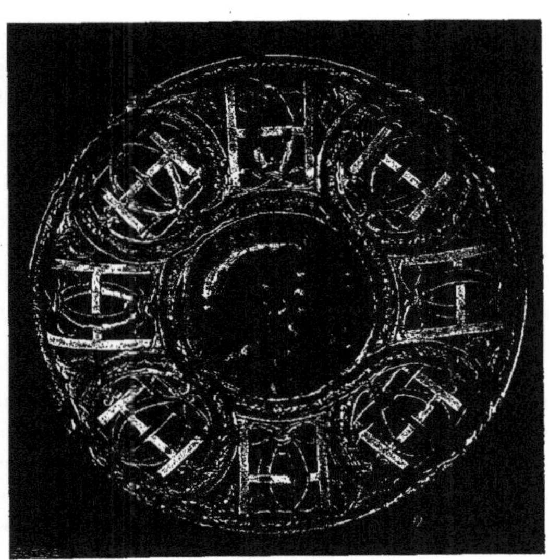

COUPE DÉCOUPÉE A JOUR, AU CHIFFRE DE HENRI II ET DE CATHERINE DE MÉDICIS
PAR BERNARD PALISSY
COLLECTION DE M. LE BARON GUSTAVE DE ROTHSCHILD

Les vases prêtés par Mlle Grandjean, les vases ou les pièces de vaisselle prêtés par le baron Henri de Rothschild ou par M. Mannheim, ont permis de se faire une idée assez juste de l'effet produit par la réunion d'un grand nombre de pièces de Sèvres; mais il ne faut pas oublier, en face de ces monuments d'un art très délicat. bien qu'un peu voyants de coloration, que ces œuvres ne peuvent prendre toute leur valeur et être bien comprises que si, par la pensée, on les remet dans leur milieu, dans un ameublement des mêmes tons et s'harmonisant par son style avec des objets qui, mis en présence des anciennes faïences, paraissent trop durs de couleurs et inharmonieux.

Il faut pourtant admettre, c'est là un point que, je l'espère, on ne contestera pas, que les artistes du xviiie siècle qui ont créé ces merveilles d'exécution avaient suffisamment de goût pour ne pas produire en si grand nombre des monuments qui auraient fait tache dans les ensembles mobiliers, excessivement somptueux assurément, mais très bien combinés au point de vue de la couleur, créés par les architectes et les ébénistes leurs contemporains.

Ce que nous avons dit tout à l'heure au point de vue de la fabrication de la faïence, dont il n'est pas utile d'étudier toutes les manifestations, peut être redit avec autant de justesse pour la porcelaine. Les très nombreuses fabriques qui, dans la seconde moitié du xviiie siècle, ont généralisé l'emploi chez nous soit de la pâte tendre, soit du kaolin, se rapprochent singulièrement les unes des autres au point de vue du décor.

Telle ou telle pièce sortie de ces fabriques secondaires peut être charmante et constituer un monument d'art agréable à regarder, mais ne présente pas, au point de vue de l'histoire de la transformation de la céramique, un intérêt véritable. Quelques échantillons des pièces de Saint-Cloud, de Chantilly, de Vincennes ou de Sèvres doivent suffire, au point de vue de l'histoire générale de l'art, à fixer les progrès et le développement de l'industrie qui prit chez nous si rapidement une si grande extension.

LA TAPISSERIE. Il n'est pas d'industrie qui se contente d'un matériel plus restreint que celle du tapissier ; il n'en est pas qui soit par suite plus facilement mobilisable, par suite aussi plus ambulante. Alors que le potier, l'orfèvre, le fondeur, le ferronnier ont besoin de fours, de forges, d'ateliers, qui nécessitent une installation sédentaire, quelques montants de bois verticaux reliés par quelques traverses horizontales suffisent au tapissier. C'est pourquoi, s'il est vrai que, depuis l'époque où commence à pouvoir se suivre la marche et le développement de l'industrie textile en France, on peut constater l'existence de centres de fabrication plus particulièrement féconds et florissants, il est certain aussi qu'il existait des ateliers isolés et anonymes, bénéficiant de la renommée de la métropole et y contribuant eux-mêmes en retour. Si certaines villes, comme Arras au xve siècle, Bruxelles au xvie, eurent le privilège de voir inscrit sous leur nom tout un ensemble de productions d'un type commun et d'un caractère déterminé, il serait téméraire de voir dans une dénomination générale l'affirmation d'une origine authentique. Les Italiens, au xve siècle, ont appelé Arrazzi les tapis de tenture, comme de nos jours on en est venu à désigner, dans le langage commercial, sous le nom collectif de Gobelins les ouvrages de haute lisse, sans que cette dénomination doive impliquer la désignation d'une provenance. La renommée des grands ateliers a absorbé celle des ateliers secondaires en mettant ces derniers sous son patronage ; en outre, l'on sait que les tapissiers voyageaient avec leur matériel et se transportaient momentanément là où les appelaient les commandes, pour s'en aller, la commande une fois exécutée. Aussi est-il souvent fort malaisé, et, à défaut de marque précise, parfois même impossible, de déterminer l'exact lieu de naissance d'une pièce de tapisserie.

Dès les plus lointaines époques du moyen âge, des textes nombreux nous révèlent le goût très vif qu'avaient nos pères pour les tentures murales destinées à réchauffer la nudité des parois des grandes salles seigneuriales et des nefs d'églises ; mais le manque de précision ou encore l'abondance des termes que nous fournissent ces textes ne permettent guère de

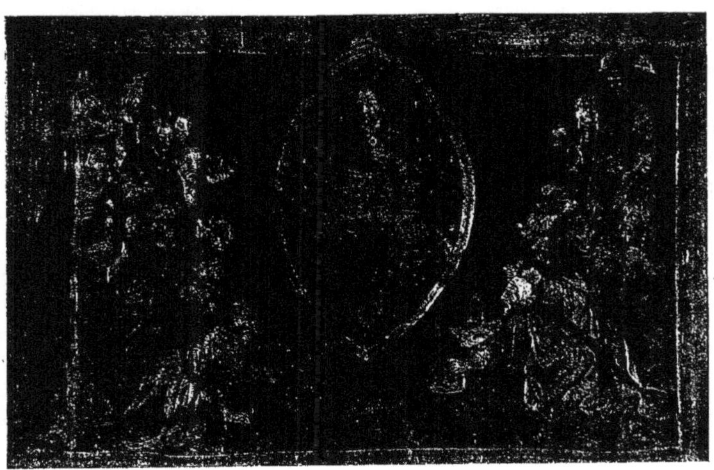

TAPISSERIE DE L'APOCALYPSE (fragment) (XIV⁰ SIÈCLE)
CATHÉDRALE D'ANGERS.

reconnaître, antérieurement au XIII⁰ siècle, de quelle nature de travail il s'agissait : tissus, broderies ou véritables tapisseries. Sous le règne de saint Louis, *le Livre des Métiers*, d'Étienne Boileau, prévôt des marchands de Paris, cite bien les tapissiers sarrazinois qui fabriquaient des tapis veloutés de pieds, mais c'est seulement en 1302 qu'on trouve, en France, la première mention d' « ouvriers en la hautte lisse », ce qui d'ailleurs prouve qu'ils existaient antérieurement à cette date.

Aucun spécimen ne nous est parvenu, en France, du travail des hauts-lissiers contemporains de cette mention, et il nous faut descendre jusqu'au quatrième quart du XIV⁰ siècle, pour rencontrer une œuvre à date certaine. C'est la cathédrale d'Angers qui la conserve depuis cinq cents ans, et, par un rare et heureux concours de circonstances, nous savons le nom du prince qui commanda, du peintre qui dessina et du tapissier qui tissa ce vénérable monument de la tapisserie française.

Désireux de décorer son château d'Angers, Louis Ier, duc d'Anjou, emprunta à son frère Charles V un manuscrit du xiiie siècle, dont les miniatures guidèrent Jean de Bruges, peintre du roi, pour établir des patrons que Nicolas Bataille, tapissier parisien, se chargea de traduire. Commencé en 1378, le travail dut se poursuivre au moins jusqu'en 1400, à en croire les initiales qui se trouvent réparties en plusieurs endroits. A la mort du roi René, la tenture de l'*Apocalypse* passa du château à la cathédrale d'Angers qu'elle n'a pas quittée depuis lors. Sur une longueur qui dépasse cent mètres, se déroulent, en sept pièces de 4^m 50 de haut comprenant chacune quatorze tableaux rectangulaires au fond alternativement bleu et rouge, la succession des scènes de la vision apocalyptique de saint Jean. Chaque pièce débute par une grande figure de prophète assis, paraissant méditer sur les obscures révélations de l'apôtre, qu'une série d'inscriptions, aujourd'hui disparues, contribuait autrefois à éclairer, non sans profit. Si l'on voulait rechercher ce que Jean de Bruges a pu conserver de la tradition du xiiie siècle, peut-être le trouverait-on dans le maintien des fonds sur lesquels les figures se détachent, comme sur un écran, de manière à faciliter de loin la lecture de l'image.

Cinquante ans plus tard, nous voyons ce principe décoratif, qui avait été celui du xiiie siècle, complètement abandonné. A dater du xve siècle, en effet, le tapissier s'ingénie à couvrir la totalité du champ de la pièce, paraissant redouter tout ce qui peut faire trou dans la composition, tout ce qui, dans le tableau, peut être un vide laissant voir la toile du fond ; aussi sans les pièces décoratives, qu'on appellera plus tard du *verdure*, comme celles qu'ont exposées MM. Ganna-Pallu et Heilbronner, présente-t-il sur un même plan, feuillages, fleurs et animaux du haut en bas du panneau, et, dans les pièces « à histoires », superpose-t-il les personnages de la bordure inférieure à la bordure supérieure, sans souci de la perspective, ne laissant percevoir le ciel que par une étroite bande, en haut du cadre, et cachant la nudité du sol sous des semis de fleurs. De l'application de ce procédé résulte souvent un aspect de confusion qui peut rendre, au premier abord, difficile la lecture de la scène, mais qui ne laisse pas pourtant de séduire l'œil, avant même que l'esprit, comme dans un vitrail, ait eu le loisir de démêler ce que l'artiste a voulu écrire. L'influence flamande domine alors la tapisserie comme tous les arts ; l'esprit d'analyse, qui est l'esprit septentrional, ne sait pas faire de sacrifice ; il s'amuse au détail et se complaît dans l'accident ; et cet esprit se manifeste non seulement dans la manière souvent diffuse dont l'artiste développe un thème donné en une infinie succession d'épisodes, mais aussi dans le goût qu'il prend à accumuler dans la figuration de chacun de ces épisodes quantité d'accessoires dont l'ensemble contribue à la couleur locale de la scène.

Les deux sources principales auxquelles les tapissiers puisèrent les sujets de leurs tentures furent, suivant la destination de celles-ci, l'histoire religieuse et l'histoire légendaire, ou mieux la légende historique, car il n'est pas d'événement de nos anciennes annales que l'imagination populaire n'ait travesti ; il n'est pas de personnage illustre, tel César, Clovis, Charlemagne, dont l'éloignement n'ait grandi la figure. Mais les livres saints et les chroniques ne furent pas

seuls à inspirer les tapissiers ; les événements contemporains, les événements mondains même
leur fournissent matière à de brillantes pages décoratives. C'est à ce genre qu'appartient la
curieuse pièce que l'on peut, à coup sûr, s'étonner de rencontrer dans une église, et que
possède Notre-Dame de Nantilly, à Saumur. On y voit, au son d'un orchestre, se préparer à
danser, plutôt même que danser, une nombreuse compagnie d'hommes et de femmes, dont les
uns sont vêtus à la dernière mode contemporaine, tandis que d'autres laissent apparaître sous

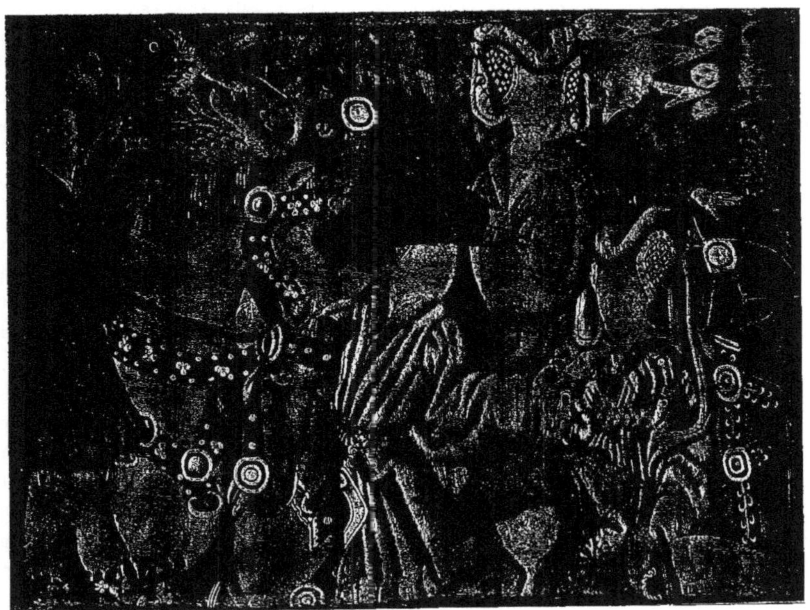

SCÈNE DE CHASSE (xvᵉ siècle)
Église Notre-Dame de Nantilly, à Saumur.

de somptueux habits un corps couvert de peaux de bêtes, ainsi que celui des sauvages tels que
se les figurait le moyen âge. Il s'agit là, à n'en pas douter, d'une mascarade analogue à celle
qui faillit coûter la vie au roi Charles VI et qui préluda à sa démence. Le *Bal des sauvages*
comme nous l'appellerons, faute de pouvoir l'identifier encore avec un événement précis, est,
par la rareté de pareils sujets, par l'abondance des renseignements utiles qu'il apporte à
l'iconographie du costume au milieu du xvᵉ siècle, plus encore que par la qualité intrinsèque
de l'œuvre, un document des plus précieux, et jusqu'en ces dernières années peu connu, pour
l'histoire tant des mœurs en général que de la tapisserie en particulier sous le règne de

Charles VII. A la même époque se doivent encore rapporter une petite pièce, fragment d'une scène de chasse, conservée dans la même église, et une grande scène de carnage et de tuerie appartenant à M. Welghe.

De l'*Histoire de César*, que conserve Berne et qui provient des bagages abandonnés par les Bourguignons, à Granson, il faut rapprocher la tenture, en deux pièces, dite du *fort roy Clovis*, que possède la cathédrale de Reims, et qui paraît avoir une analogue provenance. Passée de la maison de Bourgogne à la maison d'Autriche, elle échut, après la levée du siège de Metz, au duc François de Guise, et fut donnée à sa cathédrale par le cardinal de Lorraine, archevêque de Reims, en 1573. La communauté d'origine de ces deux tentures, trouvées l'une et l'autre dans des camps, suffirait à nous éclairer sur un des nombreux usages qui se firent, au moyen âge et à l'époque de la Renaissance, de ces tapisseries si facilement mobilisables, et grâce auxquelles pouvait se reconstituer, au hasard des guerres, une somptuosité temporaire dans une habitation de passage.

Plus nombreuses nous sont parvenues les tapisseries dont les sujets sont tirés des livres saints, et la raison en est que, affectées dès l'origine à des édifices religieux, elles furent mieux respectées, et aussi qu'elles restèrent plus en dehors des fluctuations de la mode. A cette catégorie et à cette époque appartiennent les six pièces de la *Tenture de Saint-Pierre*, données à sa cathédrale par Guillaume de Hollande, évêque de Beauvais de 1444 à 1462 et la tapisserie de la *Légende de saint Maurille*, exécutée vers 1460 et conservée à la cathédrale d'Angers.

Ce sont des « tapis de chapelle », destinés à prendre, soit sur le devant des autels, soit au-dessus, la place des parements ou des retables, que conserve la cathédrale de Sens. Le plus ancien, tissé de soie et d'or, provient de Charles, cardinal de Bourbon, archevêque de Lyon de 1446 à 1488 ; il nous montre, encadrée dans une large bordure aux armes du prélat, l'*Adoration des Mages*. Si un atelier flamand peut le revendiquer, il nous semble reconnaître dans la grâce, la pondération, la calme sérénité du second une influence moins septentrionale et plus proprement française. *Le couronnement de la Vierge par la Trinité* qu'encadrent ceux de Bethsabée par Salomon et d'Esther par Assuérus formait primitivement un retable, dont la scène centrale dominait les deux autres. Par la préciosité de son dessin, par la finesse de son tissu de soie, de laine, d'or et d'argent, par la brillante harmonie de sa coloration, ce petit morceau compte parmi ce que le moyen âge nous a laissé de meilleur en ce genre ; peu de pièces l'égalent et aucune ne la surpasse.

A la fin du xv⁰ siècle et au début du xvi⁰, l'art du haut-lissier est en effet arrivé à son apogée ; au point de vue du métier, il n'a plus rien à apprendre ; avec un modelé très restreint, à l'aide d'une palette très limitée, il est arrivé à produire tous les effets ; ne possédant pas toutes les gammes dégradées d'une même couleur, c'est par la pénétration réciproque des tons juxtaposés qu'il obtient les demi-teintes. Après quatre cents ans d'existence, après de longues expositions au soleil, à l'air, à l'humidité, certaines pièces nous sont arrivées sous un aspect un peu

éteint qui a pu tromper sur les intentions du tapissier ; mais, que l'on retourne la pièce à l'en-
vers, mieux protégé, et on reconnaîtra que ce « ton de vieille tapisserie », dans lequel s'est
complu, à un certain moment, la maladive élégance d'une esthétique égarée, n'est pas celui

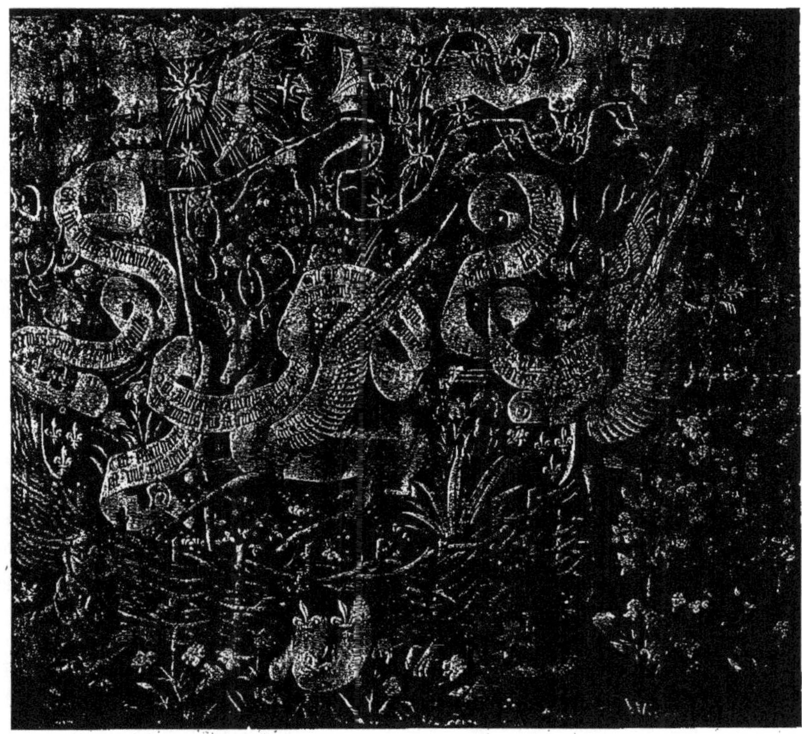

TAPISSERIE DES ARMES DE FRANCE (xvᵉ siècle)
Musée des Antiquités de la Seine-Inférieure, a Rouen

qu'a vu l'ouvrier du xviᵉ siècle et qu'il a entendu fixer sur sa chaîne ; l'on verra combien peu
il avait peur de la couleur, et en quelles juxtapositions hardies il ne craignait pas de se
hasarder.

Le sac d'Arras par Louis XI, en 1479, avait porté un coup fatal à l'industrie textile de cette
ville qui, depuis plus de cent ans, était la grande pourvoyeuse de la France et des Flandres.
S'il est bien évident que cet événement d'ordre purement militaire et économique resta sans

action sur l'évolution artistique du pays, l'on doit toutefois reconnaître qu'il coïncida avec une nouvelle orientation de l'art. Il marque, dans l'industrie de la tapisserie, le déclin de l'influence flamande ; désormais, c'est vers le Midi, vers l'Italie, que seront tournés les regards, et quand la capitale des Flandres, Bruxelles, héritière d'Arras, deviendra, au xvie siècle, le grand centre de la fabrication, et aura même pour tributaire la Rome des Papes, ce ne sera plus à ces Flandres mais à l'Italie qu'elle demandera ses modèles et son inspiration. Les règnes de Charles VIII et de Louis XII voient s'opérer cette évolution. Dans les productions de cette période de transition se reconnaît le choc de deux influences contraires et se sent la lutte d'un art qui, subissant encore l'empreinte d'un atavisme séculaire, cherche à dépouiller son passé et à traduire sa pensée en un langage dont il ne s'est pas encore assimilé le vocabulaire. La tradition flamande se manifeste encore au début du siècle, malgré l'introduction d'éléments décoratifs nouveaux, dans certaines pièces telles que la tenture de la *Vie de saint Martin*, conservée à la cathédrale d'Angers ; que les dix-sept tableaux de la *Légende de la Vierge*, donnés, en 1500, à l'église Notre-Dame de Beaune, par l'archidiacre Hugues le Coq ; que les vingt-six tableaux de l'*Histoire de Jésus-Christ et de la Vierge*, datés de 1511, qui, après avoir appartenu à l'abbaye de Cantorbéry et à la cathédrale Saint-Paul de Londres, font, depuis 1656, l'ornement de la cathédrale Saint-Sauveur d'Aix ; que la longue suite de *la Vie de saint Gervais et saint Protais*, donnée en 1509 à la cathédrale du Mans par le chanoine Martin Guérande. Les romans de chevalerie qui avaient réjoui le moyen âge et les allégories morales qui devaient charmer la Renaissance ont aussi fourni aux tapissiers des thèmes multiples et variés, que nous développent nombre de pièces, comme celles qu'ont exposées MM. Schutz, Heilbronner, Boy, Goldschmidt, de Bussy, etc., qui, par le costume des personnages mis en scène, nous reportent aux temps de Charles VIII et de Louis XII ; mais alors l'influence flamande a presque entièrement disparu, et l'on y peut reconnaître le progrès réalisé dans l'ordonnance des scènes et la souplesse du dessin. Ces qualités apparaissent éclatantes dans quatre admirables panneaux de *la Vie de saint Jean-Baptiste* qui viennent du château de Pau.

Pour le milieu du xvie siècle, les pièces abondent, et nous nous contenterons de rappeler la tenture de *la Vie de saint Florent*, donnée à l'abbaye de Saint-Florent de Saumur, en 1524 ; les deux fameuses tentures de *la Vie du Christ et de la Vierge*, données, en 1530, par Robert de Lenoncourt, archevêque de Reims et abbé commendataire de Saint-Remy, à sa cathédrale et à son abbaye ; la suite, dite *des Premiers rois des Gaules*, donnée, en 1530, à la cathédrale de Beauvais par le chanoine Nicolas d'Argillière, où la mythologie se mêle au roman et à l'histoire ; où Rémus nous apparaît vêtu de brocards à la mode du xvie siècle, et où Francus se montre à nous sous les traits de François Ier.

A partir du xvie siècle, nous voyons les rois, devenus grands bâtisseurs, s'ingénier à créer dans l'entourage de la cour des ateliers de tapisserie où devait s'approvisionner la décoration des résidences royales. C'est ainsi que, vers 1535, François Ier fondait à Fontainebleau un atelier qu'allait diriger Serlio. Quinze ans plus tard, vers 1550, Henri II installait à Paris des tapissiers dans l'hôpital de la Trinité, et nous pensons retrouver une pièce de cet atelier parisien dans la *Tenture de saint Mammès*, appartenant à la cathédrale de Langres. Henri IV, en 1597, établissait aussi une fabrique dans la maison professe des Jésuites de la rue Saint-Antoine, et la transférait, en 1603, au Louvre. Peut-être pourrait-on attribuer à l'un de ces

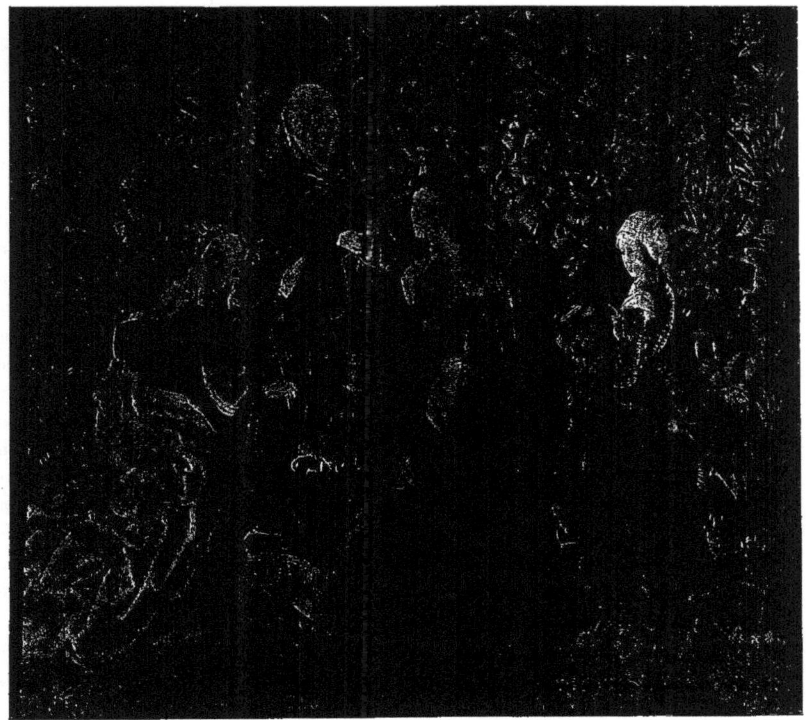

L'ARMEMENT D'UN CHEVALIER (COMMENCEMENT DU XVIᵉ SIÈCLE)
COLLECTION SCHUTZ

ateliers la tenture bien française qui nous montre l'histoire des champêtres et libres amours de *Gombaut* et de *Macé*, que possède le Musée de Saint-Lô.

En dépit des hautes et royales protections dont elle jouissait, et malgré d'incontestables qualités décoratives, la tapisserie de la fin du xviᵉ siècle n'était pas, il faut le reconnaître, en progrès sur son passé. Au point de vue purement technique, elle n'avait pas créé une pièce comparable, pour la finesse et la netteté du tissu, à tel morceau du commencement du même siècle ; et, d'autre part, elle avait laissé s'introduire dans les colorations une surabondance de tons gris, jaunes et bruns, que laissaient bien loin derrière eux les éclatantes vibrations des anciens ateliers. Au début du xviie siècle, ces mêmes errements se poursuivirent, mais un dessin plus serré et moins lâché vint donner aux grandes compositions, telles que *l'histoire d'Artémise*, *l'histoire de Coriolan*, *l'histoire de Diane*, *l'histoire de Scipion*, une tenue décorative qu'elles n'avaient plus. Les Coomans et les de la Planche, devenus Parisiens, firent en ce sens de méritoires efforts ; mais leur véritable mérite fut surtout d'avoir été les précurseurs de l'atelier des Gobelins.

Avec les Gobelins s'ouvre pour la Tapisserie française une ère nouvelle de gloire. Les produits de la manufacture royale éclipsent d'un incontestable éclat ceux des manufactures françaises et étrangères, et Paris reprend pour près de deux siècles cette suprématie indiscutée qui, au xvie siècle, était passée à Bruxelles.

L'honneur de cette rénovation revient, à des titres différents, à trois hommes dont il convient d'associer les noms en un commun souvenir : Louis XIV, Colbert et Charles Lebrun. En prenant, en 1662, la direction de la manufacture royale des meubles de la Couronne, Lebrun apporta dans cette administration du faste royal le même esprit de suite et la même ampleur de vues qu'un Colbert et qu'un Louvois dans les affaires du Commerce et de la Guerre. Décorateur brillant plutôt que grand peintre, producteur fécond autant que varié, doué surtout d'une admirable intelligence des vastes ordonnances, il sut donner à tout ce qu'il toucha un même caractère d'unité, d'ampleur et de somptuosité. Ce sont là les qualités que l'on retrouve non seulement dans les compositions sorties de sa main, mais aussi, tant fut puissante son empreinte, dans celles qu'il se contenta d'inspirer, et que nous montrent les *Tentures des Éléments*, des *Saisons*, des *Batailles d'Alexandre*, des *Maisons royales*, des *Muses*, et surtout de l'*Histoire du Roi*, comme celles aussi de *la Galerie de Saint-Cloud*, d'après Mignard, des *Triomphe des Dieux*, d'après Noël Coypel, des *Mois grotesques*, d'après Audran, dont le garde-meuble et les résidences nationales possèdent encore des exemplaires qu'ils ont prêtés à l'Exposition.

Plus rares que les tentures de haute lisse nous sont parvenus ces « tapis à la façon de Turquie », sortis des ateliers de la Savonnerie que Louis XIV avait réunis à ceux des Gobelins. Le puissant tempérament de Lebrun se reconnaît dans les grands rinceaux de feuilles d'acanthe, dans les grasses moulurations et les luxuriantes floraisons dont se décorent trois de ces tapis, destinés primitivement à garnir la Galerie d'Apollon, et qui viennent de revenir au Louvre. Enfin, à côté des produits de ces deux ateliers parisiens, la manufacture de Beauvais, créée peu après celle des Gobelins, nous montre une suite célèbre de huit pièces, que possède encore la cathédrale de cette ville, et qui fut tissée en basse lisse d'après les cartons des *Actes des Apôtres* de Raphaël.

En faisant tisser pour la première fois ces cartons par des tapissiers bruxellois, Léon X avait créé un fâcheux précédent ; en transposant en tapisserie de véritables tableaux tels que *l'Histoire du Roi*, Lebrun avait fait de même; le xviiie siècle tout entier suivit cet exemple. Ce sont des tableaux peints en laines et en soies que *l'histoire d'Esther*, que *l'histoire de Médée et de Jason* par de Troy, que *les chasses de Louis XV* par Oudry, que *les Jeux russiens* par J.-B. le Prince, et ce caractère se trouve encore accusé par la bordure des panneaux, qui n'est plus que l'imitation d'un large cadre en bois sculpté et doré, analogue à ceux dont s'entouraient les peintures à l'huile. Cette pratique nouvelle trouve d'ailleurs sa raison dans le rôle nouveau que la tapisserie était appelée à jouer dans la décoration; au xviiie et déjà au xviie siècle, les tapisseries n'étaient plus faites pour rester flottantes comme des rideaux; tendues et encastrées dans les boiseries des appartements, elles prenaient un caractère immobilier, et rempla-

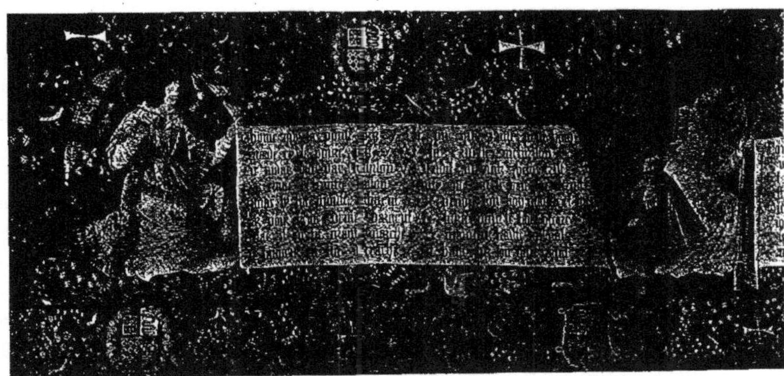

LES INSTRUMENTS DE LA PASSION (COMMENCEMENT DU XVIe SIÈCLE)

CATHÉDRALE D'ANGERS

çaient effectivement des peintures à l'huile, mais en ajoutant toutefois, au charme de compositions brillamment colorées, l'agrément d'une matité et d'un moelleux s'harmonisant mieux que les inévitables reflets d'un vernis avec l'intimité d'un boudoir ou la somptuosité d'un salon. Plus le siècle avancera en âge, plus intime se fera la liaison entre la tapisserie et le lambris destiné à lui servir de fond et de cadre : la bordure tissée disparaîtra elle-même complètement pour être remplacée par la moulure saillante d'une menuiserie ou même par une simple baguette dorée; ou bien encore le sujet principal formera un petit tableau dans le grand, dont tout le champ sera occupé par une décoration formant un fond sur lequel il se détachera, comme cela se voit dans les admirables tentures de *don Quichotte*, par Charles Coypel, et des *Sujets de la Fable*, par François Boucher. La critique est désarmée en présence de ces absolues merveilles d'éclat, de fraîcheur et d'esprit, et elle oublie facilement que le tapissier est indubitablement sorti de son rôle et a outrepassé les limites naturelles de son art en chargeant ses fuseaux de toute la gamme des tons et demi-tons que seule la palette du peintre doit fournir, et en voulant traduire ce qu'il avait pour mission d'interpréter, en voulant être peintre lui-même, et pour son compte, comme le furent les Cozette à l'époque de Louis XV et de Louis XVI.

LES TISSUS ET BRODERIES. — De toutes les branches de l'industrie humaine, depuis la chute de l'Empire romain jusqu'à la fin du moyen âge, la textrine est peut-être celle dont l'histoire est demeurée le plus nuageuse. La plupart des anciens tissus que nous possédons encore aujourd'hui nous sont parvenus sous le couvert de la religion : vêtements sacerdotaux

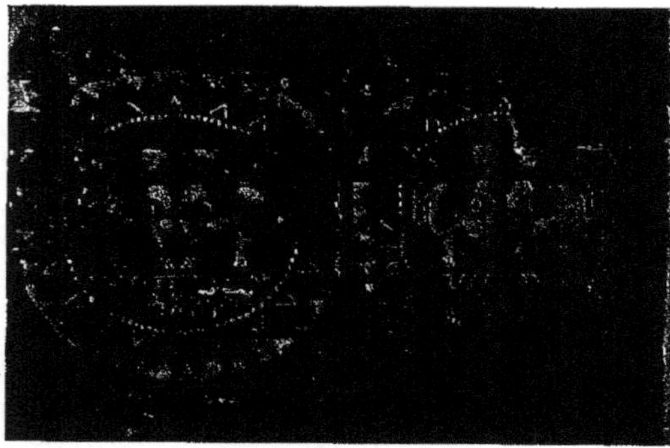

et suaires, telles sont les deux formes sous lesquelles ils se présentent le plus généralement à nous. De bonne heure, le culte des reliques avait été en grande vénération dans l'Église latine ; à l'époque carolingienne et surtout au temps des croisades, il se fit de ces reliques un abondant apport d'Orient en Occident. Elles vinrent souvent enveloppées d'étoffes précieuses. Ces étoffes, qui avaient touché les corps

SUAIRE de sainte Colombe et de saint Loup (fragment) (ixe siècle)
CATHÉDRALE DE SENS

saints, devinrent elles-mêmes des reliques ; quand on les conserva intactes dans les trésors des églises, on les qualifia généralement de suaires, en souvenir du rôle funèbre qu'elles avaient rempli, et l'habitude s'établit tout naturellement de les désigner sous le nom du saint dont elles avaient entouré les restes ; parfois aussi on les convertit en quelque vêtement sacerdotal, chape, chasuble ou dalmatique, qui prit, lui aussi, le nom du personnage vénéré, et ne tarda pas à passer pour avoir été porté par le personnage lui-même. Longtemps le respect de ces traditions, dont l'authenticité n'était pas mise en doute, a pu laisser croire que ces tissus étaient contemporains du saint ou du martyr sous l'appellation duquel ils étaient vénérés : un examen un peu attentif a fait reconnaître, bien souvent, qu'ils ne pouvaient être antérieurs à l'époque de la translation des reliques du saint, et a dû rajeunir parfois de plusieurs siècles des dates devenues injustifiables.

Byzance et l'Empire grec, Alexandrie et l'Empire musulman des califes, et plus tard Palerme et le royaume sicilien des princes normands furent, dans la première partie du moyen âge, les pourvoyeurs attitrés de l'Occident. L'on sait que ce fut Justinien qui, au vi^e siècle, introduisit la culture de la soie dans l'Empire grec, jusqu'alors tributaire de l'Orient, comme l'avait été l'antiquité tout entière. A en croire une tradition dont de nombreux auteurs se sont faits les échos, c'est seulement au milieu du XIIe siècle que l'art de la fabrication des étoffes de soie, depuis longtemps déjà florissante chez les chrétiens grecs et chez les musulmans d'Égypte et de Syrie, aurait été introduit en Sicile. Roger Ier, roi normand de Sicile, aurait, au cours d'une expédition contre la Grèce, ramené d'Athènes, Thèbes et Corinthe, des ouvriers en soie, et les aurait établis à Palerme pour enseigner à ses sujets une industrie ignorée jusque là des Latins.

Quoi qu'il en soit de cette tradition, qui peut paraître douteuse, — car il est certain que, bien avant l'arrivée des Normands, les musulmans de Sicile faisaient le commerce de la soie, s'ils ne la tissaient eux-mêmes, — il demeure avéré que des éléments artistiques d'origine différente, les uns byzantins, les autres orientaux, se trouvèrent en présence sur le sol de la Sicile. Sous cette double influence, la Sicile fit sortir de ses ateliers des ouvrages qui reproduisirent des prototypes soit grecs, soit orientaux, ou encore qui participèrent des uns et des autres en les fusionnant.

C'est pourquoi, s'il est souvent possible de reconnaître, dans le

CHAPE dite de saint Mesme (fragment) (Xe siècle)
Église Saint-Étienne, à Chinon

choix des éléments décoratifs que nous montre tel ou tel tissu, la marque d'une inspiration soit grecque, soit orientale, il est, par contre, bien malaisé et souvent bien téméraire d'affirmer avec certitude que c'est d'un atelier de Constantinople ou d'un atelier d'Alexandrie ou de Damas, plutôt que d'un atelier de Palerme, imitateur des deux premiers, que ce tissu est sorti.

Byzance apparaît dans une fort belle pièce, un suaire, trouvé, il y a quelques années seulement, en 1896, dans la châsse de saint Siviard, conservée à la cathédrale de Sens. Sur un fond damassé, actuellement blanc crème, mais qui devait primitivement se rapprocher du jaune ou du chamois, sont répartis des médaillons circulaires jointifs, circonscrivant de grands griffons dont les têtes, les pattes, les queues ont gardé le ton vigoureux du pourpre ; le parti décoratif comme les détails de l'ornementation rappellent le suaire de Charlemagne conservé à Aix-la-Chapelle. Les reliques de saint Siviard, abbé de Saint-Calais, furent apportées à Sens au temps de l'invasion normande ; il ne paraît pas impossible que ce suaire remonte à cette époque, c'est-à-dire au VIIIe siècle. Au même centre d'inspiration, mais d'une date sensiblement postérieure, paraît se rattacher la dalmatique que possède l'église d'Ambazac, et qui passe pour avoir été donnée par l'impératrice Mathilde, femme de Henri V, empereur d'Allemagne, à saint Étienne de Muret, premier abbé de Grandmont ; le dispositif est le même : des disques séparés par des fleurons à quatre lobes ; au centre de ces disques, de couleur pourpre, symétriquement disposés sur fond jaune, des aigles de même couleur éploient héraldiquement leurs ailes.

D'autre part, c'est assurément d'Orient que viennent les éléments décoratifs qui se voient sur les deux suaires, aujourd'hui réunis, de sainte Colombe et de saint Loup, ces lions affrontés encadrés dans des médaillons ovales, ces chiens et ces renards qui courent, et ce motif si caractéristique, la représentation de l'arbre sacré du *hom*, tous éléments décoratifs qui se retrouvent sur une étoffe contemporaine du Musée Lorrain à Nancy. Au milieu du IXe siècle, en 853, l'archevêque Wessilon présida à la translation des reliques des deux saints : c'est à cette époque que l'étoffe paraît être entrée dans le trésor de la cathédrale de Sens.

CHAPE dite de saint Étienne de Muret (fragment) (XIe siècle)
Église d'Ambazac (Corrèze)

La magnifique chape que conserve l'église Saint-Étienne de Chinon, et à laquelle est attaché le nom de saint Mesme, disciple de saint Martin, nous montre, sur un fond bleu foncé, des superpositions de guépards enchaînés, et une interprétation du *pyrée* ou autel du feu de la religion de Zoroastre, qui a pu faire penser à un ouvrage persan antérieur à l'introduction de l'islamisme en Perse, c'est-à-dire au milieu du VIIe siècle. Mais, d'une part, il est certain que des symboles comme le hom ou le pyrée, devinrent de bonne heure, comme les caractères stylisés de l'écriture arabe, de simples motifs ornementaux sans signification précise, et, d'autre

part, une inscription arabe, retrouvée sur _a chape même de Chinon, ne permet pas d'en fixer
la date à une époque antérieure au xe siècle. Il semble donc que l'on doive y reconnaître un

travail non pas persan et sassanide, mais
bien arabe et fatimite.

Les anciens inventaires désignent souvent sous le nom général et peu compro-
mettant de Sarrazinois tous les ouvrages
que l'on savait venir d'Orient, que ce fût
de Perse, d'Égypte ou de Syrie. Peut-
être est-il prudent de faire comme eux ;
il semble pourtant que les ateliers per-
sans, plutôt que ceux d'Alexandrie ou de
Damas, pourraient revendiquer les antilopes, les oiseaux à queues de serpent,
et aussi les œillets et les iris qui
s'étagent sur l'admirable étoffe du trésor
de Sens, donnée autrefois comme étant
le suaire de saint Savinien. Les têtes, les
pieds et quelques détails piquent seuls de
jaune un ensemble rose vermeil. Nous
ne pensons pas qu'elle puisse être antérieure au xiiie siècle, non plus que le
suaire dit de sainte Théodeschilde, sur
laquelle alternent des rayures polychromes, longitudinales et transversales.

Quant à la chasuble dite de saint
Regnobert, évêque de Bayeux au
viie siècle, que conserve la cathédrale de
cette ville, son décor, composé d'un
simple semis régulier de pois jaunes réunis trois par trois sur fond bleu, paraît
insuffisant pour caractériser une époque
et une origine ; un coffret d'ivoire, qui le
renferme de longue date, et dont la ser-

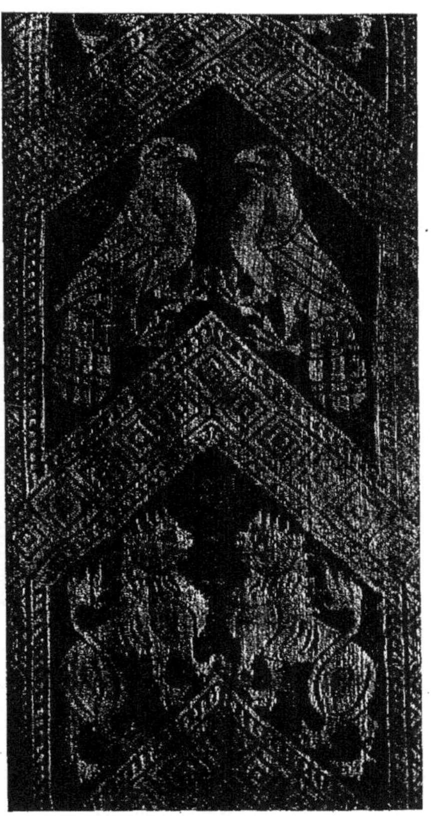

CHAPE dite de saint Rambert (fragment)
(xiie siècle)
Église de Saint-Rambert-sur-Loire (Loire)

rure porte une inscription arabe, a pu donner à penser que le contenant et le contenu
pourraient avoir une même provenance.

L'église de Saint-Rambert-sur-Loire vénère une chasuble qui passe pour avoir appartenu à
ce saint lyonnais, mort au début du viie siècle, et dont les reliques furent transportées dans le

Forez, en 1076. C'est une étoffe lamée de soie, à fond rouge jaunâtre et à décor de fils d'or tordus sur soie, composé de bandes verticales que réunissent des chevrons ; dans les intervalles alternent régulièrement des oiseaux et des lions affrontés. Si l'influence byzantine se manifeste dans l'allure des animaux, l'on remarquera que leur interprétation est moins stylisée que dans les produits de l'école de Constantinople ; en outre, les bandes et chevrons sont chargés d'un dessin quadrangulaire qui n'a rien de byzantin, et que l'on rencontre d'autre part fréquemment dans la décoration sicilienne. L'on peut être ainsi amené à penser que l'étoffe a pu être tissée vers le XIIe siècle, dans quelque atelier palermitain, imitateur d'un prototype grec. Par contre, le suaire de saint Potentien, appartenant au trésor de Sens, nous montre la Sicile demandant aussi, et vers la même époque, des modèles à l'Orient. Autour de médaillons qui encadrent des griffons adossés et des oiseaux affrontés, circule en effet une inscription pseudo-arabe qui n'a pu être tissée que par des ouvriers qui n'en saisissaient pas le sens et n'y voyaient qu'un motif de décoration.

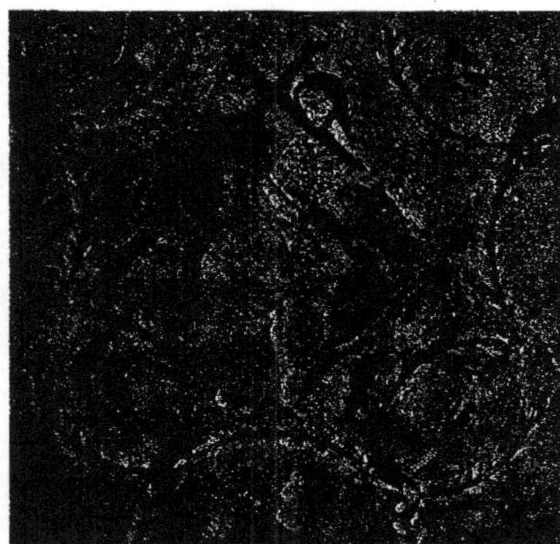

CHAPE (fragment)
(COMMENCEMENT DU XIVe SIÈCLE)
ÉGLISE DE SAINT-BERTRAND DE COMMINGES

Quant à la chasuble que l'église de Maubeuge conserve sous le nom de sainte Radegonde, et dont des perroquets affrontés, des pivoines et des iris forment la trame d'or sur une chaîne de soie rose, il y faut bien effectivement voir en elle un tissu oriental, mais de l'Extrême-Orient, un travail non d'or battu, mais bien, semble-t-il, de simple papier doré, dont l'origine se doit chercher du côté de la Chine, et dont la date ne saurait remonter jusqu'au moyen âge.

L'on voit, par ces exemples, quelle circonspection s'impose dans l'examen des anciens tissus que nous ont laissés les siècles passés, et combien l'archéologie est souvent amenée à s'inscrire en faux contre les données de la tradition.

La broderie, que l'on a pu appeler « la peinture à l'aiguille », est l'art de reproduire, à l'aide de fils de différentes matières, laine, soie, argent ou or, sur un fond sous-jacent de quelque nature que ce soit, toile, satin, velours, canevas, etc., une ornementation à plat ou en relief. Dans un tissu, le dessin fait corps avec le fond ; dans une broderie le dessin formé par le point, c'est-à-dire par ce qui apparaît du fil à la surface de l'étoffe, se superpose au fond. Depuis le XIIe siècle

jusqu'à la fin du xviie, les brodeurs se sont constamment efforcés de trouver des points nouveaux et de combiner ces points entre eux de manière à varier les effets qu'ils cherchaient à
obtenir. Longue est la liste de ces points, depuis la couchure d'or ou de soie, le point de
chaînette, le passé, que le xiie siècle paraît avoir seuls employés ; le point fendu, le point plat,
le point droit ou de bouture, le point retiré, qui se voient surtout aux xiiie et xive siècles ;
jusqu'à la couchure ombrée et à ce mélange de l'or et de la soie qui donna l'or nué, devenu en
grand honneur au xve siècle pour arriver, en passant par de multiples variétés, point gaufré,
natté, billeté, point de flamme, point lancé, etc., au guépé sur relief, qui aboutira, au xviie siècle,
à une véritable broderie en ronde bosse avec
clinquants, frisures, cannetilles et bouillons.

C'est seulement au xiie siècle que remontent
les plus lointaines broderies conservées en
France : les soixante-dix mètres de toile sur
lesquels se déroule, au Musée de Bayeux, l'histoire de la conquête de l'Angleterre par les
Normands, et qui passe pour avoir été brodée
soit à la fin du xie siècle par la reine Mathilde,
femme de Guillaume le Conquérant, soit au
commencement du xiie siècle, par l'impératrice
Mathilde, sa petite-fille, sont exécutés en un
point fort grossier qui se rapproche du point de
chaînette ; ils constituent le plus ancien et à la
fois le plus ample ouvrage de broderie que nous
ait laissé le moyen âge. C'est au point couché
que sont tracés les rinceaux d'or qui se développent sur les deux souliers de soie rouge attribués

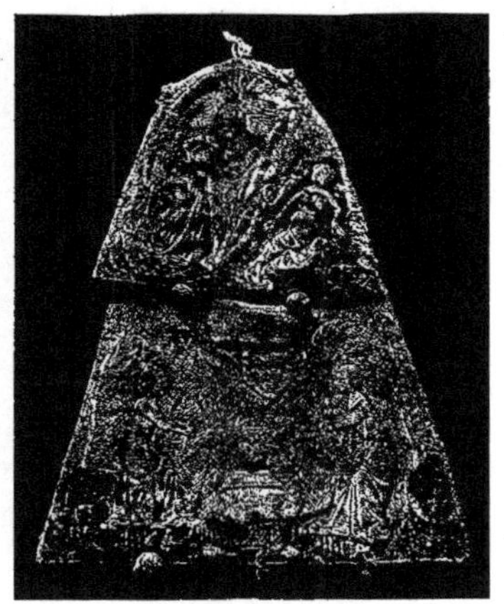

AUMONIÈRE (xive siècle)
CATHÉDRALE DE TROYES

à saint Edme, et que conserve l'église de Pontigny. L'analogie de style et de point qui existe
entre cette décoration et celle de la mitre dite de Thomas Becket, au trésor de la cathédrale de
Sens, peut faire rapporter à la fin du xiie siècle leur commune exécution. Par contre, c'est déjà
à l'art du xiiie siècle qu'appartient l'étole attribuée au même saint, et sur laquelle des rinceaux
moins stylisés annoncent une direction nouvelle dans le choix de l'ornementation.

« Une chasuble de satin rouge, avec orfrois en mode d'arbres couverts de petites marguerites
de perles, don de Guillaume de Joinville, archevêque de Reims », mort en 1299, ainsi est décrite
dans un inventaire de la cathédrale, daté de 1622, la célèbre chasuble de satin rouge qui, après
des remaniements divers, a conservé l'ampleur d'une chape. L'orfroi seul, d'un style si ferme et
si large, et dont les enroulements symétriques ne sont pas sans rappeler le dessin des pentures
de fer qui garnissent les portes de la même époque, a seul été conservé et a été réappliqué
sur un fond moderne. Jusqu'au xvie siècle, des pierreries en rehaussaient encore la richesse.

Sous le nom de broderies à personnages et de broderies à histoires, les anciens inventaires désignent souvent un genre de décoration dont l'église de Saint-Bertrand de Comminges nous offre deux précieux spécimens : sur l'un, un parement d'aube, où se dressent, encadrées par des arcatures trilobées du XIIIe siècle, cinq figures d'apôtres debout, sont réunis trois des procédés que nous signalions : les manteaux sont de fils d'or couchés, les vêtements au point de chaînette et les carnations au point fendu. L'autre pièce, une chape, l'un des plus précieux monuments qui, avec une autre chape analogue de la même église, nous soient restés, fut don-

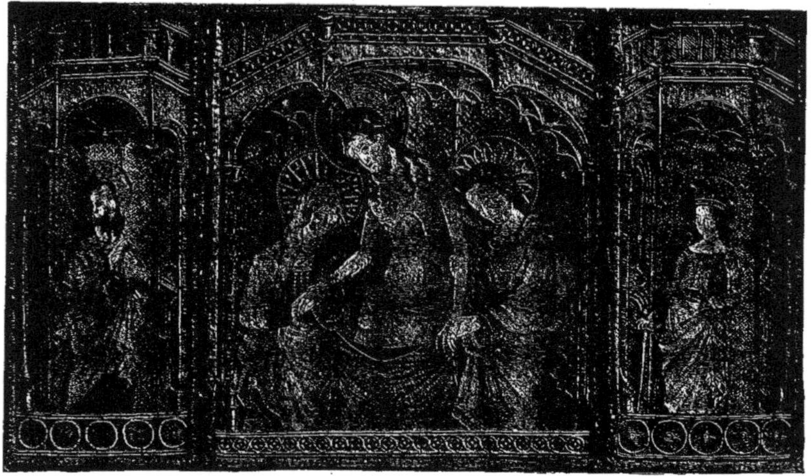

TRIPTYQUE (FIN DU XIVe SIÈCLE)
MUSÉE DE CHARTRES

née, en 1309, par Bertrand de Goth, évêque de Saint-Bertrand de Comminges en 1295, archevêque de Bordeaux en 1300, et enfin pape en 1305, sous le nom de Clément V. Sur un fond d'or de Chypre se succèdent et s'étagent de nombreuses scènes de la Passion du Christ, dans des médaillons que circonscrivent des rinceaux de feuillages, et entre lesquels alternent des figures de prophètes et se jouent des oiseaux, des dragons, des cerfs, des aigles, etc. Les nus y sont traités avec une dextérité consommée, au point fendu tourné en rond, et une manifeste intention de souligner le modelé. Nous ne sommes pas certains que la France puisse revendiquer la paternité de ce beau morceau, et nous serions disposé à y reconnaître ce « travail anglais » que prisa si haut tout le moyen âge.

Le point droit, le point de bouture, a été mis en œuvre pour un grand parement d'autel de la même époque que la précédente pièce, c'est-à-dire du commencement du XIVe siècle, appartenant à la Société archéologique de Toulouse ; ce sont ici, sur fond d'or chevronné, douze scènes de la vie et de la Passion du Christ, qu'encadrent des médaillons quadrilobés, et dans les intervalles desquels sont autant d'épisodes de la légende de saint François et d'autres saints.

Les broderies du xiiie siècle étaient exécutées au point plat, sans saillie; les fonds seuls se gaufraient, se nattaient, se losangeaient, etc., de manière à isoler davantage les figures et à les faire mieux ressortir. Ce procédé, qui avait, surtout quand il s'agissait de vêtements sacerdotaux, l'avantage de laisser à l'étoffe toute sa souplesse, est encore celui que nous voyons employé pour certaines belles pièces du xive siècle, comme l'admirable croix de chasuble de la collection Martin Le Roy. La Naissance du Christ et l'Adoration des mages et des bergers en occupent tout le bras horizontal; sur la hampe se superposent la Visitation et l'Annonciation. L'on pourrait se croire en présence d'une miniature tant le dessin en est serré, tant les figures sont traitées avec souplesse et précision. Les mêmes qualités d'exécution se voient dans le triptyque du Musée de Chartres où sainte Catherine et saint Jean-Baptiste encadrent le Christ escorté de la Vierge et de saint Jean. Déjà ici, non seulement les architectures et le fond d'or natté, mais encore certains traits des personnages se relèvent en une légère saillie. C'est un véritable bas-relief que nous montrent, à la fin du même siècle, deux curieuses aumônières de la cathédrale de Troyes, sur lesquelles divers personnages, un chasseur

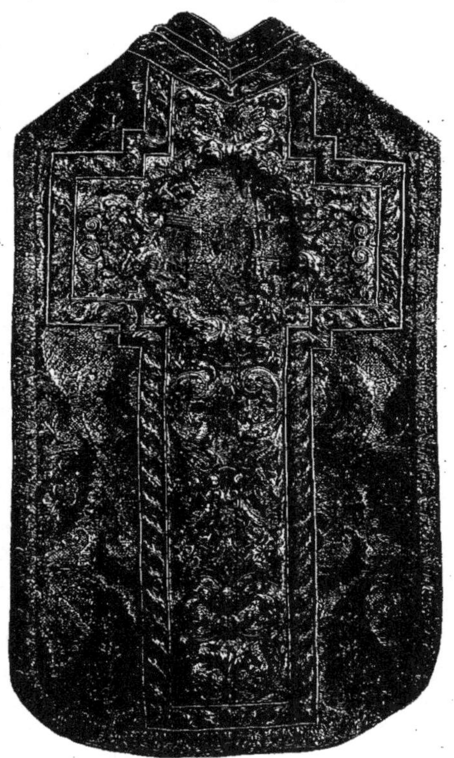

CHASUBLE (FIN DU XVIIe SIÈCLE)
CATHÉDRALE DE REIMS

poursuivant une licorne, deux femmes occupées à scier un cœur, se détachent en bosse sur le champ de satin et de velours. Et ce système de décoration ne fit que se développer au xve siècle, où nous le voyons, avec moins de logique encore, semble-t-il, s'épanouir sur la mitre donnée, en 1481, à la cathédrale de Besançon, par l'archevêque Charles de Neuchâtel.

En lançant sur une couchure d'or des fils de soies polychromes, de manière à laisser, par intervalles, apparaître cet or, comme nous le voyons déjà sur la mitre de saint Gildas de Rhuys. les brodeurs du xve siècle, toujours à la recherche de nouveaux effets, trouvèrent une technique nouvelle, celle de l'or nué, qui n'était que l'application régulière du procédé de la couchure ombrée. Ce système, très florissant au xvie siècle, demeura encore en honneur jusqu'à la fin du xviie siècle. C'est ainsi que sont alors traités la plupart des orfrois qui s'allongent en bandes ou s'arrondissent en chaperons sur la plupart des vêtements sacerdotaux, comme sur la riche chape de drap d'or rouge de l'église de Béhuard (Maine-et-Loire), dont les bandes et le chaperon sont historiés de la vie de saint Jean-Baptiste ; comme sur une chasuble et une dalmatique de drap d'or de l'ancienne cathédrale d'Embrun, sur les bords de laquelle se superposent de saints personnages sous un décor d'architecture ; comme sur une chape de l'église de Courrières (Pas-de-Calais), et une chasuble de la cathédrale de Beauvais, dont la croix nous montre le trépassement de la Vierge, et comme sur tant d'autres encore.

Avec le xviie siècle, ces longs et larges orfrois à personnages d'or nué disparaissent généralement pour faire place à un mode de décoration purement ornemental dans lequel va, jusqu'au xviiie siècle, triompher ce que l'on a appelé le guipé en relief. Les motifs décoratifs, arabesques ou rinceaux en fils d'or ou d'argent, se soulèvent en saillies puissantes, se relèvent en bosses, en s'agrémentant de cannetilles, de bouillons, de frisures, etc., et en mettant en œuvre tous les procédés de nature à augmenter la richesse du vêtement, au détriment parfois de la raison et de la distinction de l'ensemble. En même temps se manifeste, dans les broderies d'un ordre moins somptueux, de soie ou de laine, un goût très marqué pour une décoration qui emprunte ses éléments à la flore. Les fleurs dont la culture est alors fort en vogue, œillets, roses, tulipes, etc., y sont reproduites sans interprétation, à l'aide de points d'une conduite expéditive, comme le passé, le lancé, le point de flamme, qui, en variant la tonalité et la direction des fils, s'efforcent de reproduire au naturel des modèles copiés aussi fidèlement que possible. Le beau point des xve et xvie siècles, l'or nué, ne se rencontre plus qu'accidentellement et limité à de petites surfaces, comme sur la chasuble donnée à l'église Saint-Remy de Reims par Louis XIII. Au centre de la croix, où se réunissent la couchure et le guipé d'or pour les ornements, et le point plat pour les fleurs au naturel de soie polychrome, un tableau d'or nué, d'une finesse extrême, montre saint Remy recevant la sainte ampoule. Le même sujet, mais ici au point de tapisserie, se voit sur une autre chasuble, donnée, en 1690, à la cathédrale de Reims, par l'archevêque Maurice Le Tellier. Si touffus sont les ornements guipés d'or et d'argent formant la croix, qu'à peine laissent-ils voir le fond d'argent couché ; ils se relèvent en bosses si saillantes et sont si chargés de bouillons et de cannetilles, que le vêtement a perdu toute la souplesse qu'eût paru devoir exiger sa destination, et que son poids a pu s'élever jusqu'à dix-huit kilogrammes. Cette surabondance d'ornements en bosses trouve une plus logique application dans d'autres pièces dont la nature est de demeurer rigides, comme les devants d'autels, comme aussi les pentes des dais. Celles de l'église Saint-Étienne de Beauvais sont à cet égard un des plus heureux spécimens qui se puissent rencontrer. De beaux et larges rinceaux y forment un brillant décor, qui entoure un médaillon central d'or nué, et se détachent somptueusement sur le champ rouge du velours.

Le xviiie siècle revint, en ce qui concerne les vêtements sacerdotaux, à de plus judicieuses pratiques ; mais les étoffes brochées, les brocards tendirent d'autre part à se substituer aux travaux de l'aiguille, et la broderie ne tarda pas à oublier le patient labeur des anciens points ; en même temps, l'on vit les mêmes motifs décoratifs s'appliquer indifféremment à l'ameublement civil et religieux ; les rubans et les bouquets de fleurs polychromes, qui se mêlent sur le fond de soie blanche d'une chape de l'église Saint-Augustin de Nice, pourraient tout aussi bien convenir au dossier d'un fauteuil ou aux rideaux d'une alcôve.

LES CUIRS. — Par sa souplesse, par sa docilité à épouser toutes les formes, par la résistance de sa contexture, le cuir a eu de tout temps pour principale destinée de fournir sa matière moins à la confection d'objets d'usage ou de luxe qu'à la protection d'autres matières et d'autres objets. L'homme primitif s'en couvrit d'abord tout le corps, puis, avec la marche de la civilisation, en limita l'emploi à la défense de sa poitrine et à l'enveloppe de ses jambes et de ses pieds. Il en fit des gaines pour ses armes, des étuis pour ses outils, des écrins pour ses joyaux, des coffrets pour les multiples produits de son industrie, des couvertures pour ses livres. Toujours son rôle a été celui d'un protecteur fidèle suivant étroitement une forme imposée par ailleurs ; aussi, si l'on excepte la somptueuse application qui, à certaines époques, en fut faite pour garnir la paroi des murailles ou le dossier des sièges, toujours son aspect extérieur révèle le

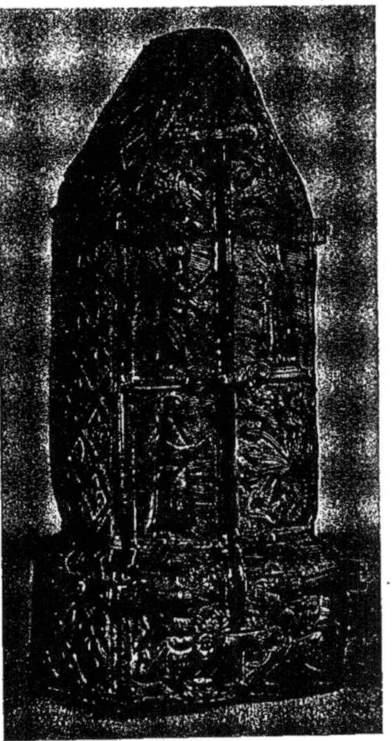

ÉCRIN DE RELIQUAIRE (xiiie siècle)
Musée de Montauois

galbe de l'objet qu'il a eu pour mission d'habiller et dont il suit les contours.

Les procédés mis en œuvre pour orner et égayer cette matière un peu triste par elle-même sont limités et se réduisent à un petit nombre : la gravure et l'incision, le repoussage en relief et l'estampage en creux, auxquels s'unissent partiellement et accidentellement la peinture et la dorure. Sans aborder la technique du métier, nous remarquerons que la qualification de cuir bouilli, fréquemment donnée au travail du cuir ouvré suivant ces divers systèmes, ne semble pas devoir impliquer que le cuir ait subi une ébullition, dont l'effet eût été de le rendre cassant. Elle paraît signifier simplement que la peau dûment préparée a été soumise à chaud à une opération dont la recette demeure incertaine, mais dont le but et le résultat ont été de lui incorporer une certaine dose de matière grasse, de manière à l'assouplir, à le rendre plus façonnable et plus apte à recevoir les empreintes qu'il devra conserver après dessiccation.

Les anciens ouvrages de cuir sont peu communs antérieurement au xve siècle, et nous ne pouvons guère citer que deux pièces conservées comme reliques : l'une à l'église de la Major d'Arles, la ceinture dite de saint Césaire, évêque d'Arles au vi^e siècle, simple lanière noire piquée en lettres grecques du monogramme du Christ ; l'autre à la cathédrale de Châlons-sur-Marne, le soulier en cordouan rouge, orné de rinceaux dorés, rapportés et cousus, attribué à saint

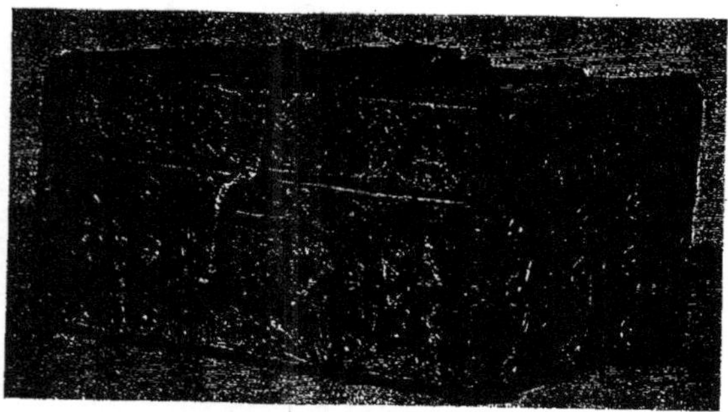

Malachie, mort au milieu du xiiie siècle. Si l'on s'en réfère au style de son décor, l'on peut reculer jusqu'au xiiie siècle un petit écrin s'ouvrant en forme de triptyque et appartenant au Musée de Montargis. Ici se réunissent les procédés du repoussage et de l'estampage ; les personnages qui en garnissent les volets, la Vierge et l'ange de l'Annonciation, et saint François, comme les fleurs de lys et les rinceaux accompagnés de dragons et de basilics qui ornent ses côtés, sont traités en relief et se modèlent par soulèvement. Un fort joli coffret de la Collection Gillot, que l'on peut attribuer au siècle suivant, nous semble dénoter l'emploi de matrices destinées à reproduire en faible saillie un dessin donné : sur ses quatre côtés et son couvercle se succèdent deux à deux, sous des arcatures trilobées, de petits personnages, hommes et femmes, bien proches parents, par leur style et leur allure, de ceux que l'on voit si fréquemment taillés dans l'ivoire sur les coffrets contemporains.

A ce même siècle appartient encore un long étui de la Collection Mohl, frappé de fleurs de lys et de dragons, qui renferme un inventaire manuscrit daté de 1370. Le contenant s'adapte trop exactement au contenu pour n'avoir pas été fait sur mesure et n'être pas de la même époque.

Avec le xve siècle, plus abondants deviennent les spécimens qui nous sont parvenus du travail des gainiers et des écriniers ; très variées en sont les formes : c'est ici un petit écrin gaufré, divisé intérieurement en quatre compartiments dont l'extérieur bossué accuse l'irrégularité. Il a contenu autrefois les sceaux d'un abbé de Cîteaux ; le Musée de Dijon le conserve aujourd'hui ;

c'est là une boîte du Musée Dubouché, à Limoges, dont le couvercle, bombé pour recouvrir la convexité d'une coupe, porte un décor incisé d'enroulements de feuillages sur fond maté ; ce sont encore deux coffrets du Musée de Clermont-Ferrand, destinés à contenir des chartes munies de leurs sceaux : l'un, allongé, en cuir brun, gaufré et frappé, muni à cet effet d'une proéminence circulaire ; l'autre, rectangulaire, en cuir noir, gravé de rinceaux, aux armes de France et de la ville de Clermont, cantonné de trois compartiments, dont les sceaux qui pendaient aux

parchemins ont fourni le diamètre.

Les Musées de Dijon et du Mans nous ont chacun conservé la trousse d'un écuyer tranchant de Philippe le Bon, duc de Bourgogne ; les manches des couteaux, de cuivre gravé et doré, y ont la même forme et portent le même écu émaillé ; mais au Mans, le décor de la gaine de cuir noir se compose de simples rinceaux gravés, tandis qu'à Dijon se lit, incisée, la devise du duc « aultre narai », allusion à son mariage avec Isabelle de Portugal, et se jouent, dans un accompagnement de feuillages, de petits animaux de chasse, entre autres des lapins, peints et dorés.

Ces animaux, avec le même

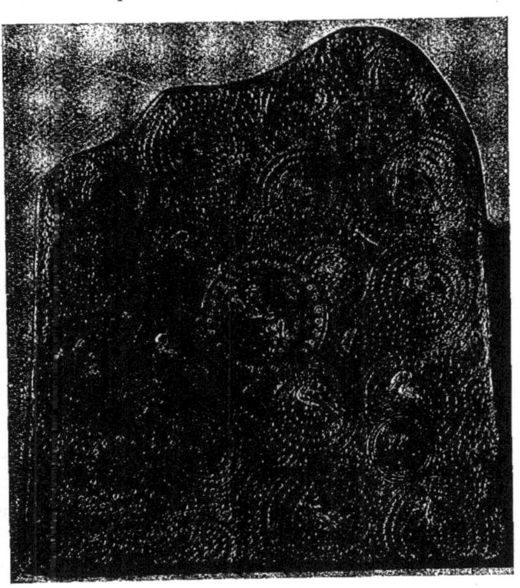

écu armorié, décorent encore une curieuse pièce de même provenance princière que les couteaux, l'écrin qui protège un petit groupe en ivoire de l'Annonciation, appartenant au Musée de Langres. Sur toute sa surface s'enroulent de fines spirales incisées, dont le centre est occupé par un oiseau ou un lapin se détachant en peinture polychrome sur le champ brun du cuir. Ce système très spécial de décor se voit encore au revers d'un triptyque de broderie du Musée de Chartres et sur l'écrin d'un diptyque d'ivoire de l'ancienne Collection Spitzer, lequel présente, en outre, dans son style et l'emploi des marqueteries de bois, plus d'un point d'analogie avec le groupe de Langres. L'on peut se demander si ce genre de gainerie n'aurait pas avec ces ivoires une commune origine et s'il ne la faudrait pas chercher au delà des Alpes, du côté du nord de l'Italie.

Bien français au contraire, par l'accoutrement et la grâce élancée des personnages qui se meuvent sur leurs parois, sont deux coffrets en cuir noir incisé : l'un à M. Salting, de Londres, qui présente, sur le dos cylindrique de son couvercle, la scène de l'Annonciation ; l'autre au Musée de Clermont-Ferrand. Ce dernier, où les figures gravées au trait incisé et réservées en noir sur le fond doré en plein, nous montre sur ses diverses faces en un curieux mélange du religieux et du profane, l'Adoration des Mages voisinant avec les ébats des femmes au bain ; une chasse au cerf et à la licorne ; un combat de centaures ; une scène galante, dans laquelle des couples font de la musique et jouent aux dames. Tous ces personnages portent le costume des cours élégantes du xve siècle.

Au siècle suivant, ce mode de décoration est encore en honneur, comme en fait foi un autre petit coffret, de forme analogue, de la Collection Campe, de Hambourg, où diverses scènes relatives aux vendanges se détachent en or sur un fond bleu. A partir du xviie siècle, il semble que la technique du moyen âge se soit perdue ; l'estampage se substitue d'une manière générale à l'incision, les ornements frappés aux figures gravées, et commencent alors à triompher, presque sans concurrence dans les ouvrages de gainerie, l'emploi du maroquin rouge et l'impression au petit fer de fleurons et de décors symétriques dorés, dont le Musée Saint-Jean, à Angers, nous fournit, parmi tant d'autres, un exemple des plus caractéristiques.

L'ORFÈVRERIE. — La série des pièces d'orfèvrerie réunies au Petit Palais ne commence, en réalité, qu'au vi^e ou au viie siècle.

Les monuments d'orfèvrerie gallo-romaine sont trop rares, en dehors des collections publiques de France et de l'étranger, pour qu'on ait pu songer à en réunir des échantillons, qui n'auraient représenté que d'une façon très imparfaite, d'ailleurs, un art qui, en somme, pour beaucoup des œuvres qui ont été exhumées du sol de la Gaule, n'a rien de gaulois ni de gallo-romain. Des pièces de vaisselle de bronze donnent plus exactement la forme et la décoration généralement adoptée pour l'orfèvrerie civile de cette époque dans notre pays.

On aurait pu, il est vrai, remplacer ces originaux absents par des séries de reproductions qui auraient mis sous les yeux du visiteur des trésors tels que celui de Bernay, tel que celui de Chaource ; mais, je le répète, une semblable exhibition aurait pu avoir un intérêt au point de vue de l'indication du lieu où a été faite telle ou telle trouvaille, mais un intérêt très restreint au point de vue des origines de l'art français ; quelques spécimens du trésor de Chaource ont pu d'ailleurs servir à la démonstration de ce que j'avance ici.

Par contre, et sans parler de la bijouterie de l'époque barbare admirablement représentée par des collections telles que celle de M. Boulanger, de Péronne, ou des emprunts faits à des Musées (Péronne, Troyes, Arras, etc.), l'orfèvrerie religieuse de ces siècles reculés peut se présenter à nous avec une série ininterrompue de monuments qui débutent au vi^e ou au viie siècle pour aller jusqu'à la fin du xviiie.

Sans doute des œuvres telles que la châsse de Saint-Benoît-sur-Loire, offerte par un personnage nommé Mumma, la châsse de Saint-Bonnet-Avalouze, sur laquelle on relève les traces évidentes de l'emploi de la verroterie cloisonnée, des fragments de reliquaires en verroterie également qui ont été insérés, vraisemblablement au xvie siècle, dans des monuments très composites que possède le trésor de Conques, ne sont pas des objets bien somptueux ; ni les unes ni les autres ne peuvent représenter aussi bien que les bijoux des mêmes époques cet art auquel le nom de barbare est resté attaché, art qui, par ses origines, représente beaucoup plus un art asiatique ayant atteint son complet développement et ne laissant rien à désirer sous le rapport du style et de la technique qu'une industrie dans l'enfance.

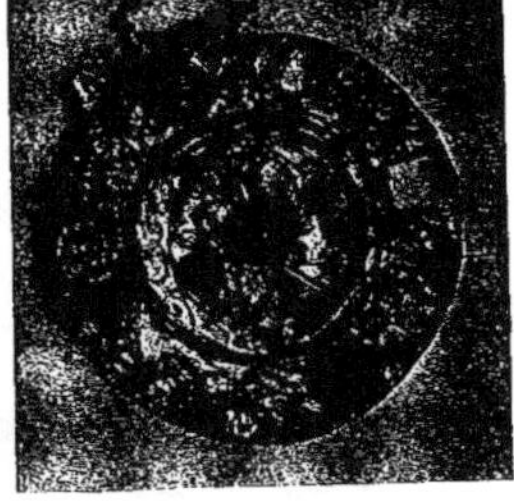

FIBULE
EN OR (VIe OU VIIe SIÈCLE)
COLLECTION BOULANGER

Il est vrai de dire que des châsses telles que celle de Saint-Bonnet-Avalouze ne sont, au point de vue des procédés employés, que la copie excessivement grossière, faite loin de tout centre artistique, de procédés qui demandaient une très grande délicatesse pour produire des œuvres analogues à celles que nous rencontrons en Orient ou à Byzance. En revanche, le trésor de l'église de Conques nous fournira un certain nombre d'échantillons du travail des orfèvres de l'époque carolingienne tout à fait remarquables.

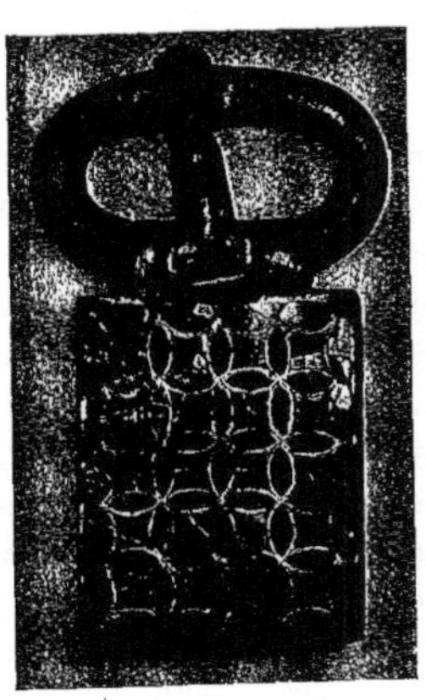

BOUCLE DE CEINTURE
EN ARGENT ET EN BRONZE
INCRUSTÉE DE VERROTERIE (VIe SIÈCLE)
COLLECTION BOULANGER

Nous savons, par le recueil des miracles de sainte Foy, de Conques écrit au xie siècle, par Bernard, écolâtre d'Angers, que, comme toutes les abbayes carolingiennes, celle de Conques possédait un atelier d'orfèvrerie; il y a tout lieu de croire que la plupart des œuvres que nous possédons encore aujourd'hui ont été exécutées à Conques même par des moines orfèvres.

Je parle ici, bien entendu, des pièces les plus anciennes faisant partie du trésor, et non d'œuvres du xiiie, du xive ou du xve siècle qu'on y rencontre aussi ; car il n'est guère croyable que les traditions carolingiennes se soient perpétuées à ce point qu'on ait conservé près de l'abbaye des artisans dont l'utilité ne se faisait plus sentir. On sait qu'à ce moment tous ces centres industriels ou artistiques, qui, primitivement, formaient une annexe très importante des abbayes, avaient presque absolument disparu. Si dans les grandes abbayes de l'époque carolingienne, telles que celle de Saint-Gall, par exemple, nous voyons indiqués sur le plan des ateliers où se pratiquent les métiers les plus divers, ce qui fait ressembler l'abbaye à une véritable ville, à partir du xiie siècle il n'existait plus rien de tel, et ces établissements étaient des centres purement religieux.

Le plus ancien des reliquaires de Conques, pour cette période carolingienne, date du ixe siècle. C'est une châsse en or repoussé et filigrané, décorée d'émaux champlevés sur or et d'émaux cloisonnés exécutés à la mode byzantine. Ce reliquaire a été donné, la chose est certaine maintenant, par Pépin d'Aquitaine, pour contenir la relique de la circoncision.

Telle qu'il nous est parvenu — et il est loin d'être intact — il se présente à nous, sur chacune de ses grandes faces, sous la forme d'un édifice d'architecture percé d'arcades en plein cintre, accompagné de pieds-droits, sortes de pilastres que surmontent des chapiteaux émaillés.

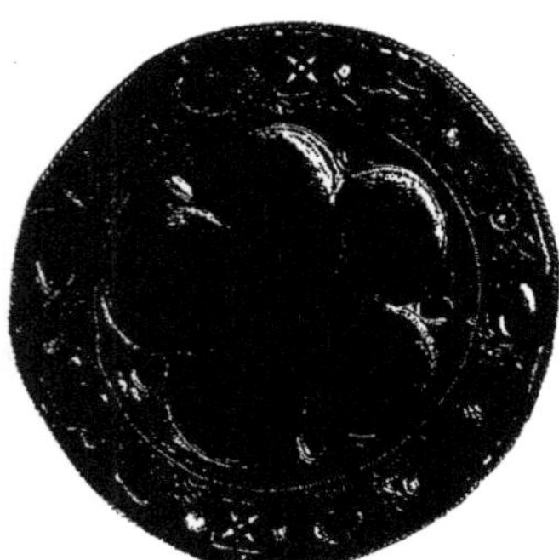

PATÈNE du CALICE de saint Gozlin
or et émaux (xe siècle)
Cathédrale de Nancy

Je n'ai pas ici à revenir sur la technique tout à fait curieuse qu'offrent ces chapiteaux. Je n'ai pas à décrire non plus une autre fois la décoration émaillée que comportent les ailes des deux aigles figurés en relief sur l'un des côtés du toit de la châsse; mais il faut surtout appeler l'attention sur l'usage du filigrane excessivement fin qui a été employé dans toutes les parties de ce monument, parfois pour en recouvrir d'assez larges surfaces. Ce travail, au point de vue de la technique, rappelle beaucoup le filigrane tel qu'il était employé dans l'antiquité classique. On s'en est servi même pour tracer l'inscription placée au sommet de la croix sur laquelle est cloué le Christ.

La représentation de la figure humaine sur la châsse de Pépin, les figures du Christ, de la Vierge et de saint Jean, sont des spécimens excessivement grossiers de la plastique de l'époque carolingienne ; l'orfèvre a été plus habile à créer un monument riche d'aspect, décoré de menus détails très heureux, dont il pouvait assez facilement se tirer, que capable de former, même d'après des dessins ou des miniatures de manuscrits, une représentation sortable de personnages en relief. Les ivoires de l'époque carolingienne, sortis de mains plus habiles, nous montrent au contraire qu'à ce moment il a pu exister en France des artistes qui, sans doute, auraient pu, s'ils en avaient eu l'occasion, tirer déjà du marbre et de la pierre des sculptures très passables. A ce point de vue, l'orfèvre de Conques s'est tout à fait trouvé au-dessous de sa tâche.

Nous venons de relever l'emploi de l'émail cloisonné joint à une riche orfèvrerie sur le reliquaire de Conques ; nous trouvons les mêmes procédés accouplés sur l'évangéliaire qui appartint à saint Gozlin, évêque de Toul, au xe siècle.

Nous retrouvons également les mêmes procédés sur le calice et la patène, de même provenance, que possède maintenant la cathédrale de Nancy. Ces œuvres, qui datent du xe siècle, nous montrent, le calice surtout, une technique bien plus parfaite que celle que nous révèle le reliquaire de Pépin. Sans doute, dans la couverture d'évangéliaire, le plat inférieur, sur lequel l'artiste a essayé de représenter sur une plaque d'argent repoussé les symboles évangélistes, n'est pas d'un dessin irréprochable ; mais le parti pris de la décoration du plat supérieur, le mélange de l'or, de l'argent gravé et des émaux, forme une combinaison assez heureuse qui indique déjà certaines aptitudes à comprendre la décoration.

Le calice est une œuvre bien dessinée et exécutée par des mains très habiles. La coupe, de médiocre dimension et de forme hémisphérique, repose sur un pied d'une courbe assez élégante, dont il n'est séparé que par un nœud sphérique délicatement décoré de filigranes. Des bandes filigranées, bordées de minces lamelles d'or frisé, font saillie sur le vase ainsi que les petites anses que l'on retrouve dans presque tous les calices de cette époque. La patène, dont le centre est repoussé en forme de rosace à six lobes, montre une décoration analogue à celle du calice et l'emploi également ment de chatons d'émaux cloisonnés.

Ces deux pièces sont en or, ou plus exactement plaquées d'or ; car, autant qu'on peut s'en assurer en examinant attentivement la patène, il est probable que, sur un monument entièrement ébauché en argent, l'artiste a appliqué au marteau une épaisse feuille d'or, qui épouse assez étroitement la matière moins riche et moins coûteuse qui lui sert de support. C'est du moins ce que l'on peut observer en quelques endroits où, par suite de déchirures du métal, on constate l'épaisseur de ce placage qui constitue,

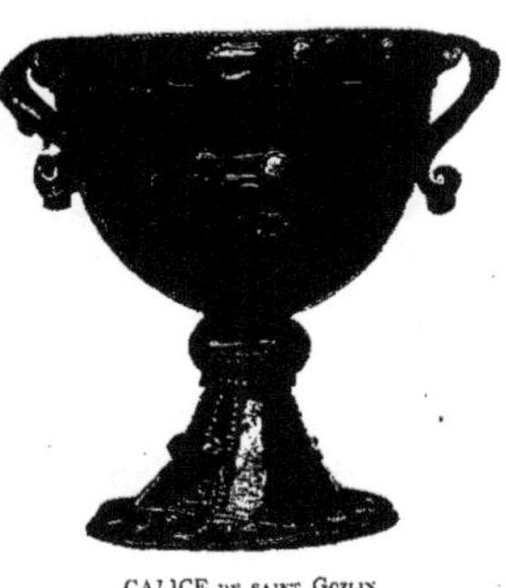

CALICE DE SAINT GOZLIN
OR ET ÉMAUX
(Xe SIÈCLE)
CATHÉDRALE DE NANCY

pour un âge aussi reculé du moins, un procédé technique assez curieux. On peut se demander même si les orfèvres ne trouvaient point là l'occasion de singulièrement tromper le client sur la nature des objets qu'ils leur vendaient. Mais c'est là une simple supposition, car il est fort probable que le calice de Nancy, comme les objets du trésor de Conques, est sorti des ateliers monastiques dans lesquels on n'avait pas réellement d'intérêt à tromper sur la valeur du métal mis en œuvre.

Jusque vers la fin du IXe siècle, l'église de Conques fut dédiée au Sauveur et à saint Vincent. C'est à ce moment que deux moines de l'abbaye enlevèrent subrepticement d'une église d'Agen les reliques de sainte Foy qui, transportées en Rouergue, ne tardèrent pas à acquérir une célébrité qui dépassa de beaucoup la vogue d'un pèlerinage local. Au Xe siècle comme au XIe, les pèlerins, attirés par les nombreux miracles obtenus par l'intercession de la sainte, affluent en foule à l'église de Conques, y apportent de nombreux ex-voto ou font aux moines des donations qui leur permettent d'établir dans toute la France des prieurés.

L'abbaye de Conques avait des possessions aussi bien en Normandie qu'en Alsace ; leurs noms indiquent de quelle popularité la sainte a joui à un moment où déjà en France s'affirmaient quelques autres pèlerinages, qui devinrent plus tard des voyages obligés pour les pénitents auxquels on les imposait. Rocamadour, Conques et Saint-Jacques de Compostelle furent, à un certain moment, des centres que durent visiter tous ceux auxquels, pour une raison quelconque, on ordonnait de faire un voyage d'expiation. Mais au xe et au xie siècle, tous ceux qui venaient apporter leur offrande à sainte Foy ne rentraient pas dans cette caté-

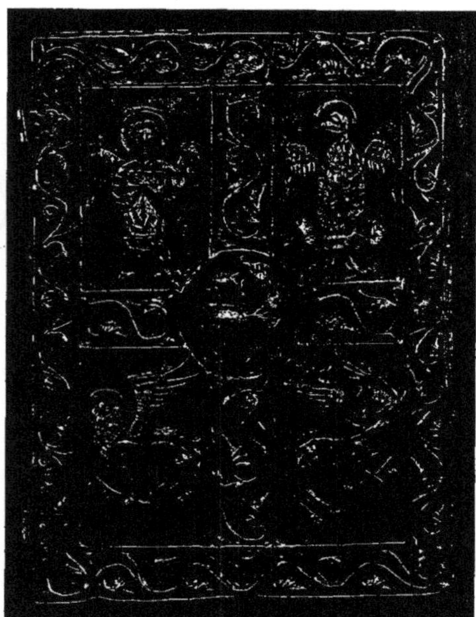

gorie. C'était, en général, des gens très naïfs qui venaient demander à la sainte d'intercéder en leur faveur pour la guérison des maladies dont ils souffraient ou faire réussir telle ou telle entreprise qu'ils rêvaient d'accomplir ; ou bien encore ils y venaient pour témoigner de leur reconnaissance à la sainte, dont l'intercession, pensaient-ils, les avait fait sortir de prison ou les avait protégés dans un danger.

Les miracles de sainte Foy, tels qu'ils ont été recueillis et dédiés à l'évêque de Chartres, Fulbert, au xie siècle, constituent dès lors véritablement l'un des documents les plus curieux qui existent pour l'histoire des mœurs de ces époques reculées. Ils nous édifient pleinement sur la brutalité, on pourrait même dire la sauvagerie des populations du Rouergue et de l'Auvergne ; car, s'il venait à Conques de nombreux voyageurs de pays fort éloignés, c'est surtout à des personnages du voisinage de l'abbaye, à des personnages du Centre de la France, que s'appliquent la plupart des récits de miracles que Bernard nous raconte.

Cet écolâtre, qui alla jusqu'à trois fois en pèlerinage à sainte Foy, nous dit lui-même comment il fut converti en quelque sorte à ce culte dans lequel, au premier abord, il était disposé à reconnaître des traces et des survivances du paganisme le plus grossier. Il nous raconte dans son premier livre comment, après avoir décidé avec l'un de ses compagnons, écolâtre comme lui, de faire le pèlerinage de Conques pour s'assurer de la véracité des miracles, tout à fait étonnants, qu'on disait se produire par l'intercession de la sainte, ils arrivèrent à Aurillac, où, entrant dans l'église Saint-Géraud, ils se trouvèrent en face d'une multitude prosternée devant l'image du saint tout rutilant d'or et de pierreries. Il nous raconte comment il ne put s'empêcher, à ce spectacle, qui était tout à fait nouveau pour lui, de pousser du coude son compagnon et de lui dire quelques mots pour lui faire remarquer combien une pareille cérémonie lui paraissait plus conforme aux traditions païennes qu'aux habitudes du culte chrétien.

Bernard devait en voir bien d'autres à Conques : il avoue ingénument que le sentiment qu'il avait éprouvé à Aurillac, il l'éprouva aussi en arrivant à Conques, la première fois qu'il entra dans l'église de l'abbaye et qu'il vit la foule en adoration devant l'image d'or de la sainte. Il fut, du reste, assez rapidement converti par le récit des miracles que lui firent les moines, par l'interrogatoire qu'il fit subir à un certain nombre de personnes témoins elles-mêmes de ces miracles, ou qui même avaient bénéficié de l'intercession gracieuse de la sainte, en sorte que l'on peut considérer le livre de l'écolâtre Bernard comme un livre d'une sincérité absolue. Mais il est au moins curieux de remarquer ce sentiment d'aversion qu'éprouvaient deux personnages religieux appartenant à la France septentrionale en face de ce développement exagéré du culte des saints, culte qui faisait oublier complètement le patron principal auquel avait été dédiée l'église de Conques primitivement, et auquel elle restait dédiée, c'est-à-dire le Christ. Dans l'expression de ce sentiment on retrouve les traces, inconscientes d'ailleurs, de la part de Bernard, d'une question qui, au IXe siècle, préoccupa beaucoup d'évêques d'Occident : la question des images qui, sans doute, ne prit jamais le caractère d'acuité qu'elle acquit dans l'empire d'Orient à l'époque des iconoclastes, mais qui cependant ne laissa pas que d'inquiéter des évêques qui, plus d'une fois, exprimèrent l'opinion que la fréquence de la représentation des saints pourrait ramener le peuple à une religion sensiblement analogue à ce qu'avait été le paganisme. En fait, ces saints personnages n'avaient pas tout à fait tort, et des exemples comme Conques auraient été tout à fait de nature à leur donner raison et à les pousser plus avant dans une voie qui aurait pu amener le clergé d'Occident à avoir, lui aussi, sa crise des iconoclastes. Pour les populations primitives qui venaient le plus souvent implorer l'appui de sainte Foy à Conques, il n'était plus question de christianisme d'aucune sorte, on s'adressait à la sainte et rien qu'à la sainte, qui avait remplacé absolument tous les saints du calendrier ; on pourrait même dire plus, on s'adressait, au moins à partir du moment où elle exista, beaucoup plus à l'image de la sainte qu'à la sainte elle-même. Cette image était conçue de telle sorte que l'on comprend parfaitement qu'elle ait pu produire sur ces cerveaux très mal dégrossis une impression qui se transformait rapidement en obsession.

L'œuvre d'orfèvrerie que nous possédons aujourd'hui, dans ses grandes lignes du moins et dans ses parties les plus importantes, est bien celle que vit l'écolâtre Bernard au commencement du XIe siècle. A cette époque, l'image de sainte Foy était presque neuve, car du synchronisme d'un certain nombre de textes, il paraît résulter que c'est aux années 980 ou 990 environ, que l'on doive reporter la fabrication de cette statue. Il n'est pas douteux que ce monument a été fabriqué à Conques même, car précisément dans le texte des miracles nous trouvons de très nombreux renseignements sur un atelier d'orfèvrerie qui y existait encore quand Bernard y vint.

Quel est le modèle dont s'est inspiré l'orfèvre pour créer cette statue d'une barbarie inouïe sans doute, mais d'un aspect tout à fait inoubliable, et qui, à l'occasion, sous certaines influences morales, dans certaines dispositions d'esprit, peut devenir un objet d'effroi ? C'est au point de vue de la physionomie surtout que la recherche de ce modèle peut avoir de l'intérêt, car, pour la disposition du corps, qui est assis, l'artiste n'avait qu'à se reporter à quelques-unes des figures grossières sculptées à l'époque carolingienne pour trouver un modèle à souhait.

Pour la tête, qui est fabriquée en or battu et dont les parois sont très épaisses, l'orfèvre s'est inspiré vraisemblablement du modèle byzantin. Du moins la coupe générale de la physionomie, ce visage d'un ovale très peu régulier, presque géométrique, la disposition de la coiffure, qui est tout à fait analogue à celle que portaient les femmes de Byzance, coiffure qui cache entièrement les cheveux pour leur substituer une sorte de bourrelet, dont la teinte indique le rang occupé par le personnage dans la hiérarchie byzantine ; ce bourrelet surmonté d'une couronne qui n'est que l'imitation d'un stemma oriental, tout cela semble bien indiquer que l'orfèvre de Conques a eu sous les yeux soit un modèle peint, soit un modèle sculpté de provenance byzantine. Nous inclinerions à croire que ce modèle fut un ivoire.

Sur cette statue d'or vêtue d'une tunique tombant jusqu'aux chevilles, tunique sur laquelle sont repoussés de distance en distance de légers motifs d'ornementation, imités très vraisemblablement d'une étoffe orientale, la piété des pèlerins est venue fixer une foule de dons disparates appartenant à des époques et à des provenances très différentes. Nous n'avons plus aujourd'hui sur ce monument les ex-voto dont parle Bernard, si ce n'est toutefois un assez grand nombre de pierres gravées antiques ; mais les pièces d'orfèvrerie données à la sainte, et dont il parle, ont depuis longtemps fait place à des monuments beaucoup plus modernes. C'est ainsi que sur la poitrine de la sainte nous voyons fixé un très grand fragment de reliquaire du XIIIᵉ siècle ; sur ses épaules et sur ses genoux des fragments d'une ceinture de la fin du XIVᵉ et du commencement du XVᵉ siècle, composée de chatons sertissant des émaux d'une facture excessivement curieuse. A la base même de la statue nous trouvons rapportées les deux faces d'une boîte d'*Agnus Dei*.

Il est du reste assez inutile de s'étendre ici sur l'indication et la description de tous ces fragments, dont Darcel, autrefois, dans le premier travail publié sur le trésor de Conques, a donné l'énumération complète. Mais ces séries de pièces, ajoutées peu à peu et successivement sur la statue, n'ont pu parvenir à en modifier le caractère dans ses parties essentielles et n'ont pas transformé la décoration telle que l'avait imaginée l'orfèvre du Xᵉ siècle ; en somme, c'était peut-être un homme inhabile au point de vue de la sculpture, mais il entendait parfaitement la décoration polychrome, le mélange des pierres, des émaux et des filigranes tels que nous les trouvons employés sur les orfrois du vêtement et particulièrement sur la couronne de la sainte.

Il faut également attribuer au xᵉ siècle le siège sur lequel repose cette figure, sorte de fauteuil à haut dossier, composé d'un bâti recouvert d'orfèvrerie entre les montants duquel sont placées des plaques de métal, repercées à jour suivant un dessin cruciforme dont on rencontre l'emploi déjà dans des peignes ou des coffrets en os ou en ivoire du vᵉ et du vɪᵉ siècle. Ces motifs cruciformes peuvent avoir ici la signification d'un emblème religieux; mais une telle décoration dans les monuments les plus anciens où nous la trouvons, n'a qu'une valeur purement décorative. Ce système de percement, nous n'avons pas lieu de nous étonner de le trouver à Conques au xᵉ siècle, puisque nous le voyons usité dans un monument de l'époque carolingienne bien connu et qui appartient au ɪxᵉ siècle, dans les balustrades de bronze de l'octogone d'Aix-la-Chapelle; dans ces balustrades, il est probable que déjà l'artiste a voulu attribuer la valeur d'un symbole à ce dessin tracé en forme de croix.

A la partie supérieure du dossier du fauteuil, extérieurement, est fixé un gros cabochon de cristal de roche gravé de la représentation de la Crucifixion. Rappelons enfin que ce monument, qui a subi un certain nombre de modifications, a été surtout transformé en ce qui concerne les mains et aussi la partie inférieure du corps.

Les mains et les bras, tels qu'ils existent aujourd'hui, tendus pour ainsi dire en avant de la statue, sont des restaurations qui datent du xvɪᵉ siècle, ainsi que permettent de s'en assurer les orfrois qui garnissent les poignets de la tunique. Les pieds, chaussés de sortes de brodequins, ont été l'objet, à une époque beaucoup plus moderne, non pas seulement d'une restauration, mais d'une transformation, et les galons d'orfèvrerie qui y sont fixés ne sont pas des œuvres plus anciennes que le xɪɪɪᵉ siècle. Quant au tabouret placé sous les pieds de la sainte, il est absolument moderne.

De nombreux archéologues qui ont eu l'occasion d'étudier la figure de sainte Foy, qui est très certainement de toute la série des monuments d'orfèvrerie du haut moyen âge, la statue la plus étonnante qui soit parvenue jusqu'à nous, se sont demandé ce que la sainte tenait dans ses deux mains.

Chacune des mains, en effet, entre le pouce et l'index, supporte une sorte de petit cylindre creux, dans lequel manifestement venait s'implanter un objet quelconque. Peut-être, à l'aide des miracles racontés par Bernard, peut-on donner une solution plausible de cette question. Comme nous le remarquions tout à l'heure, ces bras et ces mains ne datent que du xvɪᵉ siècle; mais il est assez probable que cette réfection reproduit une attitude ancienne, et que l'orfèvre qui a été chargé de cette restauration s'est conformé à des indications qu'on lui avait données ou aux indications qu'il pouvait puiser dans les fragments encore subsistants de ces bras. Or, plusieurs miracles nous montrent la statue de sainte Foy apparaissant à des personnes du Rouergue et de l'Auvergne sous les traits d'une jeune fille de douze à quatorze ans — c'est l'âge que l'on peut donner à l'être représenté par la statue — tenant dans ses mains, comme une véritable sorcière, une baguette. N'est-on pas fondé à penser que ce qui, dans l'imagination très simple des miraculés du xᵉ et du xɪᵉ siècle, s'est transformé en l'insigne classique des sorcières, la baguette de coudrier, n'était qu'une palme, insigne du martyre souffert par la sainte ou simplement des bouquets de feuillage ? De la sorte s'expliquerait l'attitude que, dans leurs songes, ces personnages attribuaient à sainte Foy.

Le fauteuil, tel qu'il est aujourd'hui orné, a à ses accoudoirs et au sommet de son dossier des boules de cristal de roche ; il avait, au xi⁰ siècle, une décoration plus somptueuse. Il était surmonté de deux oiseaux d'or que sainte Foy avait obtenus, non sans avoir été obligée de mettre dans sa requête une assez grande insistance, d'un évêque de Clermont auquel elle apparut plusieurs fois en songe pour l'inviter d'abord et lui enjoindre ensuite d'avoir à lui apporter, pour la décoration d'enrichissement de son image, deux colombes d'or qu'il possédait et sur lesquelles sainte Foy avait jeté son dévolu. Les histoires de ce genre abondent dans la série des miracles racontés par Bernard. Ce ne sont que bagues et joyaux que la sainte exige impérieusement, soit qu'elle les considère comme le prix du service rendu, soit simplement qu'elle en ait envie pour rehausser l'éclat de son culte. C'est ainsi que nous la voyons exiger d'une comtesse de Toulouse deux bracelets d'or magnifiques qu'elle jugeait dignes de prendre place sur sa statue. Il faut se garder d'ailleurs de promettre quoi que ce soit à la sainte, si l'on n'a pas la ferme intention de tenir sa promesse, car elle saura bien finir par obtenir de vous ce qu'elle désire et elle n'aura de cesse jusqu'au moment où elle aura poussé l'obsession jusqu'à ses dernières limites.

Ceux qui seraient curieux de connaître jusqu'à quel point une statue d'orfèvrerie, pour peu qu'elle soit un peu brutale de forme, voyante de tons et munie d'une paire d'yeux en émail et en verroterie d'une effrayante fixité, peut exercer de suggestions sur des esprits incultes, n'ont qu'à parcourir les miracles racontés par Bernard ; ils y verront certaines histoires de bijoux, certaines histoires de bagues qui rappellent tout à fait les légendes antiques. Mais nous ne pouvons nous étendre plus longuement sur ce monument qui, d'ailleurs, est depuis longtemps connu de ceux qui sont désireux, non seulement de connaître l'archéologie du moyen âge, mais encore l'histoire des idées à cette époque.

Rappelons toutefois que c'est la première fois que ce monument d'art a figuré à une exposition à Paris, car si le culte de sainte Foy n'a plus l'intensité qu'il avait à l'époque romane, le pèlerinage de Conques est encore un pèlerinage très fréquenté par les populations de l'Auvergne et du Rouergue, et ce n'est pas sans regrets que l'église de Conques a pu se dépouiller momentanément de ses richesses pour en faire profiter ceux qui ne peuvent facilement se rendre dans un pays un peu perdu pour y recueillir une impression d'art qui, même pour ceux qui ne connaissent point les alentours d'un pareil sujet, ne laisse pas que d'être inoubliable.

Ce même trésor de Conques renferme encore un certain nombre d'autres monuments que nous ne pouvons passer sous silence.

Sans nous étendre longuement sur cette matière, qui comporterait des développements tels qu'ils ne pourraient prendre place ici, mentionnons l'A dit de Charlemagne, ornement probable d'un grand crucifix en orfèvrerie, créé non pas au ix⁰ siècle, mais au xi⁰ ; mentionnons le reliquaire de saint Vincent ou lanterne de Bégon, du nom de l'abbé qui l'a fait faire ; n'oublions pas non plus de signaler le reliquaire de la Vraie Croix, destiné à renfermer la relique envoyée à l'abbaye de Conques par le pape Pascal II, et les deux autels portatifs, l'un en albâtre oriental, l'autre en porphyre, montés tous deux en orfèvrerie.

L'une et l'autre de ces pièces sont particulièrement curieuses à des titres différents. L'une nous montre dans la technique de l'émaillerie cloisonnée exécutée en cuivre et non plus en or, les modifications apportées aux vieux procédés byzantins par les orfèvres d'Aquitaine, modifications sur lesquelles je n'insisterai pas ici, mais qui nous éclairent sur la transition entre la pratique des émaux cloisonnés et les émaux champlevés. L'autre, consacrée en 1100 par un moine de Conques devenu évêque de Barbastro en Espagne, offre des séries de figures à mi-corps placées sous des arcatures gravées et niellées sur les plaques d'argent qui sertissent la pierre d'autel.

Si la date de ce monument n'était fixée d'une manière absolument indiscutable par l'inscription qui y est gravée, on se refuserait probablement à lui reconnaître une aussi haute antiquité. Le style des figures est si élevé, le dessin si correct, les attitudes des personnages sont si justes, qu'on pourrait faire honneur d'une telle œuvre non point à un artisan d'Aquitaine, c'est-à-dire du pays dans lequel, à l'époque romane, l'art est sans doute plein de saveur mais d'un faire un peu brutal, mais à un de ces artistes qui, à la fin du XIIe siècle ou au commencement du XIIIe, ont appliqué à la pratique de l'orfèvrerie des idées aussi larges et des conceptions aussi élevées que celles des architectes de la première époque gothique.

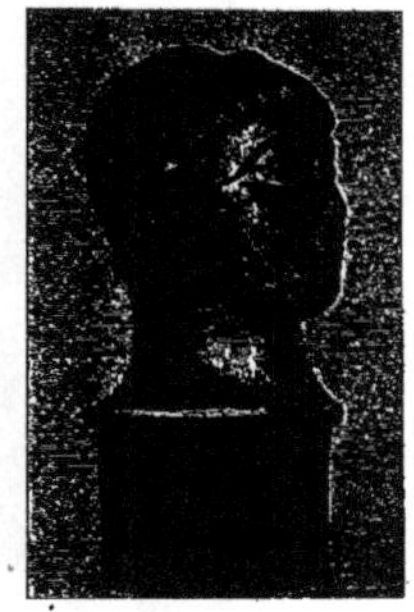

Les nielles de cet autel de Conques seraient dignes d'être sortis des mains du moine orfèvre Hugues d'Oignies.

Tous ces monuments, d'ailleurs, doivent avoir été créés à Conques même ou tout au moins dans le Midi de la France, et il est plus que probable qu'encore à cette époque, et même à une date plus avancée, l'abbaye de Conques qui fut encore longtemps florissante, conservant les traditions de l'époque carolingienne, compta encore parmi ses moines des artistes capables de subvenir à tous ses besoins.

Il serait absolument impossible de passer en revue ici, sous peine de faire une véritable histoire de l'orfèvrerie française, tous les monuments dignes d'intérêt qui ont été réunis au Petit Palais. Il nous suffira de mentionner, au cours de cette brève énumération, ceux qui ont paru si caractéristiques qu'on peut les proposer comme des types de l'art de l'époque à laquelle ils ont été fabriqués.

Des calices tels que celui dit de saint Remy, conservé à Reims, sont d'une pureté de forme et d'une habileté d'exécution qui évoquent involontairement le souvenir de la belle sculpture française du XIIe et du XIIIe siècle.

Cette pièce, qui vit le jour dans le nord de la France vers la fin du xiie siècle, est trop célèbre et a été publiée tant de fois qu'il paraît bien inutile d'en refaire ici la description détaillée. Notons toutefois que ce monument est d'une conservation si étonnante que certains amateurs ont pu supposer, en le voyant pour la première fois, qu'il avait subi maintes restaurations ; que la coupe, notamment, avait été refaite à une époque moderne et qu'on y avait réappliqué des fragments de décoration filigranés et gemmés provenant d'un autre monument.

On peut tranquilliser ces âmes inquiètes : le calice de Reims n'a jamais été retouché, et au surplus, n'en aurions-nous la preuve historique, qu'il nous paraîtrait bien difficile d'admettre qu'une pièce, dont l'ensemble forme un tout architectural si harmonieux, ait pu être remaniée dans une de ses parties par les mains d'un orfèvre moderne.

Toute une série de reliquaires provenant de l'ancienne abbaye de Saint-Riquier, conservés aujourd'hui dans différentes églises du département de la Somme, appartiennent à cet art de la France du Nord, qu'il est impossible de séparer de l'art flamand, tant il se confond avec lui, tant son histoire se développe de la même façon, présentant aux mêmes époques les mêmes symptômes, l'adoption des mêmes formes et du même style décoratif.

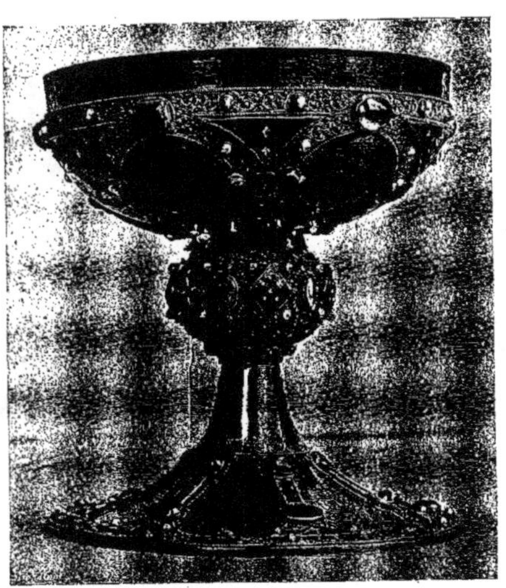

CALICE DIT DE SAINT RÉMY (xiie siècle)
CATHÉDRALE DE REIMS

Ce qui distingue ces reliquaires, aux formes peut-être un peu lourdes et trapues, mais toujours de galbe très bien raisonné et d'une exécution soignée, c'est l'emploi presque constant des nielles que nous retrouvons à chaque pas dans l'orfèvrerie flamande de la même époque.

Il est aussi impossible de séparer l'étude des monuments de ce genre des monuments fabriqués en dehors des limites de la France actuelle, qu'il est impossible de séparer l'étude d'une pièce de bronze émaillé tel que le pied de croix de l'abbaye de Saint-Bertin, conservé au Musée de Saint-Omer, de l'examen des émaux champlevés fabriqués à l'abbaye de Stavelot.

Tous ces monuments peuvent être à la fois et aussi légitimement considérés comme appartenant à l'art français et à l'art flamand ; tous porteraient avec autant de raison l'une ou l'autre de ces appellations. C'est qu'en réalité ils sont le résultat des mêmes influences artistiques qui se sont fait sentir même dans des contrées beaucoup plus rapprochées du centre de l'ancien domaine royal de France. Il est indéniable que, pour les arts mineurs, la France du xiie et du xiiie siècle — nous parlons ici des contrées situées au nord de la Loire — a subi une influence germanique. Alors que pour l'architecture du moyen âge c'était la France qui, grâce à l'éclosion définitive du style gothique, allait prendre la tête de tout le mouvement artistique en Europe, pour les arts mineurs notre pays devait subir encore longtemps l'influence de l'art germanique qui déjà, à l'époque carolingienne, était venu se mélanger à l'art fabriqué, soit dans le nord, soit sur les bords de la Seine; des œuvres telles que celles de Nicolas de Verdun, qui cependant travaillait en pays de langue française ; des œuvres de quelques années antérieures, telles que celles qui furent exécutées à l'abbaye de Saint-Denis par les ordres de l'abbé Suger, représentent bien l'extension en France de cette influence germanique dans la fabrication de l'orfèvrerie, ou plutôt elles montrent que les limites politiques plus ou moins arbitrairement fixées aux différentes époques de l'histoire d'un peuple, n'ont peut-être pas l'importance qu'on leur attribue bien souvent.

Ces limites ne peuvent, en réalité, ni enrayer un mouvement littéraire ou artistique, ni empêcher l'expansion d'une idée.

L'histoire des arts et précisément l'histoire des arts mineurs nous montre bien souvent tout ce que ces divisions ont de factice. Dès l'époque carolingienne, des pays tels que la Champagne avaient pris l'habitude de voisiner, au point de vue artistique, avec des pays de langue allemande. C'est ainsi que l'église de Trèves

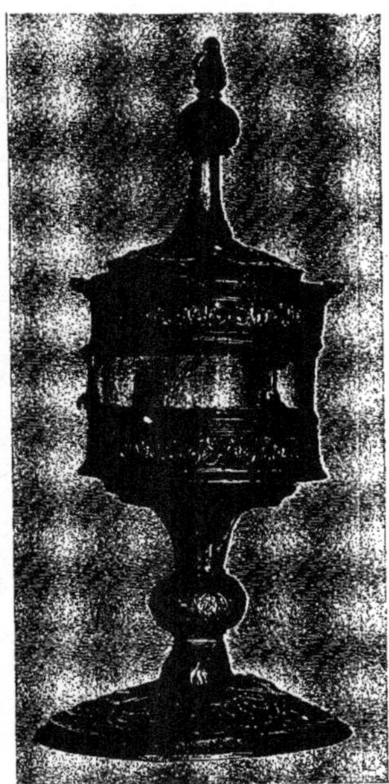

RELIQUAIRE (xiie siècle)
Musée d'Amiens

entretint des relations étroites à la fin du xe siècle avec l'église de Reims, et ces traditions de bon voisinage, cet échange d'idées artistiques et d'artistes, continuèrent à l'époque romane, et nous en trouvons des traces en plein xiie siècle.

Cette remarque n'était peut-être pas inutile pour justifier l'admission, dans une exposition consacrée à l'art français, d'œuvres que quelques esprits étroits, sans doute, en auraient écarté en ne considérant que l'indication du lieu qui les a vu naître.

Dans un très grand nombre de châsses du moyen âge, où l'on conserva longtemps les traditions de l'époque romane, nous voyons déjà poindre la transformation que les orfèvres firent subir à l'ancienne forme donnée au coffre destiné à contenir les reliques des saints.

La forme de sarcophage, sorte de boîte allongée, surmontée d'un toit à deux rampants, est sans doute, pour l'émailleur, suffisante pour développer son thème coloré. Elle apparaît bien monotone à l'orfèvre qui demandera à des reliefs, à des filigranes, la décoration que le Limousin exécute avec des matières vitrifiables. Petit à petit, on voit se greffer sur les flancs de la châsse des embryons de transepts qui transformeront ce coffre en une sorte de monument d'architecture rappelant par son galbe général une église réduite à sa plus simple expression, au point de vue du plan et de l'élévation.

Cette transformation, on la rencontre aussi bien en France que dans les pays voisins et, comme nous le disions tout à l'heure, même les artistes limousins, qui semblent avoir été bien souvent rebelles à toute modification, à toute innovation, n'ont pas échappé à ce courant.

La grande châsse d'Ambazac présente sur ses flancs trois embryons de transepts ne débordant pas la nef et les bas-côtés de la châsse.

Notre pays n'a conservé que peu de monuments de grande dimension, exécutés aux XIIe et XIIIe siècles ou même au XIVe, qui puissent nous montrer l'épanouissement complet de cette idée. C'est surtout dans les pays flamands qu'on trouverait des exemples tout à fait caractéristiques de ce développement architectural donné au sarcophage des saints.

Néanmoins, un monument qui, malheureusement, à une époque déjà ancienne, a subi des restaurations maladroites, la châsse de saint Taurin, conservée à Évreux, nous offre, pour la fin du XIIIe siècle, un spécimen très curieux de cette conception. Sans doute, la châsse de saint Taurin ne reproduit pas exactement la forme d'une église gothique ; néanmoins, la forme architecturale est appliquée à ses flancs et à ses extrémités : les arcatures supportées par des colonnettes et surmontées de gables ornés de feuillages abritant des statuettes ou des bas-reliefs, jouent assez bien le rôle des divisions architecturales qui, au premier

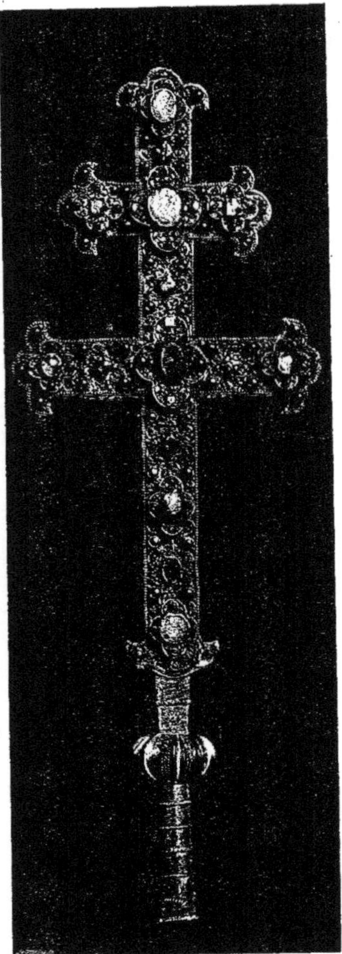

CROIX PROCESSIONNELLE (XIIIe SIÈCLE)
ÉGLISE DE ROUVRES

abord, sautent aux yeux dans un édifice de style gothique. Il n'est pas jusqu'à la flèche, qui surmonte l'édifice à sa partie médiane, qui n'achève cette ressemblance plus apparente sans doute que réelle, si on s'en tenait au plan adopté, mais qui cependant trahit d'une façon formelle l'idée chez l'artiste d'élever pour les reliques non pas un tombeau recouvert d'orfèvrerie, mais une véritable église.

La châsse d'Évreux nous montre cette préoccupation dans le Nord de la France. Les châsses conservées à Bouillac et provenant de l'église de Grandselve, que, malheureusement, toutes sortes de mauvaises volontés ont empêché de faire figurer à l'Exposition, nous offriraient pour la France méridionale la même imitation de l'architecture en orfèvrerie.

Les châsses de Bouillac reproduisent aussi des églises, et même certains détails de leur fabrication montrent que ce sont des églises de style toulousain qui ont servi de type à l'orfèvre.

Indépendamment des croix stationnales et processionnelles décorées de filigranes, de nielles, d'émaux ou d'ornements repoussés, telles que celle qui provient de l'abbaye de Valasse, au Musée de Rouen, et celle qui provient de l'abbaye du Paraclet, à la cathédrale d'Amiens, nombre d'églises françaises ont possédé, surtout à partir du XIIe siècle, des croix d'une forme spéciale, formant reliquaire, et qui autrefois ont souvent été considérées comme des œuvres byzantines.

C'est qu'en effet les croix à double traverse, qui contiennent presque toujours des reliques de la

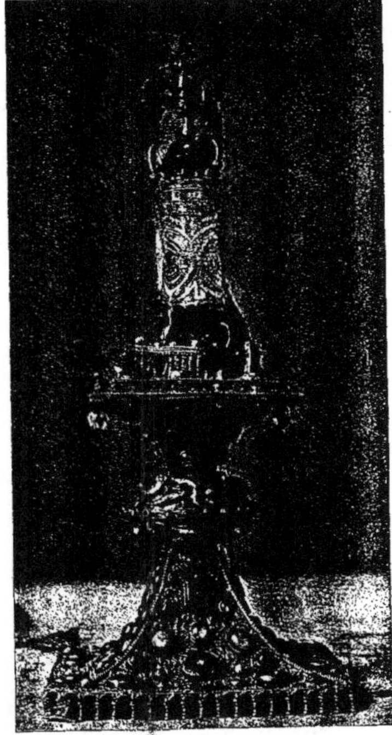

RELIQUAIRE; ARGENT ET ÉMAUX
(XIIIe SIÈCLE)
ÉGLISE DE CHATEAU-PONSAC

Vraie Croix, sont l'imitation directe, au point de vue de la forme, de reliquaires byzantins. Mais les échantillons que conservent les églises françaises, du moins à l'heure qu'il est, sont des travaux créés dans notre pays, et à l'Exposition on a pu du reste voir dans le reliquaire byzantin de l'église de Jaucourt, œuvre byzantine du XIIe ou du commencement du XIIIe siècle, supportée par une monture française exécutée au XIVe siècle, un échantillon des modèles qui ont déterminé les formes adoptées par les orfèvres français.

Le nombre de ces croix à double traverse, généralement décorées d'un fin réseau de filigranes sur lequel de distance en distance sont fixés des cabochons ou des pierres gravées antiques, est tellement considérable en Limousin, qu'on pourrait croire au premier abord que c'est là surtout que s'est localisée cette fabrication. Il n'en est rien cependant, car on retrouve le même type, et souvent d'une exécution très supérieure, sur d'autres points de la France, aussi bien dans le Nord qu'en Bourgogne, en Champagne ou en Normandie.

Des croix telles que celles du Dorat, d'Eymoutiers, des Cars, ont sans doute la même forme que la croix de Rouvres ou telles autres que nous pourrions citer ; cependant on ne saurait attribuer la fabrication des unes et des autres aux mêmes ateliers. Les premières ont vu le jour en Limousin, les autres très probablement dans un lieu très peu éloigné de la contrée où elles sont encore aujourd'hui conservées.

Sur l'autel, au XIIIe siècle, ne prenaient place qu'un très petit nombre d'objets liturgiques et, dans les représentations peintes ou sculptées de cette époque, nous voyons que ne figuraient à côté des croix que les flambeaux et le calice nécessaires à la célébration de la messe. Les flambeaux ne nous sont plus guère connus que par des échantillons limousins. Les calices, les scyphus ou les ciboires destinés à la réserve eucharistique sont tellement rares que c'est aux monuments peints ou sculptés qu'il faut le plus souvent demander la forme qui a été adoptée pour ces objets à telle ou telle époque.

Les calices funéraires, généralement en étain ou en plomb, que l'on rencontre dans différents tombeaux, sont insuffisants pour nous permettre de nous faire une idée non seulement de la forme, mais de la décoration adoptée pour ces vases liturgiques.

Le métal précieux dont ils étaient composés explique, pour notre pays, la disparition de ces monuments, dont nous ne possédons plus aucun échantillon somptueux. Faisons une exception cependant pour la coupe en vermeil repoussé du trésor de Sens, œuvre du plein XIIIe siècle, qui, au point de vue de la pureté de la forme, peut être rapprochée du calice de Reims, dont nous parlions tout à l'heure. La décoration est sans doute plus simple, puisqu'elle n'est composée que d'une série de fleurons qui garnissent le culot de la coupe et son couvercle, mais on ne saurait reprocher à

BRAS-RELIQUAIRE; ARGENT (XIIIe SIÈCLE)
ÉGLISE DE CRESPIN

l'artiste de n'avoir point voulu, en le surchargeant d'ornements, gâter le profil si fermement dessiné qu'il avait su découvrir pour son vase.

Les figures en orfèvrerie, surtout les figures de la Vierge ou quelques figures de saints, dont l'image de sainte Foy, dont on a parlé longuement plus haut, peut être considérée comme la plus intéressante, composent, à partir du xiiᵉ siècle, une série de monuments qui, pour n'être pas toujours, au point de vue plastique, irréprochables, nous fournissent cependant d'utiles aperçus sur les progrès de la plastique en métal précieux comparée à la sculpture en pierre ou en marbre.

Pour l'époque la plus ancienne, la comparaison entre ces deux séries de monuments, créés dans les mêmes milieux artistiques, n'est pas très favorable à l'orfèvre.

Il est évident que les Vierges en argent repoussé et filigrané, telles que l'image conservée dans l'église de Beaulieu, image qui appartient au xiiᵉ siècle, montrent que les orfèvres qui les ont créées étaient loin de connaître l'art de dessiner et de modeler aussi bien que les sculpteurs qui ont travaillé à l'admirable tympan qui sert de préface à l'église de Beaulieu.

Cette figure, du reste, même si l'on considère certains détails de sa technique et de son ornementation, certains ornements repoussés et filigranés, montre qu'elle est sortie d'un atelier assez arriéré. Quelques parties de décoration obtenues par l'estampage reproduisent presque littéralement des motifs d'ornementation de l'époque carolingienne. Les filigranes, maigres et clairsemés, sont encore traités comme au ixᵉ ou au xᵉ siècle.

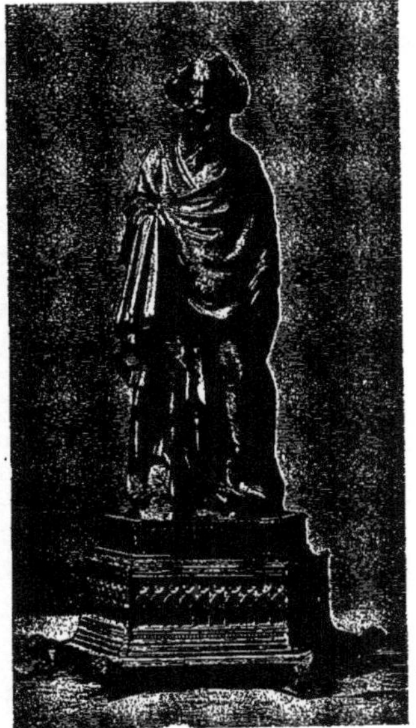

BRONZE DORÉ (XIVᵉ SIÈCLE)
ÉGLISE DE SAINT-ANDRÉ, A REIMS

Ce n'est guère que dans l'accentuation des traits du visage, accentuation du reste trop prononcée, dans la disposition des plis des vêtements, que l'on s'aperçoit que l'orfèvre a subi l'influence du style de la plastique du xiiᵉ siècle. Mais il ne s'est assimilé les procédés si caractéristiques de cette sculpture que dans la limite de ses forces et comme un artisan très attaché à des traditions qu'il est incapable de modifier par lui-même ou de renouveler.

Une figure en argent, une Vierge du xiiiᵉ siècle, qui fait partie du trésor de Conques, est une œuvre encore inférieure qui, bien qu'appartenant à une bonne époque de l'art, rappelle ces horribles personnages aux formes abâtardies, que l'on voit sculptés sur quelques chapiteaux de l'époque romane.

On pourrait s'imaginer que l'infériorité de ces figures en ronde bosse, dont nous venons de choisir deux échantillons, créés en Aquitaine, est due à l'influence de l'orfèvrerie de cuivre fabriquée à Limoges d'une façon tout à fait traditionnelle et conventionnelle ; il n'en est rien cependant, car alors qu'un artiste, manifestement inférieur, fabriquait la Vierge de Beaulieu, un chaudronnier limousin créait le buste-reliquaire de saint Baudime, conservé dans l'église de

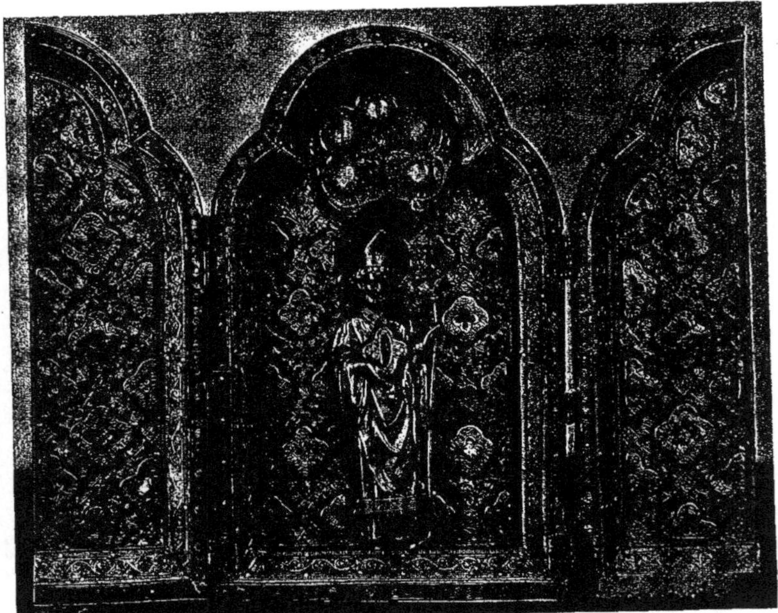

TRIPTYQUE-RELIQUAIRE ; ARGENT (XIVᵉ SIÈCLE)
ÉGLISE DE SAINGHIN

Saint-Nectaire, en Auvergne, dont la tête est, au point de vue du style et de l'expression, telle que l'ont conçue les sculpteurs de la France méridionale au XIIᵉ siècle, un véritable chef-d'œuvre ; et c'est un chef-d'œuvre non seulement par l'intensité de son style, mais encore par l'habileté de la technique.

Nous avons vu les reliquaires affecter la forme de châsse, la forme de croix, la forme de figures en ronde bosse ; les hommes du moyen âge imagineront encore d'autres procédés pour mettre sous les yeux des fidèles les reliques de saints locaux ou celles, considérées comme beaucoup plus précieuses, venant d'Orient.

Les monstrances composées de cylindres de verre ou de cristal, disposés horizontalement ou verticalement, sertis d'orfèvrerie d'argent ou de cuivre, destinés à contenir une ou plusieurs reliques, tels que ceux de Chateau-Ponsac ou d'Arnac-la-Poste, provenant de l'abbaye de Grandmont, auront leurs analogues, au point de vue de la destination liturgique, dans ces reliquaires en forme de tableaux, diptyques ou triptyques, dont des églises ou des collections françaises conservent encore un très grand nombre d'échantillons. Le trésor de Conques contient un de ces triptyques-reliquaire du XIIIe siècle, en argent repoussé, aujourd'hui d'ail-

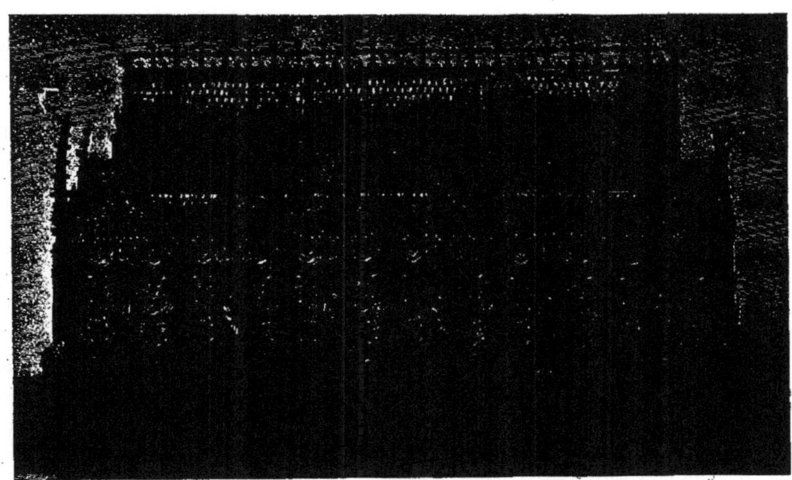

CHASSE ; CUIVRE ARGENTÉ (XVe SIÈCLE)
ÉGLISE DE MURTIN

leurs fort remanié, destiné à contenir des reliques de la Passion et en général des reliques rapportées d'Orient.

La collection de M. Martin Le Roy nous montre un triptyque en cuivre gravé et repercé que l'on a considéré, à tort, comme provenant d'Alphonse, frère de saint Louis, mais qui, cependant, date du XIIIe siècle et a peut-être été fabriqué par un orfèvre français en Orient.

L'église de Sainghin, dans le nord, a envoyé un triptyque également, en argent repoussé et gravé, offrant une disposition sensiblement analogue, mais pour une époque plus récente, le XIVe siècle.

Mais nous devons nous borner dans cette énumération des monuments principaux que présentait l'Exposition.

Des crosses telles que celle de Maubeuge, dont la douille et la volute transformées en tige végétale sont entièrement recouvertes de feuilles découpées, d'un dessin déjà très maniéré, bien qu'appartenant encore à la fin du XIIIe siècle, nous font présager toutes les recherches, toutes les finesses et, il faut bien le dire, toutes les mièvreries de l'art du XIVe siècle, si souvent charmant, mais qui, comparé à l'art du xiie siècle, paraît avoir complètement perdu ce sentiment de la grandeur qui a fait la fortune de l'art français pour le remplacer par une élégance qui, tombant trop souvent dans l'afféterie, rend l'aspect des monuments gothiques à la longue si fatigant.

Des œuvres telles que la couronne-reliquaire provenant de Paraclet, conservée à la cathédrale d'Amiens, ou une sorte de gobelet couvert en cristal de roche, surmonté d'un couvercle conique recouvert d'émaux translucides, de même provenance, peuvent donner, dans des ordres différents, une idée de l'amaigrissement des profils, du desséchement des formes caractéristiques dans les transformations du style gothique au xive siècle.

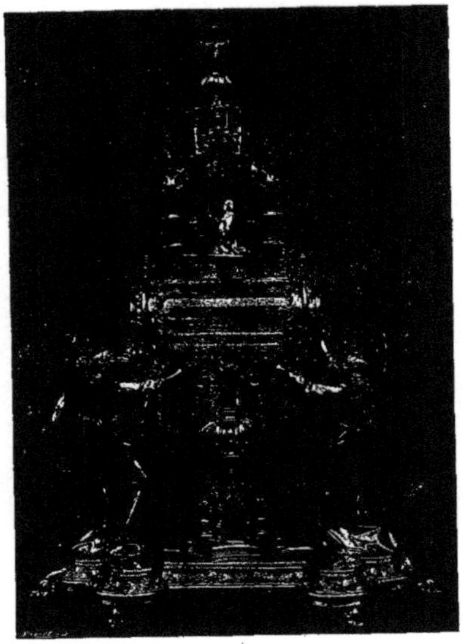

Certaines figures, cependant, se défendent de ce maniérisme, grâce à l'ampleur des draperies et à l'habileté avec laquelle elles sont disposées.

Une figure de saint André, provenant de Reims, est un assez bon exemple de cet art franco-flamand qui nous montre l'imitation complète par les orfèvres du style des sculpteurs du milieu du xive siècle. Mais combien ne faut-il point déplorer de lacunes dans l'histoire de cette orfèvrerie gothique à son déclin !

Il ne faut point chercher à retrouver ici aucun de ces monuments somptueux, tels que nous en décrivent les inventaires royaux du xive siècle et dont le Louvre possède quelques-uns, ni ces pièces de vaisselle compliquées, dont les inventaires des frères de Charles V nous révèlent l'existence. Rien de ce que possédaient des princes tels que le duc d'Anjou ou le duc de Berry, ou tel autre prince français d'une époque qui fut très probablement la plus luxueuse de tout le moyen âge, n'a subsisté. A peine dans certains trésors de Belgique ou d'Allemagne pourrait-on aujourd'hui retrouver quelques traces de ces richesses à jamais disparues, en sorte que nous sommes obligés de nous contenter de descriptions d'inventaires que nous ne comprenons pas toujours, ou bien de monuments infiniment plus modestes tels que ceux dont nous parlions tout à l'heure, fabriqués pour des particuliers ou pour des églises que leurs ressources ne mettaient pas en mesure de suivre la mode dans tous ses dérèglements.

Néanmoins, un certain nombre de monuments peuvent encore nous donner une idée très juste de cette orfèvrerie du xive et du xve siècle.

RELIQUAIRE du voile de sainte Aldegonde
argent (xve siècle)
Église de Maubeuge

Des reliquaires tels que ceux du voile de sainte Aldegonde, de Maubeuge, monstrance supportée par deux gracieuses figures d'anges agenouillés, de haut relief; des figures telles que celle de saint Nicolas, conservée à Amiens, ou cet autre saint Nicolas de l'église d'Avesne-le-Comte ; la sainte Foy en argent du trésor de Conques, permettent d'affirmer que les orfèvres français du xv⁵ siècle n'avaient point laissé dépérir les traditions de leurs devanciers.

Dans ces pièces, toutes importantes à des titres différents, on rencontre toutes les qualités de grâce et d'exécution que nous font connaître les sculptures et les miniatures des mêmes époques. Presque toujours d'un dessin correct, ces monuments, très français de style, savent se garder des complications et des recherches maladroites de décoration qu'on relève dans certains monuments tout à fait flamands ou allemands du xive et du xve siècle, dont l'art italien de la même époque, surtout en orfèvrerie, n'est pas exempt. L'orfèvrerie française de la fin du xve et du commencement du xvie siècle nous montre, comme dans tous les arts de notre pays à cette époque, du reste, l'influence de deux courants artistiques très tranchés.

Le premier courant peut être considéré comme la suite logique, le développement inéluctable des traditions de l'art gothique qui, il faut bien le dire, à cette époque, est à son déclin, et pour certaines branches de l'art en complète décadence; puis l'influence de la

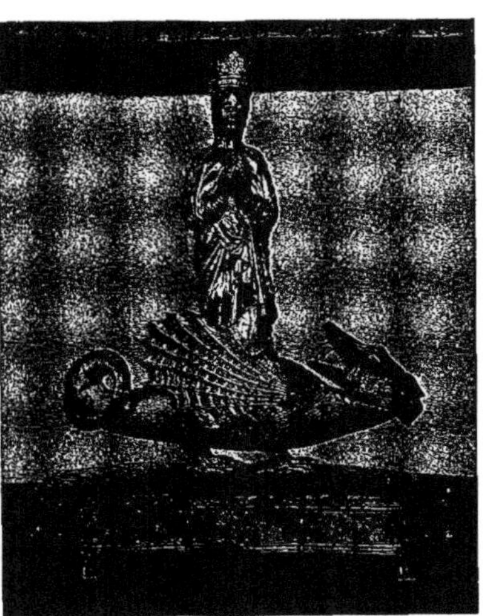

SAINTE MARTHE et la Tarasque
argent (xvᵉ siècle)
Église de Lucéram

Renaissance italienne qui se trahit non point par des modifications apportées aux formes reçues généralement dans notre pays, mais par l'application sur ces formes anciennes, religieusement conservées, d'un décor tout nouveau, copie très pâlie d'une ornementation antique, arabesques qui ne gardent du dessin classique que juste ce qu'il faut pour en montrer l'exacte filiation.

L'orfèvrerie est peut-être l'un des arts qui a le plus longtemps résisté à cette influence étrangère. Elle a même si longtemps résisté, qu'en plein xvie siècle nous voyons les artistes français en train de créer encore des œuvres de forme et de style gothique.

Néanmoins, si l'on peut citer un certain nombre de pièces qui sont une preuve indéniable de cette persistance de l'ancien style dans les ateliers d'orfèvrerie français au xvie siècle, il faudrait bien se garder de pousser les choses trop loin et de tirer des monuments et des textes plus que, légitimement, on ne doit leur faire donner.

C'est ainsi que l'on a souvent prétendu que deux œuvres de mérite artistique inégal, mais toutes deux importantes, et par leur origine et par leur provenance, conservées maintenant au trésor de la cathédrale de Reims, pouvaient servir à prouver que, sous le règne de Henri II et sous le règne de Henri III, on faisait encore à Paris des œuvres qui auraient pu sortir des mains d'un artiste vivant sous Charles VIII ou sous Louis XII.

La Résurrection, groupe de vermeil offert à la cathédrale de Reims par le roi Henri II, lors de son couronnement; la nef de sainte Ursule, vase d'agate, monté en orfèvrerie, offert dans

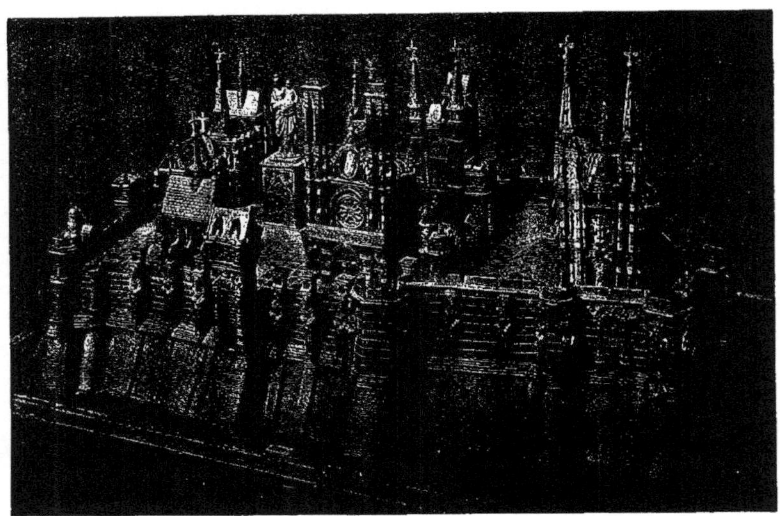

PLAN EN RELIEF DE LA VILLE DE SOISSONS; cuivre doré
(xvie siècle)
Séminaire de Soissons

les mêmes circonstances par le roi Henri III, ne sont point des œuvres qui ont été commandées spécialement par ces souverains pour ces circonstances; ce sont des monuments qui, dès longtemps, figuraient dans le trésor royal et en ont été distraits pour être offerts en cadeau à l'église de Reims. Les orfèvres de l'époque de Henri II ou de Henri III se sont contentés d'y ajouter des inscriptions commémoratives et les emblèmes de ces deux rois, puis aussi d'apporter à ces monuments, qui, forcément, n'étaient pas intacts, certaines modifications et restaurations qui, d'ailleurs, n'en ont pas modifié le style.

La Résurrection, comme la nef de sainte Ursule, sont des œuvres de la fin du xve siècle ou des toutes premières années du xvie, dont il faudrait bien se garder de faire des arguments en faveur d'une espèce de prolongation ou de persistance du style gothique chez les orfèvres de la cour des derniers Valois.

Autant vaudrait dire que la plupart des monuments qui furent offerts, en 1578, par Henri III,
à la chapelle de l'ordre du Saint-Esprit qu'il venait de fonder, appartiennent à l'art contemporain de ce prince.

Il y a parmi eux des monuments français qui sortent en effet des ateliers parisiens de la
fin du xvi° siècle ; mais à côté de cela il s'en trouve d'autres qui remontent jusqu'au commencement du xv° siècle, et aussi des monuments italiens qui sont de près de cent ans antérieurs à
la fondation de l'ordre.

Il faut donc, dans cet examen, distinguer entre l'origine et la destination dernière de ces
monuments.

Précisément, de cette nef de sainte Ursule, offerte
par Henri III, on peut rapprocher une œuvre contemporaine de ce prince : un calice, que conserve le trésor
de la cathédrale de Chartres.

Dans cette pièce, comme dans un calice daté de 1554,
possédé par l'hôpital de Limoges, on relève bien, il est
vrai, des traces de style gothique, comme aussi dans
une navette composée d'un nautile, monté en argent
doré, de la cathédrale de Chartres, mais ces traces de
style gothique ne s'aperçoivent que dans certains détails
de décoration. Les formes, le galbe des pièces appartiennent bien à la Renaissance avancée.

De la fin du xvi° et du xvii° siècle datent une foule de
monuments, surtout des croix, souvent très importantes
par leurs dimensions, beaucoup provenant de Bretagne,

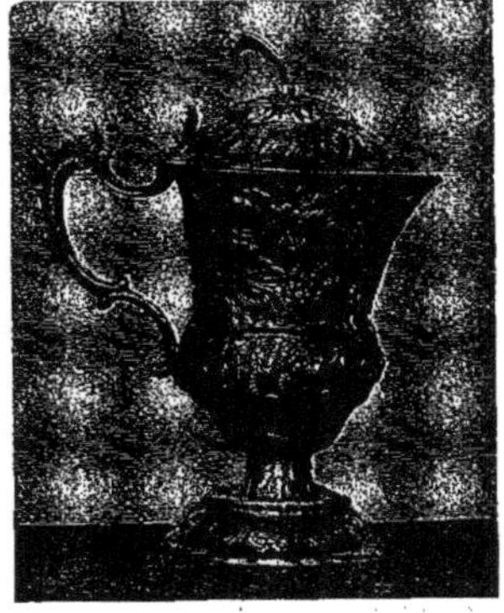

BURETTE
ARGENT DORÉ. ÉPOQUE DE LOUIS XV
CATHÉDRALE DE NANCY

qui prouvent que, parfois, les orfèvres avaient plutôt le goût d'un art somptueux que d'un art
bien pondéré.

Ces croix processionnelles, dont quelques-unes, suivant un usage ancien et dont on trouve
un exemple du commencement du xvi° siècle dans la croix conservée dans l'église d'Ahetze, dans
les Basses-Pyrénées, sont accompagnées de sonnettes qui formaient, pour les processions, un
véritable orchestre. Ce sont là des survivances de très anciens usages du moyen âge qui sont à
noter au point de vue de la conservation de certaines traditions, mais dont l'art n'a absolument
rien à faire.

Par une dérogation à ce qui s'était fait jusqu'ici, on a tenu, dans cette exposition de l'art
français, surtout en ce qui concerne la série de l'orfèvrerie, à ne point s'arrêter à la fin de la
Renaissance, et à faire une large place, aussi bien dans la série religieuse que dans la série des
monuments civils, à des œuvres qui ont été trop dédaignées.

Les calices du xvii° et du xviii° siècle, les burettes ou les bassins à laver des mêmes époques
ont trop longtemps été regardés dans les trésors d'église, comme des pièces de mobilier de
date trop récente pour qu'il y eût lieu de se préoccuper de leur conservation.

On retrouve là une trace de cette fâcheuse influence de l'époque romantique, qui nous aurait amenés, si elle s'était prolongée, à dépouiller toutes les églises de France, au point de vue de l'architecture, s'entend, de toutes les additions qui avaient été accumulées par la suite des temps.

La tendance à remettre les édifices dans leur état primitif ou, ce qui est plus grave, dans un état purement théorique, qu'ils n'ont jamais connu, a été le grand écueil des architectes de talent qui, dans le courant de ce siècle, ont essayé de restaurer les œuvres d'art du moyen âge français.

. C'est grâce à cette tendance fâcheuse qu'un grand nombre de nos constructions et non des moindres, ont pris, à la suite de ces nettoyages, de ces restaurations et de ces véritables déménagements, un aspect froid contre lequel il est bien difficile de réagir.

En les vidant de tout ce que les architectes de l'époque romantique considéraient comme des solécismes, en supprimant les additions de la Renaissance ou du xviie siècle, on a, en quelque sorte, supprimé l'aspect vivant d'œuvres qui, on l'oubliait trop, étaient destinées à remplir certaines fonctions et ne pouvaient être considérées comme des coquillages morts placés définitivement dans les vitrines d'un Muséum.

Cette tendance ne s'est pas fait jour simplement dans le traitement, véritablement odieux, que certains architectes, plus systématiques qu'éclairés, ont fait subir aux édifices ; il a eu son contre-coup sur les monuments mobiliers.

Les stalles sculptées au xviie siècle, les ornements sacerdotaux, les vases liturgiques de la même époque, ont bénéficié de la même défaveur, et, sans respect ni pour l'histoire de l'art français dont ils représentaient l'une des évolutions les plus précieuses, sans respect pour l'histoire elle-même, ils ont été bannis d'un milieu qu'ils contribuaient à rendre vivant et considérés comme des objets de nulle valeur qu'on n'osait pas sans doute détruire systématiquement, mais qu'on aurait été bien aise de voir disparaître.

Il ne faut pas que dans la restauration des monuments historiques et dans leur conservation règne de pareilles idées, qui ne peuvent être que le fait d'esprits étroits et dénués de tout sens de l'histoire.

Que chacun ait ses préférences et ses goûts artistiques, rien de plus légitime ; c'est un chapitre sur lequel chacun, pour peu qu'il sache regarder, a le droit d'avoir son avis ; mais proscrire en bloc, au nom d'une esthétique que l'on croit seule bonne, comme ne répondant pas à un idéal, d'ailleurs absolument faux que l'on s'est fait de l'art français du moyen âge, toute une série de monuments qui représente une page de l'histoire de France, c'est là une de ces erreurs que l'on ne saurait tolérer, d'autant que toutes ces pièces d'orfèvrerie, tous ces ornements que quelques artistes, qui se figurent béatement faire en plein xixe siècle du moyen âge, alors qu'ils ne font que continuer les traditions des romantiques, traitent de rococo, ne sont pas aussi inacceptables qu'on veut bien le dire, si l'on se donne la peine de les examiner. Non seulement ils présentent, au point de vue de l'histoire du développement de l'art français, un intérêt très réel, mais beaucoup d'entre eux sont des œuvres de premier ordre, et je souhaiterais personnellement que nos orfèvres, que nos architectes appelés à donner des modèles aux orfèvres qui s'occupent surtout de l'ornementation des églises, possédassent la moitié de l'habileté seulement que tels artisans de Touraine, d'Anjou ou de Champagne, de l'époque de Louis XIV, montraient à dessiner et à composer les motifs d'ornementation de tels calices ou de tels ciboires ; qu'ils eussent la dextérité de main nécessaire pour composer ces burettes ou ces bassins que possède la cathédrale de Châlons ou la cathédrale de Nancy.

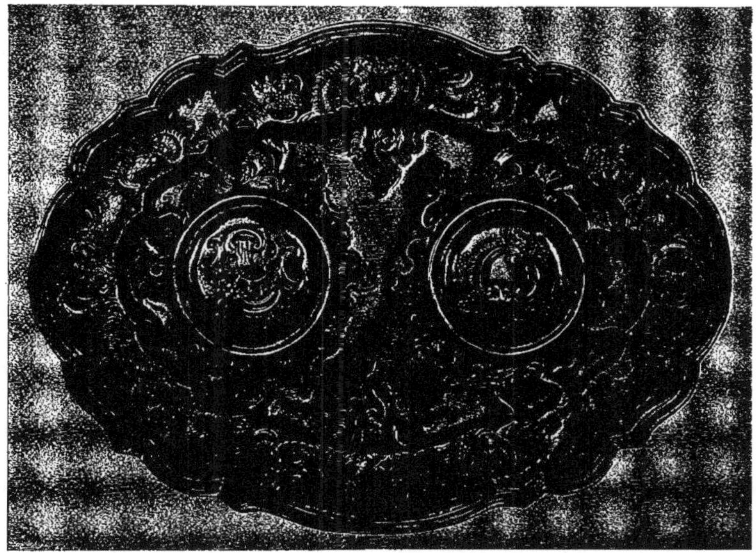

PLATEAU DE BURETTES
ARGENT DORÉ (ÉPOQUE DE LOUIS XV)
CATHÉDRALE DE NANCY

Ces pièces doivent figurer définitivement dans l'inventaire des richesses artistiques des églises françaises, décidé par une loi de 1887, commencé depuis longtemps et dont l'achèvement s'impose. Cet ostracisme, prononcé contre l'orfèvrerie religieuse du xviie et du xviiie siècle, a été d'autant plus exagéré que les monuments civils de la même époque, créés suivant le même principe décoratif, n'ont jamais été proscrits de la sorte.

On se garderait bien aujourd'hui de laisser de côté, comme des objets inutiles et ne présentant aucun intérêt d'art, des pièces de surtout de l'époque de Louis XIV, tels que ceux de la collection Stein, ou des soupières telles que celles de François-Thomas Germain, que possède M. le comte d'Haussonville, ou des services tels que celui qui, en 1729, fut fabriqué pour la reine Marie Leczinska, que possède M. Chabrières-Arlès, ou le vase en jaspe monté en or, œuvre très probablement exécutée d'après un dessin des frères Slodtz, à Mme la baronne James de Rothschild. Ce sont des œuvres, cependant, qui toutes procèdent des mêmes principes qui ont été appliqués par les orfèvres chargés de fabriquer les ciboires ou les calices ; les sujets qui y sont représentés diffèrent, à la vérité, mais non la façon de les traiter ni le style de l'ornementation.

Nous arrêterons ici ce très court tableau de l'histoire de l'orfèvrerie française depuis les origines jusqu'à la fin du xviiie siècle. Sans doute, en raison de la quantité des pièces réunies au Petit Palais, on trouvera peut-être que notre énumération a été un peu maigre ; nous pensons toutefois ne pas avoir omis d'objets essentiels, et d'ailleurs l'histoire peut s'écrire tout aussi bien à l'aide de monuments artistiques de premier ordre qu'à l'aide d'œuvres tout à fait inférieures, qui trop souvent occupent beaucoup les archéologues et leur font perdre un temps qu'ils pourraient peut-être plus utilement dépenser.

LES ÉMAUX CHAMPLEVÉS. — En voyant réunis côte à côte, grâce à la temporaire hospitalité d'une Exposition rétrospective, d'une part, ces petites et délicates fibules de forme si variée, dont des pâtes, aujourd'hui souvent décolorées, mais autrefois brillantes, garnissent les alvéoles de bronze, et, d'autre part, les premiers produits de l'émaillerie champlevée, dont la technique relève du même principe, l'on serait tenté d'établir entre ces deux procédés des rapports de filiation, et de penser que la pratique du moyen âge n'est que la survivance de celle de l'antiquité. Il n'en est rien pourtant, et s'il est avéré que l'antiquité, comme le moyen âge, a connu la taille d'épargne, c'est-à-dire ce système qui consiste à creuser le métal suivant un dessin donné, et à remplir les cavités ainsi obtenues d'une matière colorante étendue à froid et que la fusion fait ensuite se solidifier, l'étude des pièces subsistantes doit faire renoncer à la séduisante hypothèse d'une tradition se poursuivant à travers les siècles : la tradition s'était perdue, et, quand elle se renoua, ce fut par l'intermédiaire d'un facteur nouveau venu de Byzance ; ce fut en cherchant à imiter, à contrefaire les émaux cloisonnés que les orfèvres du ixe siècle retrouvèrent la technique des émaux champlevés.

L'on sait quel fut le goût des Byzantins pour l'émaillerie cloisonnée ; l'on sait aussi quelle fut la part de l'art byzantin dans cette renaissance à laquelle reste attaché le nom de Charlemagne. Ce n'est pas le père du grand empereur, mais Pépin Ier, roi d'Aquitaine, que l'on doit reconnaître dans le donateur de la petite châsse conservée dans l'église de Conques en Rouergue. Curieux à plus d'un titre, ce petit monument, qui n'est pas parvenu jusqu'à nous sans avoir subi de nombreuses interpolations, l'est surtout en ce qu'il présente juxtaposés les deux procédés de l'émaillerie : les ailes des aigles appliqués sur le rampant de son toit sont un cloisonné de bleu lapis, de blanc et de rouge opaque ; les chapiteaux qui couronnent les pilastres de sa caisse nous montrent au contraire des rinceaux d'or réservés sur un fond rempli d'émail rouge et vert translucide, suivant un système qui n'est autre que la taille d'épargne. Bien qu'ils soient rapportés et paraissent provenir d'un monument antérieur ; bien que, par

suite, la date de leur fabrication n'en puisse être fixée avec certitude, la présence de ces émaux
pose un problème dont la solution, en l'absence de monuments similaires, doit encore rester
hésitante, et il paraît tout aussi hasardeux d'y voir le souvenir de l'art des émailleurs de
l'époque gallo-romaine que les débuts d'une recherche qui aboutira, quelque cent ans après, à
ce qu'on pourrait appeler la seconde découverte de l'émaillerie champlevée.

Un siècle plus tard, la couverture de l'évangéliaire de saint Gozlin et le calice du même
évêque de Toul (922-962), que conserve le trésor de la cathédrale de Nancy, nous montrent en
effet qu'au milieu du xe siècle la donnée byzantine du cloisonnage était encore seule en

vigueur : une petite figure de
la Vierge, qui occupe le centre
d'un des plats de cette couverture, un petit chien et un
des fleurons qui garnissent le
marli de la patène sont encore
de purs émaux cloisonnés,
exécutés sans nul doute en
Occident. Cloisonnés encore
sont les émaux qui ornent le
diadème de cette hiératique,
brutale et fascinante figure de
sainte Foy, de même que le
sommet de l'A de Charle-
magne, deux des plus précieux
monuments de l'orfèvrerie

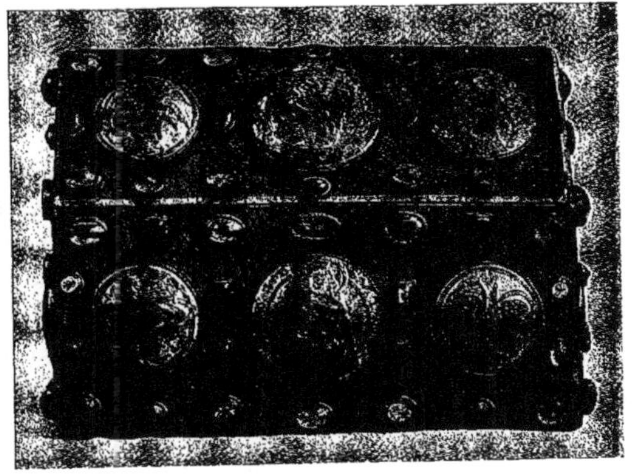

CHASSE (FIN DU XIe SIÈCLE)
ÉGLISE DE BELLAC (HAUTE-VIENNE)

française à sa naissance, qui, depuis mille années, n'ont pas quitté l'église de Conques.
Tout porte à croire que l'un et l'autre furent exécutés dans l'atelier monastique de
l'antique abbaye, que gouverna, vers la fin du xe et le commencement du xie siècle, une
série d'abbés grands amateurs et grands fabricants d'orfèvrerie. L'on est donc en droit
de conclure qu'à cette époque, à deux extrémités de la France actuelle, en Lorraine
comme en Rouergue, l'on en était encore à suivre la tradition carolingienne, c'est-à-dire
la tradition byzantine.

Dans ces différentes pièces, les cloisons des émaux sont rapportées en or sur fond de même
métal. Un pas décisif ne tardera pas à être fait : le riche trésor de Conques, avec l'unique
secours duquel pourrait se faire toute l'histoire de l'émaillerie à ses débuts, possède encore
un autel portatif en albâtre oriental, dont l'encadrement est formé par une large bordure
garnie de filigranes, de cabochons et de petits émaux incontestablement byzantins, mais
surtout de dix émaux cloisonnés, où se voient le Christ, les symboles des évangélistes,
l'Agneau pascal, des saints et des saintes. Ce sont des émaux cloisonnés, avons-nous

dit, mais d'une technique toute spéciale : le contour des personnages, au lieu d'être dessiné par la courbure des fines cloisons du métal, a été découpé tout d'une pièce dans une plaque de cuivre, et la silhouette ainsi obtenue a ensuite été appliquée et soudée sur la plaque de fond. Les cloisons ne sont intervenues que pour accuser les traits intérieurs des visages et les plis des vêtements. C'est suivant ce même procédé mixte, qui n'est déjà plus le véritable cloisonnage tel que l'enseignaient les Byzantins, qui n'est pas encore du champlevé tel que le pratiquera Limoges, qu'est encore établie une petite plaque circulaire, possédée par le Musée des Antiquités de la Seine-Inférieure, à Rouen, dont un buste du prophète Osée occupe le centre.

L'autel portatif cité ci-dessus a été fait sous le gouvernement de Béjon III, qui occupa le siège abbatial de Conques de 1087 à 1107 ; il ne saurait donc être postérieur à cette date. Moins de quarante ans plus tard, sous l'abbé Boniface, son successeur, on faisait à Conques de l'émail champlevé, telle est la conclusion à laquelle nous conduit l'examen d'une nouvelle pièce appartenant au même trésor, le coffret dit de sainte Foy. C'est une boîte rectangulaire, de cuir, piquée de clous d'argent, et sur les faces de laquelle sont répartis des disques émaillés offrant des figures d'animaux fantastiques, griffons et quadrupèdes ; une inscription qui circule autour de l'un d'eux, en nous fournissant le nom de l'abbé donateur, ne laisse aucun doute sur l'époque de sa fabrication. Ici, comme dans les cinq médaillons qui proviennent du même coffret et que possède M. Bardac, il n'est plus question de cloisons rapportées après coup et soudées sur une plaque de fond ; c'est le métal lui-même qui a été creusé, et les cloisons ainsi épargnées déterminent les cavités dans lesquelles sera circonscrit l'émail. De la même époque, d'une facture de tout point identique, et du même caractère barbare et puissant, sont les disques qui garnissent la châsse de Bellac, dans la Creuse : à Bellac comme à Conques, la coloration se limite au bleu lapis, bleu turquoise, vert, jaune et blanc, se détachant sur le fond du métal épargné, qui reste apparent dans sa totalité. L'émaillerie champlevée est alors désormais retrouvée, mais tant reste forte l'influence de la tradition que l'artiste continue à ménager dans le champ du dessin ces divisions qui rappellent l'ancien procédé de fabrication. L'on peut dire que c'est en cherchant à contrefaire les émaux cloisonnés, à l'aide d'un moyen plus expéditif et aussi moins dispendieux, que les ouvriers du début du XIIe siècle sont passés définitivement de l'émaillerie cloisonnée à l'émaillerie champlevée, et l'on doit reconnaître, d'autre part, que l'agent principal de cette évolution a été la substitution du cuivre à l'or comme matière sous-jacente. L'émailleur put désormais donner à ses plaques une plus forte épaisseur, et par suite creuser sans scrupule le métal vulgaire. Ici encore, ce fut donc la nécessité qui conduisit au progrès, et la réforme artistique se trouva doublée d'une réforme économique. Il y a lieu d'insister sur ce point, car ce fut ce caractère économique de la nouvelle découverte qui permit l'extraordinaire succès dont jouit, pendant tout le moyen âge, tant en France qu'à l'étranger, l'industrie à laquelle Limoges a attaché son nom.

Pendant tout le XIIe siècle, l'émaillerie champlevée de Limoges a continué à imiter, disons plus, à contrefaire les émaux cloisonnés. L'une des plus curieuses pièces à date certaine que nous ait léguées cette époque, et en même temps l'une des plus grandes que l'on connaisse, est la grande plaque rectangulaire qui décorait, jusqu'en 1562, le tombeau de Geoffroy Plantagenet, dans l'église Saint-Julien du Mans, et que conserve aujourd'hui le Musée de cette ville. Elle ne mesure pas moins de soixante-trois centimètres de hauteur, et nous présente, sous une arcature, le prince debout, en costume de cour, coiffé d'un bonnet pointu, l'épée

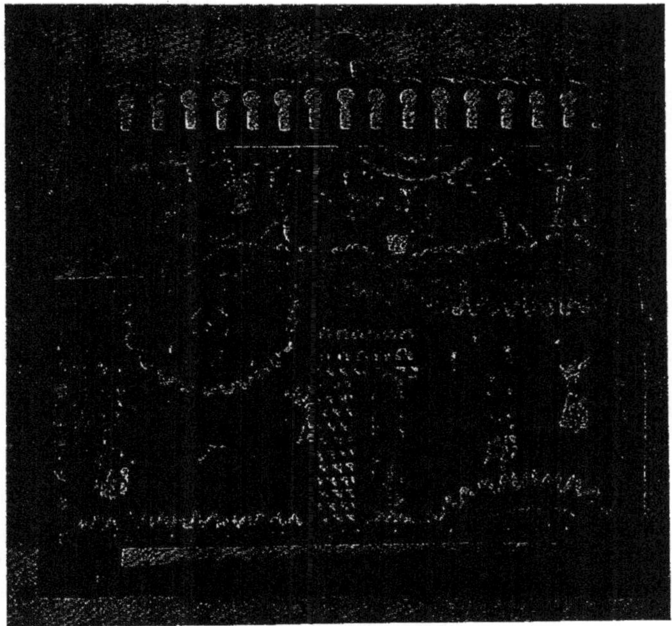

CHASSE (FIN DU XIIe SIÈCLE)
ÉGLISE DE GIMEL (CORRÈZE)

haute au poing, l'écu chargé des léopards appendu au côté gauche. Tout le champ de la plaque est émaillé de bleu, jaune, blanc et vert, dont la tonalité demeure un peu triste. On remarquera que les carnations sont émaillées, suivant la tradition du cloisonnage, qui se constate également dans ces plaques cruciformes, comme celles de M. Schiff, sur lesquelles s'allonge à plat le corps blanc du Christ, et dans la petite châsse dite de saint Remy, à la cathédrale de Châlons-sur-Marne, où des figures d'apôtres à mi-corps se détachent en blanc sur fond guilloché d'or.

L'on sait qu'une recherche parallèle à celle des orfèvres du centre de la France avait conduit, vers le même temps, et sans qu'il faille voir nécessairement une priorité des uns sur les autres, les artistes rhénans à abandonner les procédés du cloisonnage pour ceux de la taille d'épargne. C'est dans le courant du XIIe siècle, mais sur les bords de la Meuse ou du Rhin, et non sur ceux de la Vienne, que dut prendre naissance le pied de croix conservé au Musée de Saint-Omer, qui en a hérité de l'ancienne et fameuse abbaye de Saint-Bertin. Les émaux polychromes qui décorent sa base hémisphérique soutenue par les figures assises des quatre évangélistes, comme ceux qui garnissent sa tige quadrangulaire, rappellent de bien près la coloration, la facture et le style des petites plaques fixées sur la croix de l'église de Liessies

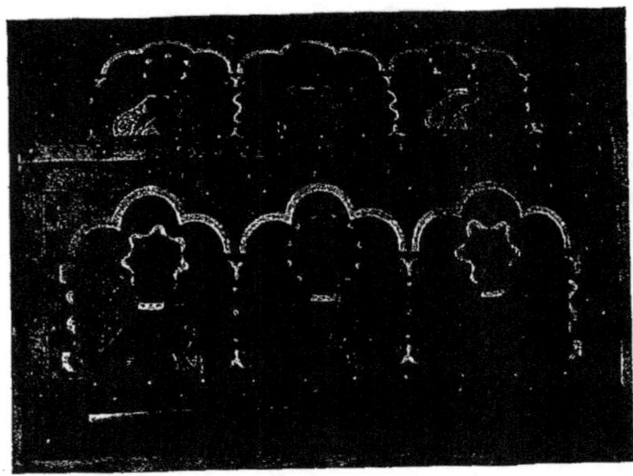

CHASSE (XIIIe SIÈCLE)
ANCIENNE CATHÉDRALE D'APT (VAUCLUSE)

(Nord), que nous eussions aimé pouvoir rapprocher de ce pied de croix, et nous serions fort tentés de croire que ces deux pièces, aujourd'hui disjointes, ont été faites l'une pour l'autre, et que la croix de Saint-Bertin n'est pas perdue, comme on pourrait le supposer.

A la fin du XIIe siècle, l'émail ne se contente plus de s'appliquer sur les surfaces planes; il s'attaque aux reliefs, et l'on voit alors les châsses, les plaques de reliure se garnir de petites figures à demi-saillantes, aux vêtements émaillés, et dont les têtes fondues et ciselées sont seules dorées. Ainsi sont traitées, parmi les exemples qui, dès lors, abondent : la châsse de Mozac (Puy-de-Dôme), la châsse de saint Dulcide, à Chamberet, la reliure d'un psautier de la cathédrale de Lyon, celle de l'église de Saint-Nectaire, et toute une nombreuse série de figures du Christ, couronné et les reins ceints du périzonium émaillé, dont les exemples abondent dans les collections publiques et privées. Enfin, un compromis assez singulier, entre le système précédent et celui de l'émaillage à plat, fit adapter des visages ciselés en relief sur des corps simplement émaillés, comme nous le montrent, entre cent exemples, la grande châsse de l'église de Gimel et la petite châsse de la cathédrale de Moutiers.

Les débuts du XIIIe siècle sont l'âge d'or de l'émaillerie; l'industrie limousine est alors en possession de tous ses moyens, et elle les applique avec une grande variété et une parfaite entente de la couleur et de l'effet décoratif. La palette, qui, dans le principe, avait eu une prédilection pour les harmonies vertes, bleues et jaunes, s'enrichit de l'éclat des tons rouges qui s'associe aux rutilances des ors. La production fut alors des plus abondantes, et le grand nombre des pièces que l'on rencontre disséminées en dehors du centre de fabrication prouve qu'il y eut une véritable exportation de ces petits objets facilement transportables et relativement peu coûteux, car la matière était sans grande valeur, et qui, à l'aide de cuivre doré et de pâtes colorées, parvenaient à donner le même caractère de richesse que l'or et les pierreries. Toutes les pièces sorties des ateliers limousins sont d'ailleurs loin de présenter la même qualité d'art et la même valeur d'exécution ; une sélection est nécessaire, et, dans bon nombre de ces

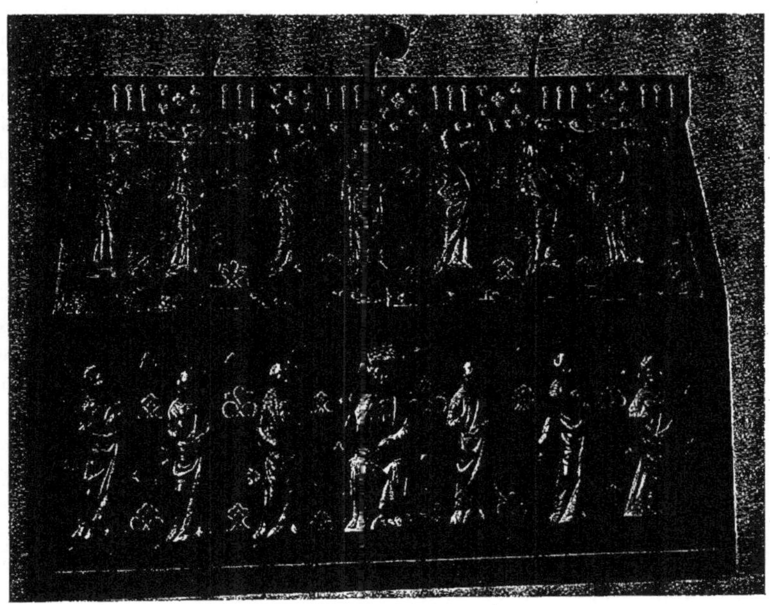

CHASSE (xiiiᵉ siècle)
Église de Sarrancolin (Hautes-Pyrénées)

petits objets religieux, comme ces petites châsses garnies d'informes poupées sans bras ni jambes, émaillées en relief, il ne faut voir autre chose que des articles de pacotille analogues à ceux qui, de nos jours, se fabriquent à la grosse et se débitent chez les marchands d'ornements d'églises.

Parmi les pièces les plus soignées que Limoges vit naître, il faut compter le coffret rectangulaire, surmonté d'un couvercle à quatre rampants, que possède le Musée Dubouché, à Limoges. Toutes les figures réservées sur fond d'émail semé de rosaces sont entièrement ciselées et reprises au burin ; leurs contours sont légèrement creusés, de manière à accuser un commencement de modelé et à donner l'illusion d'un faible relief ; les têtes seules sont rapportées en saillie. Ce procédé ne se rencontre que sur les pièces de choix, de petite dimension. Dans les pièces de grande taille, les figures, en cuivre battu, ciselé et doré, sont rapportées sur champ d'émail. Les monuments ainsi traités ont, en raison même de leurs dimensions, moins échappé à la destruction que les petits, aussi sont-ils peu communs; les figures d'apôtres, de saints personnages, que nous montrent les collections Gillot et Martin Le Roy, proviennent assurément de châsses exécutées suivant ce système.

Enfin, pour épuiser la revue des diverses pratiques mises en œuvre par les émailleurs limousins, une mention spéciale est due à un petit groupe de pièces très précieusement traitées, où les personnages, entièrement émaillés, à l'exception des têtes rapportées, se détachent sur un fond doré, habillé de délicats rinceaux, de fins entrelacs, de vermiculures, qui forme comme un champ damassé, et, en rompant l'éclat des ors, donne à l'ensemble un aspect plus doux et plus fondu. C'est de cet atelier que relèvent la châsse de saint Étienne, à Gimel (Corrèze), de la cathédrale de Moutiers en Tarentaise, des anciennes cathédrales d'Auxerre et d'Apt, celle du Musée du Puy, la plaque de reliure du Musée archéologique de Nevers, et la très harmonieuse petite châsse de saint Martial, appartenant à M. Martin Le Roy.

Cette surabondance de productions, qui avait eu pour résultat d'engager trop souvent les émailleurs orfèvres dans la voie d'une exécution hâtive et lâchée, eut encore pour conséquence, en endormant leur activité créatrice, d'immobiliser les types iconographiques et décoratifs une fois adoptés. Les modèles se transmirent d'ateliers en ateliers et d'une génération à l'autre; aussi est-il souvent malaisé de dater avec certitude certaines pièces dont l'exécution peut être postérieure au type qu'elles reproduisent; s'il est tel décor qu'en raison de son style bien déterminé l'on peut sans crainte ne pas faire remonter au delà du XIIIᵉ siècle, il serait par contre souvent téméraire de reculer jusqu'au XIIᵉ telle autre pièce où se rencontrent tous les caractères décoratifs de l'époque romane, mais qui a très bien pu ne voir le jour qu'en pleine période gothique.

A une époque où l'esprit religieux étendait sur toutes choses son absorbante domination, il n'est pas étonnant que l'industrie limousine se soit surtout exercée dans l'exécution des objets destinés au culte. Sans revenir sur la plus abondante série qui nous soit restée de ces objets, celle des châsses, à l'aide desquelles nous avons pu voir l'évolution des différents procédés successivement mis en œuvre, nous nous bornerons à citer encore, en raison de leur exceptionnelle dimension, outre la châsse bien connue de l'église de Chamberet (Corrèze), celle qui l'est moins, de l'église de Sarrancolin (Basses-Pyrénées), dont le coffre et le toit portent quatorze belles figures d'applique, sur fond émaillé à grands rinceaux polychromes, et tout un groupe de petites pièces généralement fort soignées, dont le meurtre de Thomas Becket, archevêque de Cantorbéry, paraît avoir fourni aux émailleurs un de leurs thèmes de prédilection; l'Exposition n'en compte pas moins de six reproduisant ce sujet, et appartenant au Musée de Clermont, aux cathédrales de Sens et d'Auxerre, à MM. Massot, Martin Le Roy et Cardon.

Le Christ de majesté, au centre d'une auréole cantonnée des symboles des évangélistes, et le Christ en croix, entre la Vierge et saint Jean, fournissent la plus habituelle décoration des plaques de reliure; au premier de ces types appartiennent celles qu'ont prêtées MM. Salting et Chandon de Briailles; au second, celles de l'église de Saint-Nectaire, de la cathédrale de Lyon, des Musées de Nevers et de Narbonne, de M. Martin Le Roy.

Si les ciboires sont relativement peu nombreux et affectent tous, comme ceux de l'église de Prunet (Basses-Pyrénées) et de la cathédrale de Lyon, la forme d'une coupe hémisphé-rique portée sur un pied et sur-montée d'un couvercle semblable amorti par une croix, bien plus abondante est la série de ces petites boîtes cylindriques, à couvercle conique, désignées sous le nom de pyxides ou custodes, et dans les-quelles se conservait la réserve eucharistique. Au nombre des plus délicatement traitées sont celles que possèdent MM. Ed. Corroyer et Doistau, l'une et l'autre du xiiie siècle, et surtout celle qu'a prêtée Mme la marquise Arconati-Visconti, et que garnissent des figures d'apôtres, à l'extérieur, des oiseaux à l'intérieur du couvercle,

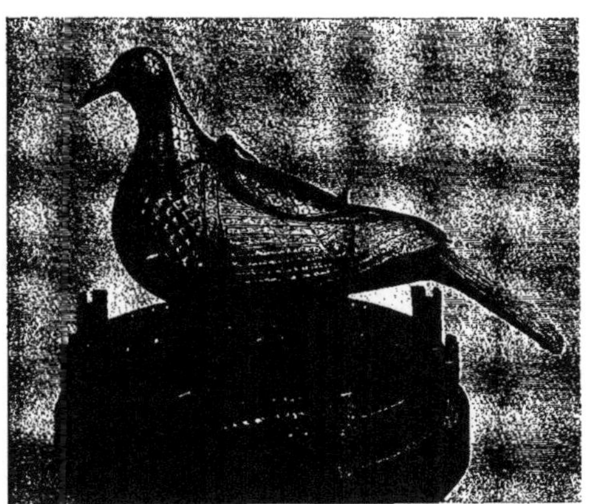

et le Christ de majesté, acccompagné d'un donateur, dans le fond de la boîte. Cette jolie pièce appartient au xive siècle.

Ces petites pyxides se renfermaient dans des tabernacles; quand elles devaient être suspendues au-dessus de l'autel, elles prenaient la forme de colombes : les objets de cette nature sont aujourd'hui peu communs, aussi est-ce une bonne fortune de pouvoir en montrer six, dont l'une, la seule qui n'ait pas perdu sa destination première, est encore en place dans l'église de Laguenne (Corrèze), dont les autres sont hospitalisées dans les collections Chalandon, Taylor, Chandon de Briailles, Martin Le Roy, et au Musée d'Amiens.

Un élément généralement commun aux crosses épiscopales ou abbatiales est la douille émaillée de rinceaux, de losanges ou d'imbrications, et le long de laquelle s'appliquent des serpents verticaux en cuivre doré; un nœud repercé à jour et formé de l'entrelacement de serpents ou de dragons sert d'intermédiaire entre cette douille et le crosseron, qui s'épanouit en un large fleuron feuillagé, comme sur celle de la cathédrale de Poitiers, ou enveloppe dans sa volute des personnages ou des scènes dont les sujets sont généralement peu variés : c'est l'Annonciation que nous montrent les crosses des Musées d'Angers, de Rouen, d'Agen et de Tours; saint Michel terrassant le dragon se voit aux Musées de Douai et d'Amiens, et chez M. le comte Chandon de Briailles; la lapidation de saint Étienne, chez M. Chalandon; le Couronnement de la Vierge, chez M. Lunel; le Christ de majesté, au Musée d'Agen et à l'église Saint-Remy de Reims.

Le naturel complément de l'encensoir, dont le Musée Dubouché, à Limoges, et la collection Doistau présentent de rares échantillons, est la petite boîte où se conserve l'encens dont l'officiant saupoudre les charbons ardents; sa forme constante est celle d'une petite barque elliptique, d'une navette, munie de deux couvercles s'ouvrant inversement autour d'une charnière commune; des rinceaux garnissent généralement sa caisse; sur le couvercle, ce sont des médaillons encadrant ou des figures de saints à mi-corps, comme dans celle de l'église de Soudeilles (Corrèze), ou des figures d'anges, comme au Musée de Rodez. Des boutons saillants, repercés à jour, se voient sur celles de la collection Doistau et de la cathédrale d'Auxerre.

Enfin, pour en finir avec le mobilier religieux, il nous faut citer encore la boîte aux saintes huiles, en forme de châsse, qui, de l'église de Neuville (Corrèze), est passée chez Mme la marquise Arconati-Visconti, et toute une curieuse collection de mors de chapes du xive siècle réunis par M. Chalandon, sur lesquels se voient l'Annonciation, la Crucifixion, la Vierge, la Vierge et deux anges céroféraires, la Vierge accostée de deux évêques, trois figures d'apôtres en relief sur fond émaillé.

A considérer leur ornementation, les gémellions, ou bassins à laver, qui vont généralement par paire, doivent se classer bien mieux parmi les monuments civils que parmi les objets religieux, encore que leur usage se soit également étendu aux cérémonies du culte. Dans ces pièces circulaires, souvent d'un beau parti décoratif, les sujets se détachent toujours en réserve sur fond émaillé. L'église de Conques en conserve deux, portant sur l'ombilic l'écu de France, et sur les bords, chez l'un, une théorie de six figures de musiciens et de danseuses; chez l'autre, six élégantes silhouettes de femmes alternant avec autant d'écussons armoriés; un cavalier, qu'accompagnent des personnages se jouant dans des rinceaux, en décore un autre appartenant à M. Guérin.

Quand nous aurons mentionné quelques flambeaux émaillés, appartenant à M. Goldschmidt, à M. Campe, et au Musée Saint-Raymond, à Toulouse; enfin, la petite boîte de courrier, du xive siècle, en forme d'écu, que possède le Musée de Clermont-Ferrand, et dont l'émail a presque entièrement disparu au cours de ses voyages, nous en aurons fini avec la longue série de ces multiples petits monuments que, pendant près de trois siècles, Limoges a répandus aux quatre coins de la France avec une si abondante profusion.

L'on peut dire qu'à dater du xve siècle l'industrie limousine de l'émaillerie champlevée a cessé de vivre; mais une autre ne tardera pas à naître qui, au xvie siècle, jettera un second lustre sur la vieille cité; et, quand la gloire des émaux peints cessera à son tour d'y briller, ce sera encore cette terre d'élection des arts du feu qui fournira à la céramique une matière nouvelle et un nouvel éclat.

LES ÉMAUX PEINTS. — Aussi impropre est ce terme généralement employé pour désigner des émaux appliqués sur une plaque d'argent ou de cuivre qu'est inconnue l'origine exacte d'un procédé qui, dans la plupart des cas, ne nécessite que l'emploi de spatules ou de pointes de métal. Nous ne connaissons pas, en effet, d'une façon certaine comment s'est opérée au xvᵉ

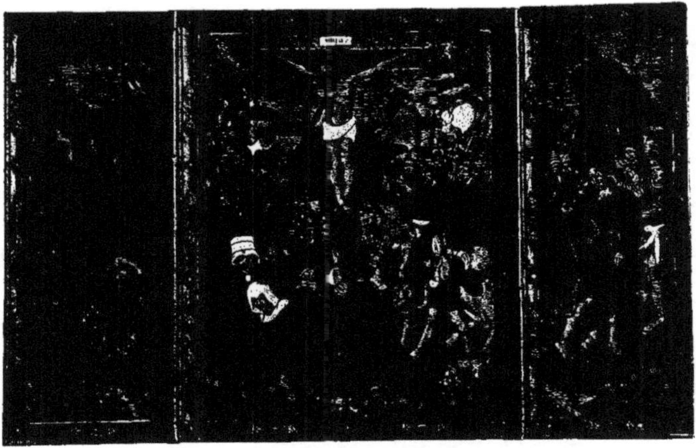

TRIPTYQUE. ÉMAIL PEINT PAR NARDON PÉNICAUD
(COLLECTION BOY)

siècle, tant en France qu'en Italie, la transition entre les émaux des orfèvres et les émaux qui par leur technique se rattachent plutôt au métier des verriers. Des documents, d'ailleurs très peu nombreux aujourd'hui, connus d'une façon certaine, permettent d'inscrire les noms du verrier vénitien Beroviero, de l'architecte Filarète et du peintre français Jean Foucquet, en tête de la liste des artistes pratiquant une industrie qui une fois de plus devait faire connaître le nom de Limoges par toute l'Europe. Mais cela dit, il a été impossible jusqu'ici d'établir un lien historique quelconque entre ces premières tentatives italiennes, fruits des recherches de verriers, et les plus anciens émaux français, contemporains de Charles VII, peut-être antérieurs même au règne de ce prince, et les œuvres sorties des boutiques des peintres de vitraux de Limoges, tels les Pénicaud.

Deux très petits monuments appartenant au Musée des antiquaires de l'Ouest, à Poitiers, et au Musée Vivenel, à Compiègne, des fragments provenant de la décoration de ceintures de femme, semblent aujourd'hui tenir, au point de vue chronologique, la tête de la série des monuments français, à moins toutefois qu'on ne reconnaisse quelques traces de peinture en émail dans certains détails de l'ornementation du fameux *Rössel* d'or conservé à Altœting, en Bavière, œuvre fabriquée à Paris au commencement du xvᵉ siècle. Mais peu importe, d'ailleurs, ces quelques indications ; les indices aussi que nous fournissent certains monuments conservés à l'Ermitage, à Saint-Pétersbourg, provenant de la collection Basilewsky, ou au Musée de Cluny ou au Musée du Louvre, permettent d'avancer que vers le milieu du xvᵉ siècle, tant en Italie qu'en France, verriers et orfèvres étaient en possession de procédés leur permettant d'exécuter à plat, à l'aide de matières vitrifiables, sur des plaques de cuivre ou d'argent, des peintures possédant la finesse des miniatures et l'éclat des plus beaux vitraux.

Si les collections réunies au Petit Palais n'ont point fait faire vers la solution définitive de la question des origines de l'émaillerie un progrès sensible, du moins ont-elles pu mettre en évidence, pendant quelque temps, des œuvres tout à fait importantes remontant au xvᵉ siècle. Voici d'abord un hanap en argent appartenant à un amateur de Cologne, M. Thewalt, entièrement recouvert, intérieurement et extérieurement, de peintures en grisaille. La technique de cette pièce est, quoi qu'on ait dit le contraire, absolument limousine. Peu importe dans la question que l'estampe qui a servi de modèle à

LA VIERGE ET L'ENFANT JÉSUS
Émail peint par Jean II Pénicaud
Collection Boy

notre émailleur soit allemande ou néerlandaise ; un tel rapprochement prouve seulement que les Limousins puisaient déjà leurs modèles à une source qui a formé presque tout le bagage artistique d'un Nardon Pénicaud. Cette œuvre capitale, dont l'analogue existe à Vienne, doit être, au point de vue de la forme comme au point de vue de l'application du décor à la forme, rapprochée de certain dessin de coupe que nous a laissé Gaignières, coupe facile à dater par les costumes des personnages. Quoi qu'il en soit, on peut considérer la coupe de M. Thewalt comme un monument de premier ordre, exécuté avec plus de grâce et d'habileté que les émaux qu'on place d'ordinaire en tête de la série limousine, ceux du peintre qui a tracé sur quelques-unes de ses œuvres la signature énigmatique *Monvaerni*, signature qui se retrouve sur un triptyque de la collection de M. Cottereau.

Monvaerni est médiocre dessinateur et médiocre coloriste ; il s'inspire dans ses peintures péniblement tracées, des cartons que les tapissiers de haute lisse interprètent avec infiniment

plus de talent. Cette communauté d'origine des modèles s'accuse surtout dans la façon de traduire les terrains des premiers plans et de
les meubler d'une végétation conventionnelle
qui a son grand mérite au point de vue décoratif, exécutée en grand, mais prend, dans des
compositions de médiocre dimension, une
importance bien exagérée. Un dessin dur et
maladroit, des colorations violentes appliquées
sur les chairs et souvent imparfaitement par-
fondues, donnent à ces œuvres un aspect si
particulier que qui a vu un émail signé de
Monvaerni ne saurait hésiter sur l'attribution
au même maître d'un grand nombre de pièces
anonymes, sorties soit de ses mains, soit de
son atelier au xvᵉ siècle. Contrairement à ses
successeurs immédiats, qui furent de grands

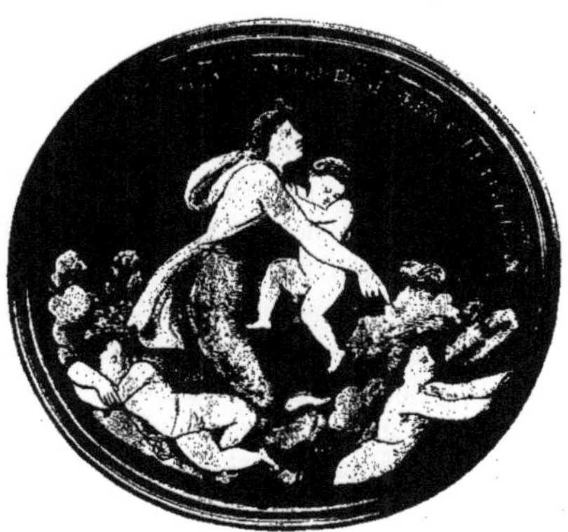

NIOBÉ
Émail peint par Léonard Limousin
Collection Boy

coloristes, cet émailleur limousin ne sut que colorier avec peine, de tons bariolés et souvent
inharmonieux, des tableaux d'un dessin imparfait, constituant à coup sûr des documents
précieux pour l'histoire de l'art, mais non des monuments comparables à ceux qui allaient
sortir de l'atelier des Pénicaud ou des Limousin.

La dynastie des Pénicaud débute à la fin du xvᵉ siècle; mais la première signature authentique de Nardon, inscrite sur un émail du
Musée de Cluny, ne remonte qu'à l'année
1503. Les Pénicaud étaient verriers de leur
métier, et la technique de beaucoup des
émaux de Nardon décèle de reste cette
origine : emploi presque général d'émaux
translucides modelés par un pointillé d'or,
dessin très accentué en ton foncé rappelant
par sa sécheresse et la rigidité de ses lignes
la mise en plomb; emploi de paillons recouverts de perles d'émail, disposés en orfrois
sur les bords des vêtements. Toute cette
technique, qui, dans les beaux monuments,
comme le triptyque appartenant à Mˡˡᵉ Grandjean, est au service d'un coloriste de talent,

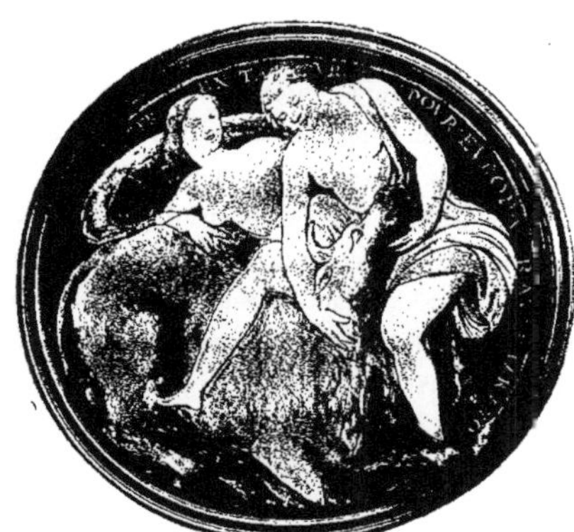

EUROPE
Émail peint par Léonard Limousin
Collection Boy

prend sa valeur grâce à un apprêt blanchâtre interposé entre la plaque de métal et les tons
translucides, en sorte qu'on pourrait comparer assez justement ces émaux à des miniatures

exécutées à l'aide de couleurs vitrifiables. Ce qui est assurément le point faible de l'émaillerie ainsi comprise, c'est la coloration des chairs, tantôt tellement blanches qu'elles paraissent blâfardes, tantôt poussées au violet grâce aux tons foncés déposés sous les blancs. Ces carnations sont donc purement conventionnelles ; mais dans les belles pièces, on peut s'assurer que des tons aussi soutenus étaient pour ainsi dire nécessaires avec l'harmonie générale de la palette employée par l'émailleur.

Si Nardon Pénicaud a fait des émaux très riches, cette richesse de coloris est encore surpassée par Jean Ier Pénicaud, qui dans une tonalité plus claire généralement, en modifiant l'usage des paillons qu'il place d'ordinaire sous des ciels d'un bleu intense pointillé d'or, en se servant sous certains émaux translucides des colorations données par la plaque de cuivre, parvient à faire des œuvres beaucoup plus gaies, plus variées et souvent plus harmonieuses : le triptyque de la collection Chabrières-Arlès est un des plus beaux spécimens de l'art de Jean Ier, comme une belle suite de plaques appartenant à M. Porgès, représentant des scènes de *l'Énéide*, d'après les estampes qui décorent une des éditions de Virgile, montrent le parti très heureux qu'on pouvait tirer des émaux translucides de ton tanné, frottés d'or, de manière à produire des plaques qui gardent toute la richesse du métal et offrent en même temps l'aspect harmonieux des vitraux.

Nardon et Jean Ier s'inspirent surtout des modèles flamands et allemands : Jean II et Jean III, dont les travaux correspondent à une période plus avancée au xvie siècle, ont cédé à la mode du jour, et c'est surtout dans les estampes italiennes que, sans exception, ils iront puiser leur inspiration. Couly Ier Noylier lui-même, qui se montre si fantaisiste dans ses coffrets décorés de jeux d'enfants, et Léonard Limousin n'eurent presque point d'autres modèles, tantôt copiés servilement, tantôt, quand le peintre est de grand talent, traités avec plus de liberté.

Jean II Pénicaud et les artistes de son atelier, comme leurs contemporains et leurs successeurs, font une plus large place à la grisaille dont, par un habile dessin pratiqué par enlevage, ils savent tirer un excellent parti au point de vue de la finesse et du fini de l'exécution : telle une série de tableaux religieux exposée par M. Sigismond Bardac, qui peut passer pour un des spécimens les plus réussis du genre ; mais à ceux qui recherchent dans l'art difficile de l'émailleur, plus d'imprévu, plus de liberté dans le dessin, il faut recommander les émaux de Jean III, exposés par M. Maurice Kahn, monuments dès longtemps connus, car ils ont fait partie de collections célèbres, mais qu'on revoit toujours avec un nouveau plaisir, car ils sont sortis de la main du plus artiste de tous les émailleurs du xvie siècle, de celui qui, sûr de son dessin, a osé presque toujours donner de ses modèles plutôt des interprétations que des traductions.

Ces qualités maîtresses d'un Jean III Pénicaud n'ont pu toutefois éclipser la renommée de Léonard Limousin qui, sans doute, n'a jamais égalé la prestigieuse habileté de son contemporain, mais qui, peintre de la cour des Valois, a su très souvent, par l'intérêt historique et iconographique qui s'attache à ses œuvres, faire oublier ce que ses travaux ont parfois d'un

peu sec. A dire vrai, certains monuments de l'œuvre de Léonard, tel le fameux plat aux armes
du connétable de Montmorency, dans lequel la composition du *Festin des dieux*, d'après
Raphaël, a été si habilement transformée en un banquet auquel prennent part les principaux
personnages de la cour de Henri II, appartenant à M. le baron Alphonse de Rothschild,

tels les portraits de Catherine de Médicis sortant
de la même collection, tels les portraits de la
collection de M. Charles Mannheim, et surtout
l'admirable figure du duc de Nevers, appartenant
à M. Maurice Kahn, sont des œuvres parfaites
qui font oublier trop de pièces, sorties de sa
boutique mais non de ses mains, qui portent le
monogramme du célèbre émailleur. *Niobé* et
Europe, deux médaillons appartenant à M. Boy,
nous montrent Léonard s'exerçant, et non sans
bonheur, dans un genre qui admet dans le dessin
et dans le coloris plus de liberté. Ces médaillons,
surtout le dernier, sont de véritables chefs-d'œuvre
de grâce et de délicatesse.

Il faudrait de longues pages pour parler et de
Martin Didier, dont M. Mannheim a exposé un
superbe triptyque, et de Pierre Courteys ou de
Pierre Reymond, et de ses pièces de vaisselle dont
M. le baron Albert Oppenheim a exposé un si bel
échantillon (un plat représentant le *Festin des
Dieux*), et de Jean Court, dit Vigier, dont les
émaux sont tantôt polychromes, tantôt d'une
grisaille laiteuse, pour faire l'éloge de tous les
émailleurs du xvie siècle qui, parmi les Limousins,
mériteraient une mention spéciale. Mais ce n'est
point ici le lieu d'écrire une histoire de l'émaillerie, dont on ne peut qu'indiquer très sommaire-

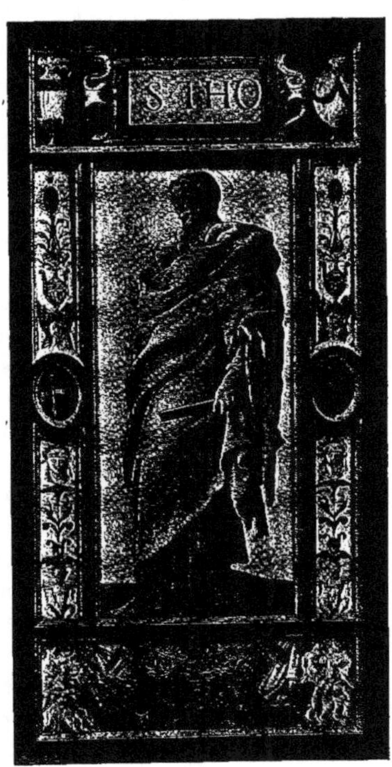

SAINT THOMAS
Émail peint par Léonard Limousin
Église Saint-Père, a Chartres

ment les grandes lignes. Avec Suzanne de Court, très adonnée à l'emploi des paillons et douée
de qualités plutôt négatives pour le dessin, avec Léonard II Limousin commencent, à la fin du
xvie siècle, l'irrémédiable décadence de l'art limousin, qui végétera encore pendant deux siècles
entre les mains des praticiens des dynasties des Noylier et des Laudin. Mais ces derniers, sauf
de rares exceptions, sont incapables de donner une nouvelle vie à un art qu'ils gâtent par l'emploi
de tons voyants et des imperfections de technique par trop criantes. Ce ne sont plus des artistes,
mais de vulgaires industriels qui fabriquent par centaines des objets de piété. Ces œuvres

médiocres, indignes des belles traditions limousines, ne peuvent servir qu'à démontrer que le bel art de l'émail n'a point survécu aux derniers princes de la maison de Valois. Il renaîtra au xviie siècle, mais sous une autre forme, plus délicate encore. Rivaux des miniaturistes les plus habiles, Petitot et Bordier transformeront ce vieil art du feu, et l'appliquant tantôt aux portraits, tantôt à la joaillerie, prépareront l'évolution d'une industrie qui devait tenir une large place dans l'histoire artistique de notre pays au xviiie siècle. Mais il y a loin des portraits en émail peints par Petitot, si fins, si délicats, aux larges peintures, dont Léonard Limousin avait décoré la chapelle du château d'Anet, et qu'abrite maintenant l'église Saint-Père de Chartres : l'emploi de matières vitrifiables crée un lien entre les uns et les autres, un lien plus apparent que réel. Les procédés employés, comme la conception, sont totalement différents.

LE BOIS ET LE MEUBLE. — Si nous ne pouvons, à l'aide des monuments encore subsistants, faire remonter au delà de l'époque romane l'histoire du travail du bois en France, il en faut moins accuser le temps que les hommes. A vrai dire, comme toute matière qui a vécu, le bois est destiné à périr ; lui aussi, il a ses microbes, ses parasites, ses rongeurs, qui vivent des restes de sa vie, et pour prolonger son existence, il a besoin d'une hygiène prévoyante qui entretienne sa santé et le prémunisse contre les attaques de l'ennemi ; surveillé avec constance, il peut traverser des siècles, et nous n'en voulons pour preuve que ce vénérable petit monument du vie siècle, le pupitre dit de sainte Radegonde, conservé à Poitiers, qui n'est arrivé jusqu'à nous que grâce aux soins pieux dont son caractère de relique le fit assidûment entourer. Mais, plus que les rongeurs, plus que l'eau, plus que le feu, la mode fut de tous temps le plus redoutable agent de sa destruction. Sa matière était trop vile, trop abondante, trop facilement remplaçable pour être respectée. Le meuble qui devenait hors d'usage, l'objet qui ne plaisait plus disparaissaient pour faire place à un autre meuble, à un autre objet que le goût du moment faisait trouver plus séduisants, et ces meubles qui se sont succédé ont si totalement, si régulièrement disparu, pour les premiers siècles du moyen âge, que, pour nous former une approximative idée de ce que dut être le mobilier de nos pères, il nous faudrait avoir recours aux représentations figurées des miniatures, si les miniatures elles-mêmes étaient véridiques.

C'est par deux portes, celles de la cathédrale du Puy, que s'ouvrait à l'Exposition l'histoire du bois. Ces portes, qui donnent, de l'extérieur, accès aux chapelles saint Gilles et saint Martin, présentent chacune deux vantaux formés d'ais de mélèze juxtaposés et rendus jointifs par assemblage. Leur surface est entièrement divisée en de nombreux compartiments rectangulaires, où se déroulent les scènes successives de la Vie et de la Passion du Christ, qu'expliquent des vers léonins placés au-dessus de chacune d'elles ; les silhouettes des personnages, les ornements, les inscriptions se détachent en réserve sur le fond creusé, suivant un procédé qui n'est autre que celui de la taille d'épargne employé pour les émaux champlevés. Quand bien même de nombreuses traces de polychromie ne seraient pas là pour nous avertir que ces portes étaient entièrement peintes, l'emploi de ce procédé suffirait à nous en donner l'assurance ; le dessin venait accuser les traits et les formes intérieures des personnages, dont la sculpture ne fournissait que le contour extérieur, sans modelé et sans relief ; aussi quand la polychromie étendait son éclat sur ces grandes pages de bois, leur aspect devait-il bien plutôt être celui d'une œuvre de peinture que de sculpture. Ce qui constitue l'exceptionnel intérêt de ce rare morceau, ce sont assurément ces scènes dont les personnages découpés au ciseau ont toute la barbare gaucherie de ceux que brodait la reine Mathilde sur la tapisserie de Bayeux ; mais c'est aussi et surtout la décoration qui les encadre. Tout autour de l'une des portes circule une bordure de ces entrelacs d'un type si parti-culier, que l'on désigne souvent du terme un peu trop étroit de mérovingiens pour les avoir surtout rencontrés sur des bijoux de l'époque barbare ; sur l'autre, se voit un large galon, dont les éléments sont incontestablement dus à une interprétation stylisée des caractères de l'écri-ture arabe, que le moyen âge sut si habilement plier à sa décoration. Une inscription qui se lit sur le couvre-joints de cette dernière porte nous apprend qu'elle fut faite par un certain Gaude-froy ; le nom de Pierre, qui l'accompagne, doit, suivant toute vraisemblance, désigner Pierre II le Mercœur, qui fut évêque du Puy, de 1050 à 1073.

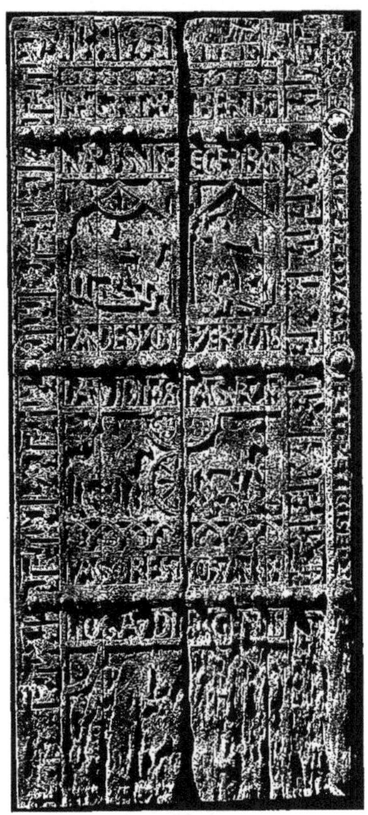

VANTAIL D'UNE PORTE
DE LA CATHÉDRALE DU PUY
(XI⁴ SIÈCLE)

Après cette pièce exceptionnelle, qui inaugure si magistralement l'histoire du travail du bois, il nous faut attendre près de trois siècles pour rencontrer une œuvre complète de quelque importance, et ce n'est que par des œuvres secondaires ou fragmentées que le XIII⁴ et le XIV⁴ siècle se trouvent représentés. Ce sont en effet des fragments de meubles, de meubles religieux, qu'il faut voir dans ces petits groupes de bois, ces petites figures, qui sont recherchés de nos jours, et à bon droit, comme de précieux morceaux de sculpture, mais dont la première destination était de concourir à un ensemble décoratif ; car — si l'on fait exception pour certaines statues de saints personnages, plus particulièrement de la Vierge, images de dévotion formant un tout à elles seules et se suffisant à elles-mêmes — le moyen âge a toujours ignoré la statuaire indépendante de son application décorative et de son rôle architectural. Statues et groupes nous arrivent, le plus souvent aujourd'hui, dépouillés de leur polychromie primitive ; mais il ne faut pas oublier que toute la décoration du moyen âge, que les meubles souvent eux-mêmes, jusqu'au xvie siècle, étaient universellement peints, et que cette tradition s'est poursuivie encore bien avant dans la Renaissance ; il est essentiel de ne pas perdre de vue cette constante condition de la sculpture sur bois quand il s'agit d'en juger l'exécution ; si, aujourd'hui que le bois est nu, certains détails nous paraissent d'une facture un peu brève, d'un métier un peu trop facilement satisfait, rappelons-nous que l'application d'un léger enduit de plâtre devait venir émousser les angles trop abrupts, polir les surfaces trop rugueuses, modeler aussi les contours, et que la peinture enfin se chargeait de parfaire ce que la sculpture avait laissé incomplet.

Bien que la silhouette générale rappelle encore de près les œuvres romanes, la Vierge de l'église de Gassicourt (Seine-et-Oise), aujourd'hui déteinte, ne nous paraît pas devoir remonter plus haut que le début du xiiie siècle ; l'Enfant n'est plus hiératiquement assis dans le giron de sa mère, et la robe de celle-ci n'a plus ces plis symétriques si chers aux artistes du xiie siècle. La tradition du type roman de la Vierge se poursuivit longtemps encore à travers l'époque gothique, et c'en est un souvenir attardé qui se peut reconnaître, nous semble-t-il, dans une Vierge assise, polychromée, qui appartient à M. Boy, et qui vient d'Auvergne, où la formule romane paraît s'être le plus longtemps perpétuée jusqu'au xiiie et au

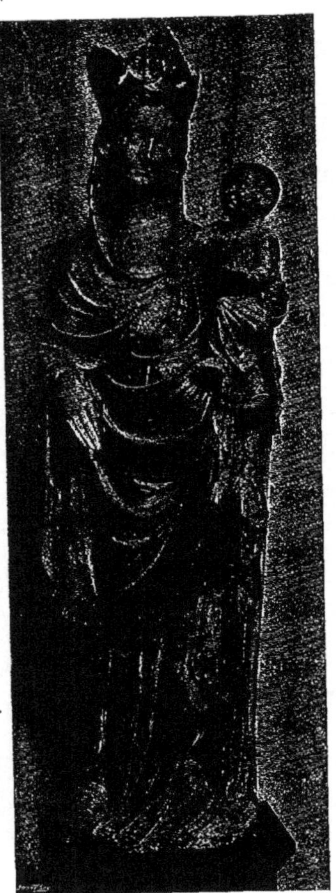

LA VIERGE ET L'ENFANT

Bois peint et doré (Commencement du xive siècle)

Collection Boy

xive siècle. D'un tout autre art, de l'art nouveau, de l'art gothique, relève toute une belle suite de Vierges, les unes assises et en bois naturel ou peint, comme celles de l'église de Taverny et de M. Bossy, de la fin du xiiie siècle ; les autres debout et peintes et dorées, des xive et xvᵉ siècles, comme celles de MM. Boy, Alb. Maignan, Gillot, Corroyer. Ce sont là des types excellents qui, sur un exemple donné, montrent l'évolution artistique de la statuaire française tout entière, allant, par une marche régulière, de la noblesse à la grâce et de la grâce au maniérisme.

À la fin du xvᵉ siècle et à la première moitié du xviᵉ appartiennent le plus généralement ces nombreux petits groupes sculptés, peints et dorés, qui, dans les compartiments des grands retables, présentent des scènes de la vie du Christ, de la Vierge ou de quelque saint vénéré. La Flandre fut, à cette époque, un des grands centres de production de ces retables, trop fréquemment œuvres de commerce destinées à l'exportation, et le style dramatique et anguleux des figures suffirait souvent à révéler leur origine septentrionale, quand bien même les maîtres anversois n'auraient pas pris soin de nous en informer en imprimant leur marque sur certains d'entre eux, comme sur un Portement de croix et un petit personnage agenouillé, un donateur, semble-t-il, appartenant tous deux à M. Corroyer. Parmi ces séduisants petits morceaux de sculpture descendus de retables, nous signalerons plus particulièrement, au même amateur, un groupe de l'Annonciation, dans lequel la Vierge se retourne, craintive et obéissante, vers un ange aux cheveux touffus ; au Musée d'Amiens, la Circoncision ; à M. Moreau-Nélaton, la Déposition de croix, et une sainte agenouillée frappée par un soldat ; à M. Gillot, l'Évanouissement de la Vierge et le Portement de croix ; à M. André, la Mise au tombeau, où semble se révéler le souvenir de l'école milanaise dans certains visages rappelant Mantegna, et la Présentation au Temple, que l'école champenoise peut revendiquer pour sienne ; à M. Cardon, la Vierge de l'Annonciation,

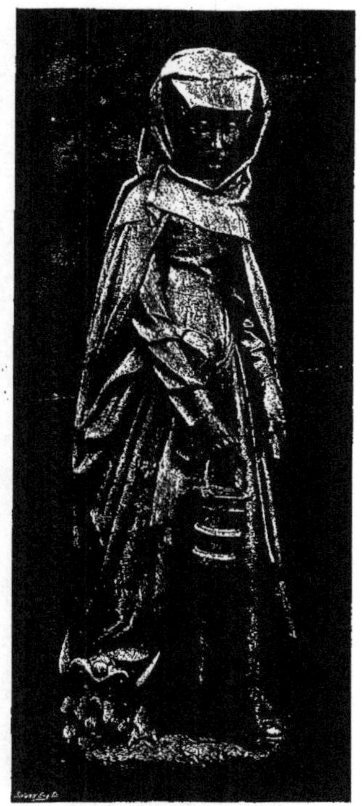

SAINTE MARTHE
(xvᵉ siècle)
Musée de Chateau-Gontier

vêtue à la mode du début du xviᵉ siècle, debout à côté d'une petite crédence toute gothique encore ; à M. Salting, sainte Marthe délivrée de la Tarasque, et à Mᵐᵉ E. Stern, l'apparition de saint Hubert. C'est encore de retables que doivent provenir ces petites figures qui nous sont arrivées isolées : tel un petit personnage agenouillé, les coudes appuyés sur un escabeau. — merveille de style et d'exécution, appartenant à M. Corroyer, — dans lequel on a cru reconnaître l'image de saint Louis, peut-être, pensons-nous, parce qu'il a quelque vague ressemblance avec le Charles V du portail des Célestins de Paris, qui, depuis Lenoir, a suppléé à l'iconographie absente du saint roi ; tel cet autre petit seigneur en chausses collantes et poulaines pointues, coiffé d'un haut bonnet conique, qui a peut-être bien pu faire partie de quelque Adoration des Mages, appartenant à M. le baron Oppenheim ; telle enfin cette sainte femme de la collection Chabrières-Arlès, qui doit provenir de quelque Mise au tombeau ou quelque Descente de croix ; chaussée de patins, la tête surmontée d'une sorte de haute coiffe rigide, elle clôt les yeux à demi et joint les mains dans l'attitude de la désolation ; cette dernière a conservé sa peinture. Trop grande pour provenir d'un retable, il semble qu'il faille voir une statue de dévotion dans cette sainte Marthe tenant sous ses pieds la Tarasque vaincue, appartenant au Musée de Château-Gontier, l'un des plus gracieux spécimens de la statuaire anecdotique du commencement du xvie siècle. Quant au petit et très célèbre groupe du Musée de Reims, la nourrice allaitant un enfant, la comparaison qui s'impose avec le même sujet, traité d'identique manière, en terre émaillée, par Bernard Palissy, a pu, non sans raison, donner à penser que l'un a été le prototype de l'autre.

A côté de ces travaux des tailleurs d'images, les xve et xvie siècles virent encore de nombreux petits ouvrages de bois, qui rentrent plutôt dans ce qui constitue aujourd'hui le domaine de la bimbeloterie et de la tabletterie, objets familiers, d'usage courant, qui nous font pénétrer dans l'intimité de la vie de chaque jour : ce sont des peignes en buis, très finement repercés à jour, portant ceux-ci des devises et des emblèmes : « *mon cœur avez* », « *sans mal panser* »,

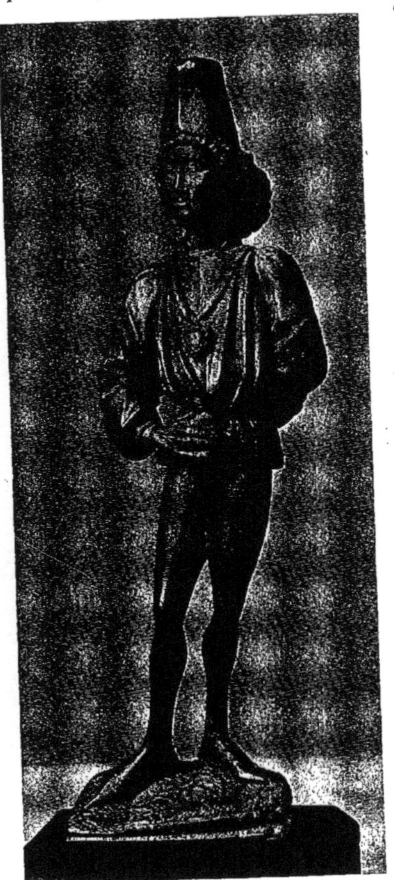

STATUETTE D'HOMME
(xve siècle)
COLLECTION OPPENHEIM

comme ceux de M. le comte G. Chandon de Briailles et du Musée de Dijon ; celui-là, du même Musée, un bas-relief, une allusion peut-être, le lai d'Aristote ; cet autre, du Musée du Puy, une décoration incrustée d'ivoire polychrome. Ce sont aussi des boîtes repercées à jour sur toutes leurs faces, affectant la forme de livres et s'ouvrant latéralement pour servir d'écrin à quelque missel ou de protection à un chauffe-mains; les Musées d'Aix, de Dijon, de Rouen en fournissent des exemples; ce sont encore des casse-noix et casse-noisettes, des varlopes sculptées dont M. Mohl a réuni une bien attrayante série qui nous montre la verve humoristique de nos pères ne négligeant jamais une occasion de se manifester. L'habileté du ciseau a été, au xvi⁰ siècle, portée à ses extrêmes limites dans un miroir appartenant à M. le baron Oppenheim, dont un petit bas-relief rappelant l'histoire de Bethsabée occupe le centre, au milieu d'une ornementation de cuirs découpés. L'inspirateur en est, sans nul doute, Théodore de Bry, et malgré sa devise française « *Pour bien je le donne* », la Flandre, ou tout au moins la France du nord, en peut revendiquer l'exécution. Enfin, à la fin du xvii⁰ et au commencement du xviii⁰ siècle, le Lorrain Bagard et ses élèves surent encore, par leur patient travail et l'heureuse pondération d'un décor qu'inspirent surtout les enroulements et les lambrequins de l'époque de Louis XIV, donner un très particulier attrait à maints petits objets usuels, boîtes, coffrets de mariage, chandeliers, cadres de miroirs, dessus de brosses, râpes à tabac, dont Mme Waldeck-Rousseau a recueilli un choix abondant et varié.

Si, laissant maintenant ces menus ouvrages des tailleurs d'images, ces charmantes petites pièces de tabletterie qui représentent le côté anecdotique du travail du bois, nous remontons un peu en

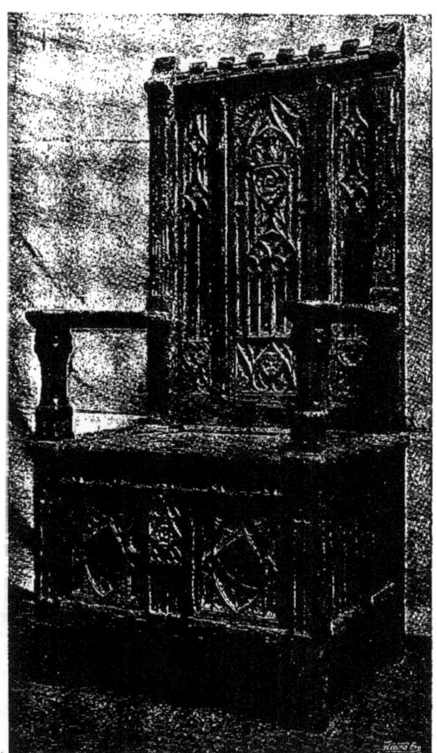

CHAIRE (xv⁰ siècle)
Collection Boy

arrière et recherchons ce qui constitue l'œuvre des menuisiers, des huchiers du xv⁰ siècle jusqu'à la fin de la période gothique, et antérieurement à l'infusion de tout élément ultramontain, nous aurons surtout à citer une belle chaire à haut dossier, appartenant à M. Boy, et une porte provenant d'une ancienne maison de Bourges et conservée au Musée de cette ville, dont la décoration, dans les deux cas, est uniquement formée de fenestrages gothiques et de serviettes plissées; cette porte encore de l'ancien palais ducal de Nevers, qui ne peut être antérieure au dernier quart du xve siècle; ce lutrin enfin de l'église de Puligny (Côte-d'Or), que domine un aigle monté sur un pied formé de la réunion de quatre arcs-boutants avec pinacles et statuettes. C'est encore

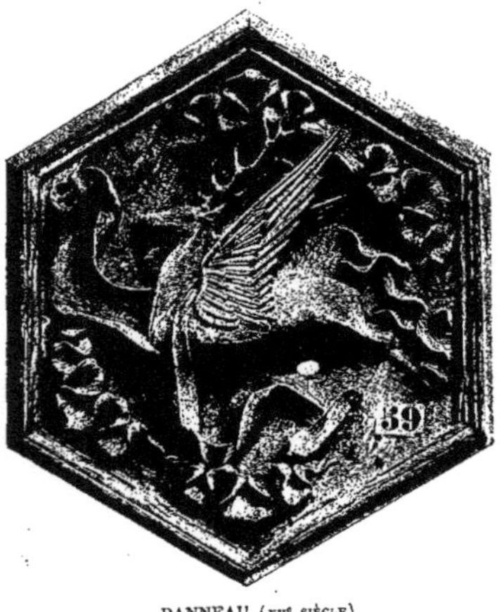

au xve siècle que l'on serait tenté d'inscrire toute une abondante série de ces coffres en chêne ou en noyer des Musées de Saint-Étienne, d'Angers, du Puy, dont la décoration est obtenue par la simple juxtaposition de ces fenestrages en tiers-points ou en accolades, de ces rosaces rayonnantes ou flamboyantes que le jeu multiple du compas savait varier à l'infini et qui se rehaussaient souvent de l'éclat de la polychromie et de la dorure. Mais à l'égard des meubles de ce genre, où se rencontrent les dernières combinaisons d'un art qui allait se mourant, la circonspection s'impose quand il s'agit de déterminer une date : l'on sait en effet qu'un courant tout gothique encore de forme et de décor se prolongea longtemps, pur de toute compromission, à travers les premières

PANNEAU (xve siècle)
Musée de Moulins

années du xvie siècle, et vécut sans mélange parallèlement au courant italien; il est donc fort possible que le xvie siècle ait vu naître tel monument où s'accuse encore, dans toute son intégralité, le style du siècle précédent. C'est ainsi qu'il semble falloir donner au xvie siècle un autre lutrin appartenant à l'église de Villemaur, à pied triangulaire, qui présente sur la triple

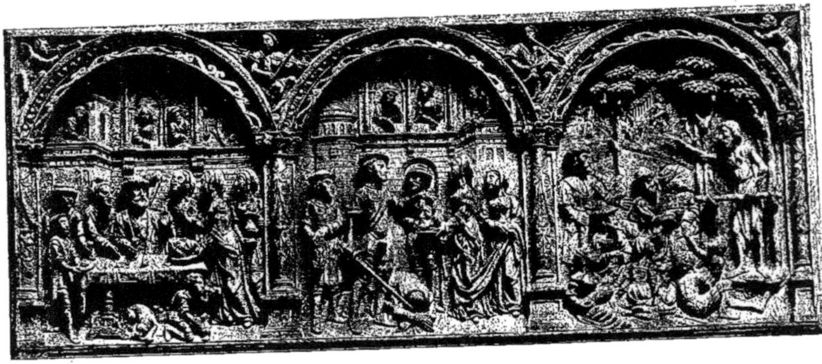

DEVANT DE COFFRE (xvie siècle)
Collection Boy

face de ses deux étages superposés, des panneaux de feuillages aigus et contournés, qui ne sont pas sans parenté avec un devant de coffre de la collection Chabrières-Arlès et rappellent

comme lui le style des boiseries de l'ancienne Chambre des Comptes de Grenoble, que l'on sait
avoir été exécutées, de 1521 à 1524, par l'Allemand Paul Jude.

A côté d'ouvrages de forme et de décor encore gothiques, les règnes de Louis XII et de
François Ier nous montrent toute une série de monuments parallèle à la précédente, où la
tradition indigène fusionne avec la nouveauté importée, où l'ornementation italienne, fraterni-
sant avec des motifs encore gothiques, vient s'appliquer sur des meubles dont la disposition est
encore celle du siècle précédent. C'est ainsi que deux portes en chêne, qui donnaient autrefois

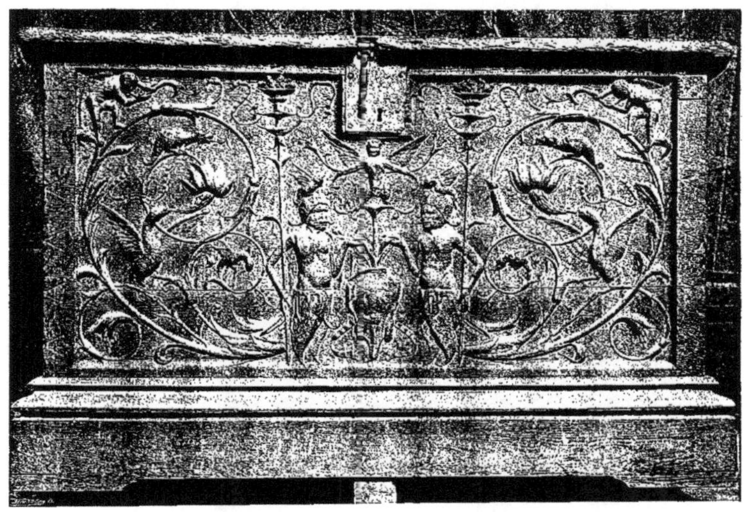

COFFRE (xvie siècle)
COLLECTION BOY

accès au jubé de l'église de la Madeleine, à Troyes, et déposées aujourd'hui au Musée de cette
ville, présentent en leur partie supérieure une claire-voie à moulures prismatiques et arcs en
tiers-points et à redents, alors que le bas est garni de panneaux pleins où des arabesques se
développent autour d'un médaillon à tête humaine, suivant une donnée tout italienne qui n'avait
pas tardé à faire fortune, et que les décorateurs français adoptèrent dans toutes les régions et
appliquèrent à toutes les matières, aussi bien sur la pierre et le verre que sur le bois. La même
fusion d'éléments d'origine opposée apparaît encore sur une charmante petite crédence de la
collection Chabrières-Arlès, qui nous montre, sur sa face, des rinceaux et arabesques, tandis
que ses côtés ont conservé les panneaux à serviettes plissées. Deux cadres enfin, qui proviennent de l'ancienne et célèbre confrérie de Notre-Dame du Puy de la cathédrale d'Amiens,
et dont a hérité le Musée de la ville, nous font saisir d'une frappante manière quelle fut l'évolu-

tion accomplie en l'espace de quelques années : l'un d'eux, avec son arbre de Jessé, qui envoie latéralement deux branches montantes chargées de statuettes, avec ses pinacles, ses clochetons aigus et ses moulures prismatiques, pourrait bien, à première vue, être donné au xvᵉ siècle, s'il ne rappelait de bien près les stalles de la cathédrale et l'habile métier de Jean Trupin, qui ne commença à travailler qu'en 1509 ; chez l'autre, par contre, contemporain du premier ou à peine plus jeune de quelques annécs, tout souvenir gothique s'est effacé et l'italianisme s'est définitivement installé dans la décoration. Il triomphe encore, sans mélange et sans regard en arrière, dans trois panneaux de la collection Boy, qui proviennent de la riche abbaye bénédictine de la Chaise-Dieu, dont l'un, un ex-voto, porte le nom de Jacques de Saint-Nectaire, et dont les deux autres, panneaux de stalles, nous montrent ses armes, cinq fusées d'argent surmontées de la croix abbatiale ; or, Jacques de Saint-Nectaire occupa le siège de la Chaise-Dieu de 1491 à 1518 ; dans d'autres panneaux encore, un peu postérieurs, élégants en leur gracilité, aux insignes et à la devise de Galiot de Genouilhac, grand maître de l'artillerie sous

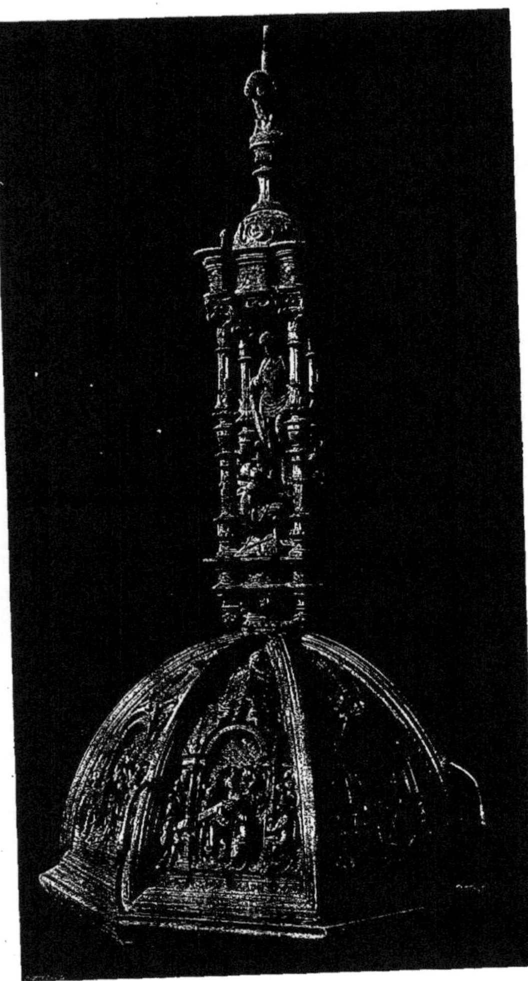

COUVERCLE DE FONTS BAPTISMAUX
(XVIᵉ SIÈCLE)
ÉGLISE SAINT-ROMAIN, A ROUEN

François Ier, le constructeur du château d'Assier, d'où ils proviennent ; dans cette admirable suite de huit panneaux, d'un style si serré, si ferme et si sobre qui, de la collection Stein, sont passés chez M. Taylor, à Londres, et où des bustes d'hommes et de femmes font aux trois quarts saillie hors de médaillons circulaires qu'accompagnent des rinceaux nerveux et légers ; dans ce grand panneau appartenant à M. J. Protat, fragment, semble-t-il, de la décoration d'une cheminée, qui nous montre deux médaillons où l'on a pu reconnaître François Ier et Charles-Quint ; dans le couvercle des fonts baptismaux de l'église Saint-Romain de Rouen ; dans un coffret aux armes et au nom de François d'Estaing, évêque de Rodez de 1501 à 1529, aujourd'hui encore conservé à l'évêché de cette ville ; enfin, dans un rare et curieux petit monument, dont la date nous est fournie par sa reproduction en pierre, qui existe dans la cathédrale de Rodez ; le millésime 1531 est gravé sur ce qui subsiste aujourd'hui, dans une chapelle latérale, de la clôture du chœur restée inachevée. La petite maquette en bois de cette clôture, de la collection Boy, a ce particulier intérêt de nous renseigner sur la disposition du couronnement qui n'existe pas dans l'original.

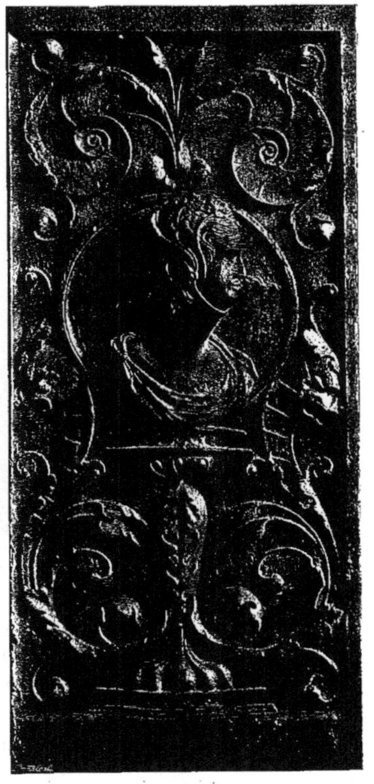

PANNEAU DE MEUBLE
(XVIe SIÈCLE)
COLLECTION TAYLOR

Plus précieux pour son origine certaine et la rareté des pièces de ce genre que séduisant par sa forme ou son décor est ce lit qui appartient à l'État et est déposé au Musée Lorrain de Nancy. Les devises, initiales et emblèmes qui font les frais de son ornementation en rapportent l'exécution au plus tard à l'année 1515, date du mariage d'Antoine de Lorraine et de Renée de Bourbon. Au ciel, que soutiennent les quatre quenouilles placées aux angles, étaient fixées des pentes et courtines qui, nous le savons par un inventaire du château de Nancy de 1532, étaient de satin cramoisi et portaient en broderies d'or et d'argent la même décoration emblématique.

A cette même période, pendant laquelle les éléments de la renaissance italienne se francisent en passant par la traduction des ouvriers français, appartiennent quelques-uns des meubles les plus curieux ou les plus beaux qui nous soient parvenus : c'est un coffre sur le devant duquel se jouent des rinceaux et des dauphins symétriquement disposés autour d'un masque d'amour ; bien que le Musée de Grenoble le conserve aujourd'hui, il ne faut pas voir dans ces dauphins l'indice d'une origine locale et leur prototype s'en doit rechercher dans la décoration de tels candélabres, de telles estampes italiennes ; ce sont deux autres admirables pièces, deux coffres encore, l'un à M. Chabrières-Arlès, l'autre à M. Boy, qui présentent un parti décoratif analogue et tout italien : deux torses humains, qui se terminent en rinceaux et accostent un motif central, ici un *chapeau de triomphe* circonscrivant un cartouche, là un écu chargé

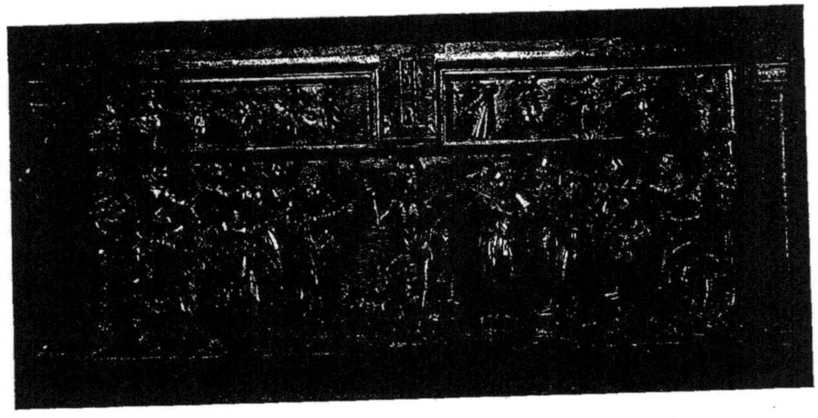

GRAND COFFRE (XVIᵉ SIÈCLE)
Musée Saint-Jean, a Angers

d'armoiries ; c'est surtout une admirable chaire à haut dossier, appartenant à M. Chabrières-Arlès, dont le panneau de fond, le coffre et les montants latéraux offrent une décoration de grotesques à l'italienne, à laquelle la patine de quatre siècles a donné l'aspect lustré et poli du métal.

Le milieu environ du XVIᵉ siècle marque, dans l'histoire du mobilier français, une ère nouvelle : jusque là les huchiers avaient, à peu de choses près, conservé les formes anciennes du moyen âge, dont ils avaient rajeuni les aspects par l'adjonction d'une décoration nouvelle. A dater du début du règne de Henri II, sans abandonner leur admirable dextérité de main et tout en puisant aux mêmes sources que depuis le commencement du siècle, les motifs de leur décor, les huchiers allèrent demander le modèle de leurs meubles à des artistes qui n'étaient pas du métier, dessinateurs, graveurs, mais surtout architectes, qui y appliquèrent les règles et les éléments de l'architecture classique ; aussi a-t-on pu dire que, à partir de cette époque, le meuble n'est plus un meuble de menuisier, mais bien un meuble d'architecte. Pendant cette seconde moitié du XVIᵉ siècle, les recueils des dessins du parisien Du Cerceau ou du bourguignon Hugues Sambin durent courir les ateliers et fournir aux ouvriers du bois d'inépuisables modèles que le goût individuel savait modifier à sa guise ; leur action s'étendit du nord au midi ; c'est pourquoi, s'il est possible de constater et s'il est vrai de dire que, dans certaines régions, certains maîtres paraissent avoir eu une plus particulière action, si Du Cerceau eut plus de succès du côté de l'Ile-de-France, et Sambin vers la Bourgogne, il serait tout à fait téméraire de croire pouvoir limiter à certaines régions géographiques l'origine de certains types et la persistance

de certaines formes. Aussi, quel que soit le lieu où elle ait pris naissance, pouvons-nous légitimement inscrire sous le nom de l'école de Du Cerceau tel meuble où nous reconnaissons l'influence de ses estampes et la marque de son tempérament, comme, par exemple, ce petit dressoir en chêne du Musée des Antiquités de Rouen, dont le corps supérieur est cantonné de colonnes cannelées d'ordre classique ; comme cet autre dressoir en noyer de la collection Chabrières-Arlès, où des pilastres ont remplacé les colonnes ; comme encore une fine crédence du Musée archéologique d'Orléans, montée sur de minces colonnettes fuselées. Si, par contre, les supports en balustres aplatis, sur lesquels est monté un petit dressoir de Mme la marquise Arconati-Visconti, peuvent nous faire songer aux ateliers de l'Ile-de-France, tels autres détails de son ornementation nous rappellent la Bourgogne, et il en va de même pour un grand meuble à deux corps, appartenant à M. Bordet, dont la disposition nous paraît être un compromis

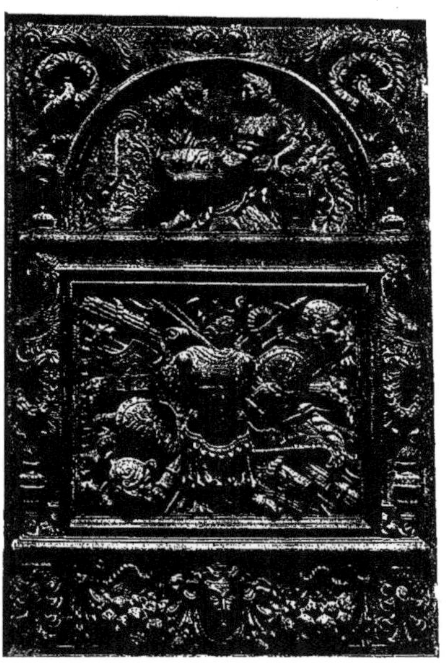

PANNEAU D'ARMOIRE (XVIe SIÈCLE)
COLLECTION BOY

plus curieux que séduisant entre le style de Du Cerceau et celui de Sambin.

Si l'on ne savait, à n'en pas pouvoir douter, par des comptes de l'année 1583, que ce dernier est l'auteur de « la petite porte pour entrer en la chambre du Scrin », c'est-à-dire la chambre des archives du Palais de Justice de Dijon, l'on pourrait, au premier abord, éprouver quelque hésitation à donner au chef exubérant de l'école bourguignonne une œuvre d'une aussi sage tenue, d'une aussi logique pondération. Ce petit morceau est, avec la clôture de la chapelle et, vraisemblablement aussi, avec la porte extérieure du même édifice, la seule œuvre sans nul doute authentique de Sambin, sous le nom duquel circulent bon nombre de monuments qui révèlent son style, mais où il serait hasardeux de rechercher son intervention directe. S'il est toutefois un monument où cette intervention puisse le plus légitimement être invoquée, tant y apparaît le tempérament du maître, de l'auteur de la *Diversité des Termes*, tant sa personnalité s'y accuse éclatante, c'est assurément la grande armoire appartenant à Mme la marquise Arconati-Visconti. Ce qui, indépendamment de l'ampleur de ce style plantureux, de la franchise de l'exécution, de la largeur de la décoration, attire et surprend tout d'abord l'attention, c'est la polychromie générale répandue sur l'ensemble du meuble ; non seulement les panneaux inférieurs des portes nous montrent deux tableaux peints, la *Création de l'homme* et le *Sacrifice d'Abel*, mais la dorure et la couleur viennent encore rehausser la sculpture et réchauffer les fonds. C'est là un monument capital pour l'histoire de la décoration intérieure, et l'on peut s'imaginer ce que devait être, vers l'an 1580, l'éclat d'un tel mobilier se mariant avec les tons brillants de tapisseries alors dans leur première fraîcheur.

Un parti décoratif similaire, qui se rencontre sur deux meubles à deux corps appartenant à Mme Schneider, nous permet de les attribuer à l'école de Sambin ; ce sont d'analogues cariatides cantonnant les angles du meuble et en soulageant le milieu, et, dans leur intervalle, des panneaux en camaïeu d'or exécutés au vernis, dont les modèles paraissent dus à quelques estampes allemandes. Par assimilation aussi, nous serions assez disposés à reconnaître une origine bourguignonne dans un autre meuble à deux corps, appartenant à M. Moreau-Nélaton ; il est dépourvu de sculptures, mais entièrement peint au vernis et rehaussé d'un décor doré ; un cartouche appliqué sur une colonnette du corps inférieur nous fournit la date de 1552. Le Lyonnais est bien proche voisin de la Bourgogne et les mêmes goûts s'y manifestent : c'est au centre lyonnais qu'est attribué un grand et remarquable dressoir en noyer qui, de la collection Sennegon, est passé chez M. Chabrières-Arlès : rien ne vient a *priori* contredire cette attribution ; mais ces grandes chimères à longs cols et petites têtes, qui amortissent les angles du meuble et les soutiennent de leurs queues enroulées en volutes, paraissent à une échelle bien grande pour le reste de la décoration, et il semble évident qu'il y a dans la conception de ce meuble le mélange d'éléments différents qui paraissent plutôt juxtaposés que fusionnés, et dans l'ensemble desquels l'influence de la Bourgogne se révèle bien proche.

A la Bourgogne encore, et à l'école de Sambin doivent se rattacher et la belle table en noyer du Musée de Dijon, dont les extrémités, disposées en éventail, nous montrent un aigle accosté de deux chimères, et cette autre du Musée Saint-Raymond à Toulouse, où deux cariatides de femmes s'adossent à un pilastre ; cette autre encore, semble-t-il, appartenant à M. Chabrières-Arlès, dont les supports sont formés de colonnes trapues, enguirlandées de lauriers et montées sur patins à mufles béants de lions. Mais c'est de l'Ile-de-France, de l'influence de Jean Goujon que se réclament, outre deux petites armoires à deux corps, de la collection Moreau-Nélaton, une dernière table, du Musée de Compiègne, dont l'éventail, porté sur un patin se terminant en chevaux marins, est formé de deux chimères ailées accostant une gaine de femme qu'accompagnent deux amours. La ceinture est interrompue par six panneaux rectangulaires où s'allongent des figures de femmes, représentant des Vertus, dont la souplesse rappelle l'école de Jean Goujon.

A aucune époque la sculpture appliquée à la décoration des meubles n'a été poussée à un aussi haut degré de perfection, et l'on peut dire qu'elle ne le fut plus depuis lors. La fin du xvie siècle vit en effet la fin des meubles en bois plein dans lesquels le sculpteur pouvait tailler à son gré, et l'usage des bois exotiques débités en minces lamelles et appliqués en placages ne permit plus les fortes saillies du haut relief ou de la ronde bosse ; les tons variés des marqueteries se substituèrent à la peinture, et la sculpture n'apparut plus que dans les bronzes chargés d'en rehausser l'éclat.

Deux meubles, deux grands cabinets exposés dans l'une des salles du Petit Palais et provenant du château de Fontainebleau peuvent donner une idée assez exacte du mélange de style qui s'est opéré chez nous à la fin du xvie et au commencement du xviie siècle dans la décoration du mobilier français.

Ces meubles sont de grands cabinets en ébène portés sur des colonnes rappelant absolument le style des constructions de l'époque de Louis XIII, sculptés sur leurs vantaux d'une série de sujets exécutés en relief peu accentué, sujets entourés dans des bordures frisées déterminant des espèces de grands médaillons. Le champ, en dehors de ces médaillons, est gravé de branchages et de fleurs parmi lesquels on rencontre très fréquemment des tulipes. A l'intérieur de ces meubles s'étale une architecture compliquée et voyante

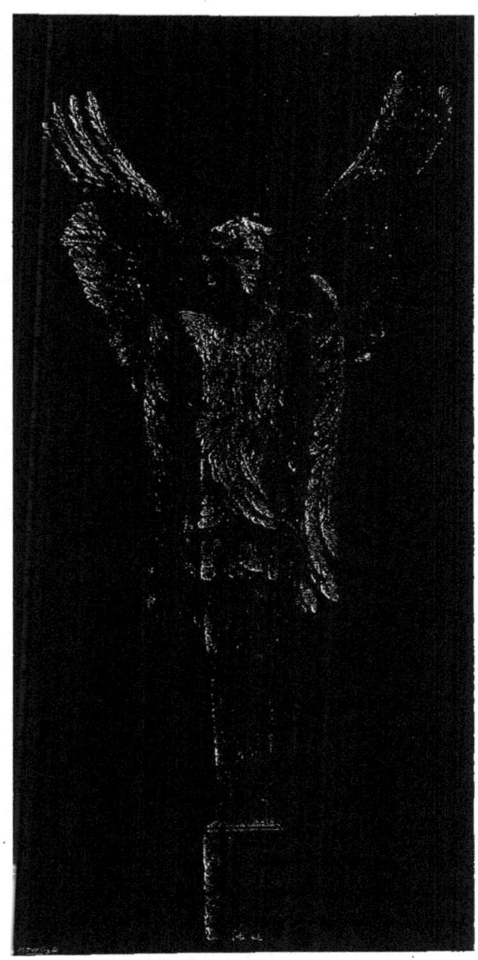

ANGE EN BOIS SCULPTÉ (XVIIe SIÈCLE)
COLLECTION LIPPMANN

comportant des incrustations de pierres de couleur et des perspectives obtenues au moyen de glaces. Dans de tels meubles on retrouve bien les deux courants qui ont influencé l'art français au xvii⁰ siècle. D'une part, à l'Italie nous devons des sculptures du style de celles dont nous donnons ici un échantillon, et l'emploi, pour rehausser l'éclat du mobilier, des incrustations formant mosaïque, des ornements de métal soit en bronze, soit en argent, soit en or même, comme dans ce cabinet que le sculpteur Jean Bologne avait été chargé de décorer pour le grand-duc de Toscane. C'est aussi à l'Italie que nous devons l'usage un peu immodéré de grandes scènes sculptées recouvrant des vantaux de portes généralement de grande dimension.

D'autre part à la Flandre il faut rapporter l'emploi de ce décor gravé que nous signalions tout à l'heure, en dehors des médaillons, où des fleurs chères à l'art flamand et à l'art hollandais s'étalent à tout propos. Enfin il faut, dans ces pièces de mobilier, signaler une autre transformation qui n'appartient en propre à aucun pays d'Europe à ce moment; c'est l'usage des bois exotiques substitués aux bois du pays qui ont vu naître tel ou tel meuble.

Cette transformation, cette modification dans les matériaux a été plus féconde en circonstances qu'on ne saurait l'imaginer.

Les meubles qui, autrefois, étaient faits par les menuisiers passent aux mains des ébénistes; ces derniers auront toujours une tendance à y multiplier les ornements de métal qui en somme, fort rarement, et on doit s'en louer, ont pris place sur le mobilier de noyer ou de chêne, mobilier ne comportant guère, au moyen âge comme à la Renaissance, qu'une décoration peinte ou sculptée.

C'est sous les deux influences signalées par nous tout à l'heure que s'est développé le mobilier français du xvii⁰ siècle.

Sans doute, les meubles créés sous Louis XIV ont un aspect assez différent de ces cabinets d'ébène qui sont un témoignage absolument palpable de l'influence qu'ont pu exercer chez nous, et les artistes flamands établis aux galeries du Louvre par Henri IV, et les artistes italiens auxquels ont pu se fournir un Richelieu ou un Mazarin, mais il n'en est pas moins vrai que si l'on analyse l'œuvre des artistes du xvii⁰ siècle au point de vue du mobilier, si même on examine les noms de ces artistes, on retrouve partout ces deux courants très nettement accusés.

Ce qu'Henri IV avait rêvé de faire aux galeries du Louvre, c'est-à-dire de créer une véritable manufacture officielle destinée à relever le niveau de l'art français appliqué à l'industrie et de faire connaître dans notre pays des procédés de fabrication jusqu'alors connus et pratiqués seulement par des étrangers, ce fut Colbert, aidé de Le Brun qui parvint à le réaliser.

La création en 1663, création qui fut complètement terminée en 1667, de la manufacture royale des meubles de la Couronne, autrement dit de la manufacture des Gobelins, dont la direction fut confiée par Colbert à Charles Le Brun, n'est pas seulement la réalisation d'une idée artistique, mais un fait économique du règne de Louis XIV que l'on traite dans les histoires générales peut-être un peu trop légèrement.

On y voit surtout l'expression du luxe qu'affectionnait le grand roi, alors qu'il faut y voir surtout la préoccupation pour Colbert de développer chez nous des industries florissantes à l'étranger pour substituer à ces produits étrangers des produits créés en France et aussi l'idée de soustraire un certain nombre d'artistes travaillant à la vérité pour le roi seulement, mais dont les œuvres pouvaient avoir un grand retentissement autour d'eux, au contrôle tracassier des corporations. C'est donc en réalité beaucoup plus pour suivre des idées de réforme dont on retrouve des traces dans tout l'œuvre de Colbert, que fut établie la manufacture des Gobelins, que pour satisfaire à la vanité de Louis XIV.

L'étalage de luxe qui fit de Versailles jusqu'à la fin du xviiie siècle une résidence absolument incomparable fut une conséquence directe en réalité de ces créations de Colbert, mais ce n'est point à ces somptuosités précisément que le ministre pensait quand il rédigea et fit rédiger par Le Brun les règlements de la manufacture, qui plaçaient tous les artistes et tous les artisans hospitalisés dans cet établissement dans une situation absolument privilégiée, qui formait une sorte d'école d'art décoratif, dont bien des traits de l'organisation pourraient être sans doute aujourd'hui repris, et, suivis avec soin, donneraient très probablement des résultats fort analogues. Mais il est à supposer qu'avec nos idées modernes, de tels privilèges accordés à une classe d'artistes et d'artisans choisis d'une façon arbitraire par le pouvoir central, amèneraient, de la part des autres artistes, des réclamations semblables à celles qui partirent au xviie siècle des corporations.

Ces réclamations s'appuieraient sans doute sur des arguments très différents, mais il serait peut-être piquant de voir défendre au nom de la liberté une cause d'ailleurs très mauvaise que les jurés des corporations du xviie siècle défendaient au nom de principes diamétralement opposés.

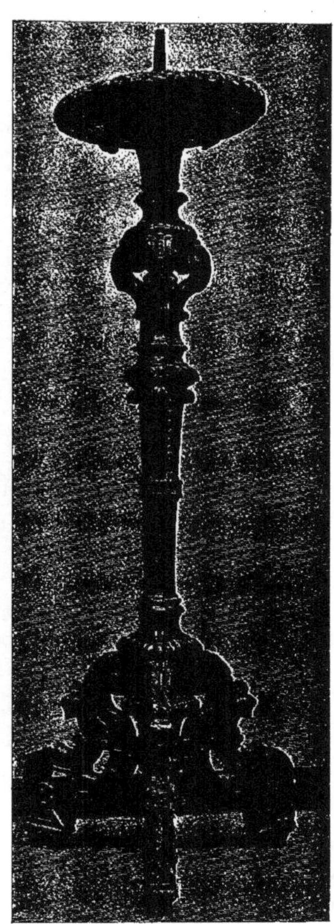

GUÉRIDON EN BOIS SCULPTÉ ET DORÉ
(ÉPOQUE LOUIS XIV)
ÉGLISE DE LA COUTURE, AU MANS

Si la manufacture des Gobelins peut être considérée comme l'œuvre personnelle de Colbert, on ne saurait oublier d'autre part que Le Brun qui, en dirigeant les travaux du château de Vaux pour le surintendant Fouquet avait déjà appris à manier les artistes, a eu une grande part dans l'histoire de cet établissement.

C'est lui qui, en réalité, par son influence, par son talent réel, a su pendant toute sa vie opérer une cohésion véritable entre les éléments très divers qui composaient les ateliers, et a su leur imposer ses volontés artistiques. Ce mérite de Le Brun est tellement incontestable qu'après sa mort l'institution à laquelle il avait présidé si longtemps courut de réels dangers et qu'en réalité elle ne retrouva jamais la prospérité qu'elle avait eue sous un tel maître.

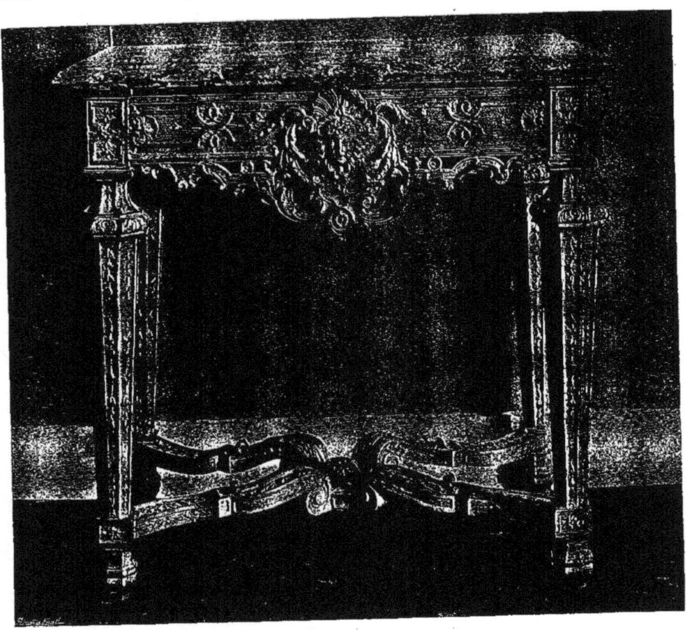

PETITE CONSOLE en bois doré (Époque de la Régence)
Collection Leroy-Dupré

Cela dépendait beaucoup moins de la notable réduction des ressources mises à la disposition de la manufacture sous le règne de Louis XV que de l'absence d'une volonté qui, à l'époque de Le Brun, se traduisait partout, non seulement au point de vue de l'administration artistique, mais de l'administration générale.

N'oublions pas qu'à côté de cette manufacture royale des meubles de la Couronne, les ateliers des galeries du Louvre continuèrent à subsister, et que là encore le même esprit et parfois la même direction fut imposée à des artistes qui créèrent pour Louis XIV et aussi, il faut le dire, pour la France des œuvres apparentées entre elles par une telle affinité, par une telle communauté de composition et de facture qu'il en est résulté un style, et ce style, composé à l'origine d'éléments hétérogènes, a abouti à un ensemble artistique absolument français, à une conception de l'art décoratif tellement accentuée que même les étrangers, qui cependant pourraient y reconnaître quelques-uns des traits de leur art national, ne songent jamais un seul instant à nier l'existence d'un style Louis XIV, très vivant, très personnel et très français.

Dans cette manufacture ce ne furent pas seulement des tapisseries ou des tapis qui furent créés et pour lesquels Le Brun donna des dessins. Une pièce de tapisserie représentant la visite du roi aux Gobelins pourrait, à défaut même des comptes où toutes ces œuvres d'art sont détaillées, nous apprendre que dans ces ateliers on fabriqua des meubles en marqueterie, des tables imitant la mosaïque florentine, des bronzes, des pièces d'orfèvrerie ou ce mobilier

d'argent qui devait décorer la Galerie des Glaces, à Versailles. Rien que l'énumération de ces différentes séries d'objets d'art servira à montrer qu'un tel établissement était beaucoup plutôt une sorte d'école perpétuelle d'art décoratif qu'un simple atelier destiné à fournir un mobilier somptueux au roi.

Il est très probable que là aussi furent créés ces meubles en marqueterie de cuivre, d'écaille et d'étain si caractéristiques de l'époque de Louis XIV et auxquels le nom d'André-Charles Boulle est resté surtout attaché. Mais ces meubles d'é-

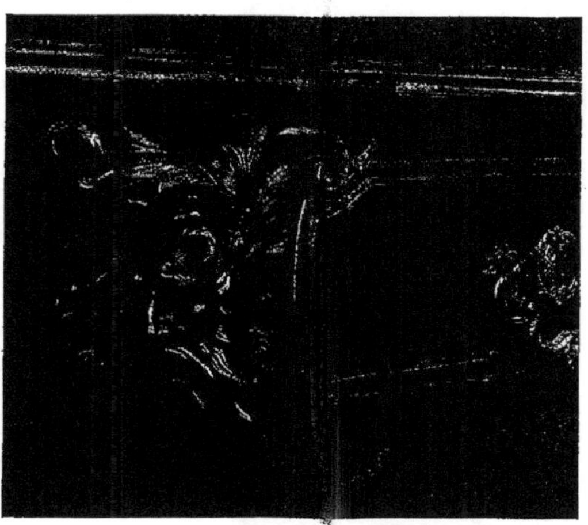

FRAGMENT DE LA DÉCORATION D'UN BUREAU
DE L'ÉPOQUE DE LA RÉGENCE
COLLECTION CHAPPEY

caille, dont les commodes provenant du mobilier de Louis XIV et déposées actuellement à la Bibliothèque Mazarine sont des échantillons pour ainsi dire classiques, ne représentent guère que l'époque où le style Louis XIV en tant que mobilier est définitivement fixé. En réalité, entre les cabinets de l'époque de Louis XIII, d'un aspect plutôt triste, que nous mentionnions tout à l'heure, et les meubles de Boulle, il existait, et représenté par des spécimens très luxueux, un chaînon qu'on aurait tort de négliger.

Les cabinets primitivement construits pour la décoration de la Galerie d'Apollon au Louvre, œuvres du Flamand Peter Goller et de l'Italien Domenico Cucci, représentent assez bien la transition entre le meuble purement flamand et italien tel que le cabinet d'ébène et le meuble à incrustations de cuivre et d'écaille mis à la mode par André-Charles Boulle.

Ces cabinets, dont les comptes nous sont parvenus, ainsi que quelques fragments qui en subsistent encore aujourd'hui, tels que les bustes en bronze doré de Louis XIV et de Marie-Thérèse, qui sont aujourd'hui déposés dans la chambre du roi à Versailles, tel que le couronnement d'une horloge en marqueterie déposée aujourd'hui au château de Fontainebleau, groupe de bronze qui provient assez probablement de la décoration du cabinet d'Apollon par Domenico Cucci ; la mention d'incrustations de pierres de couleurs, permettent de nous faire une idée approximative de ces cabinets dans lesquels le style italien devait tout à fait dominer. Ils devaient être singulièrement plus voyants que les meubles imaginés par Boulle, même dans ses créations les plus somptueuses, telles que les appartements du Grand Dauphin, à Versailles, où non seulement le mobilier comportait une décoration d'incrustations, mais où les planchers eux-mêmes avaient reçu des ornements de métal.

Quand ce mobilier de Boulle était dessiné par les artistes travaillant à Paris, par les artistes de la Cour, il revêtait des formes assez agréables aussi bien au point de vue du galbe que de l'ornementation, empruntée le plus souvent à des compositions de Berain. Mais il faut bien le dire, le même genre de décoration exécuté en province, par des mains aussi inhabiles à varier les incrustations qu'à dessiner d'une façon un peu simple les profils des meubles, donne des résultats très différents et souvent condamnables. Certaines commodes de l'époque de Louis XIV ou de la fin du premier quart du xviiie siècle ressemblent étrangement, par la lourdeur de leur forme, à des mobiliers imaginés dans le nord de l'Europe et en particulier en Hollande.

Il semblerait que dans ces œuvres, où l'on ne saurait retrouver l'intervention de Boulle, se trahisse inconsciemment l'origine probable du style de cet artiste qui, peut-être, n'était pas Français ou dont la famille, tout au moins, avait une origine étrangère. On sait que les Boulle venaient très probablement de Suisse, et cette constatation n'est d'ailleurs pas inutile pour expliquer le style assez particulier de décoration adopté par André-Charles, surtout au commencement de sa carrière, où il fit surtout des incrustations de bois de couleur représentant des fleurs ou des oiseaux.

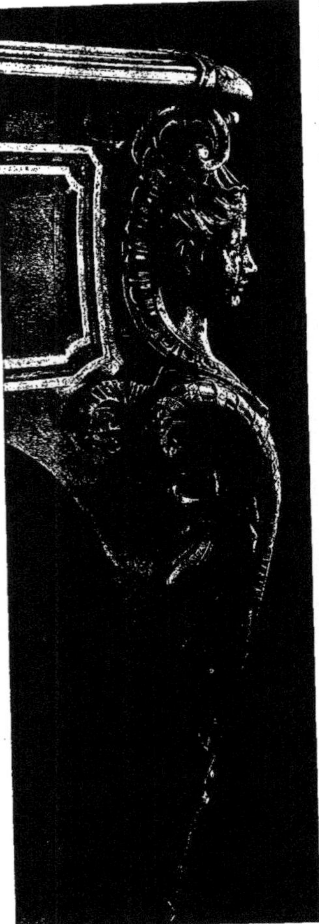

CHUTE D'UNE TABLE
DE L'ÉPOQUE DE LA RÉGENCE
COLLECTION CHAPPEY

Bien que le style Louis XIV fasse un tout complet qui, répétons-le, était bien devenu un style français, ayant sa vie propre, et par conséquent pouvant se développer, il restait beaucoup

de choses à faire pour l'alléger, pour le dégager d'un vieux système d'ornementation somptueuse qui, par certains côtés, rappelait bien ce luxe italien de la fin de la Renaissance où les formes redondantes ont, dans un trop grand nombre de cas, remplacé la noblesse des lignes.

Cette tâche d'épuration du style français devait s'opérer au commencement du XVIII siècle sous l'influence d'artistes qui, en quelque sorte, ont cherché à donner au mobilier le côté léger et spirituel que nous rencontrons dans les compositions des peintres contemporains, dans les compositions de Claude Gillot et de Watteau.

L'œuvre de Charles Cressent, ébéniste de Charles d'Orléans, régent de France, quelques productions des fils de Boulle, qui continuèrent les traditions de la famille jusque vers 1740 environ, sont d'excellents témoignages de cette transformation apportée dans les formes et l'ornementation du mobilier français dès la fin du règne de Louis XIV et surtout dans les années suivantes.

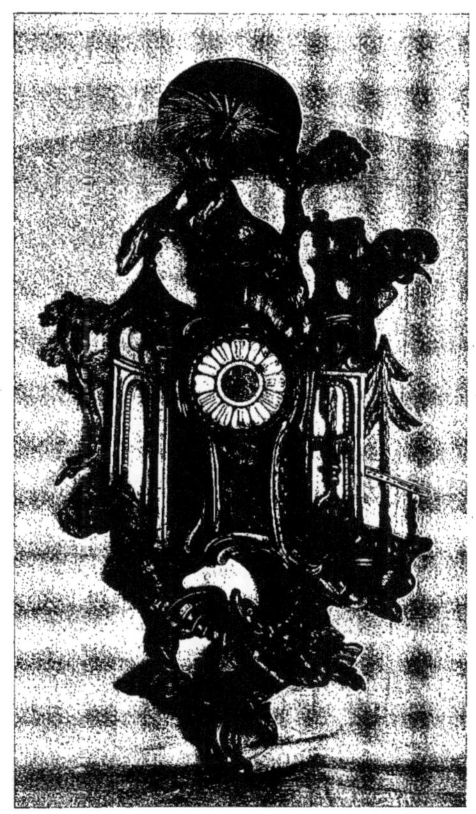

CARTEL EN BRONZE DORÉ, STYLE DE MEISSONIER
COLLECTION KLOTZ

Le système de Boulle, qui consistait à recouvrir les meubles d'un réseau de marqueterie déguisant entièrement ou presque entièrement le bois qui formait la matière subjective, la construction du meuble, fait place à un principe tout à fait nouveau : l'emploi généralisé du bois exotique dont des parties très notables sont laissées à nu entre les ornements de bronze. Ces bois exotiques, la plupart du temps employés à l'état de placages, permettent, par la disposition naturelle de leurs fils, par l'opposition qu'on en peut faire dans divers sens déterminés, par une construction géométrique très simple, de varier très heureusement l'aspect de surfaces planes même très étendues.

On comprend dès lors la substitution d'une mosaïque de bois diversement colorés, destinée à remplacer cette mosaïque ou marqueterie de cuivre, d'étain, d'ébène et d'écaille qui composait des meubles sans doute admirables d'aspect quand ils étaient neufs, mais dont la conservation était, étant donnés les changements atmosphériques assez brusques de nos climats, très problématique.

Cette mosaïque de bois de placage est longtemps restée confinée dans l'imitation de motifs géométriques ; mais, dans la seconde moitié du xviiie siècle, ce qui prouve bien qu'en art toute chose est un recommencement, tout en conservant ces dispositions de damiers, de résilles que nous trouvons déjà dans les meubles de Cressent, on a enrichi un tel système de décoration de véritables marqueteries destinées à reproduire soit des attributs, soit des sujets assez compliqués formant de véritables natures mortes, soit même, et ceci à la fin du xviiie siècle, sous le règne de Louis XVI, des paysages ou des perspectives animés de personnages.

Deux grandes armoires en bois de rose provenant de l'une des ventes organisées par Cressent et décorées de bronzes symbolisant les arts libéraux, un grand médaillier en forme d'armoire à deux corps, provenant de l'ancienne abbaye de sainte Geneviève, à laquelle elle avait été donnée par le fils du régent, sont des spécimens excellents et absolument authentiques de l'art des ébénistes qui a donné au mobilier français du premier tiers du xviiie siècle son expression absolument complète.

La simplicité des lignes de l'architecture, la simplicité des bronzes, toujours exécutés très soigneusement, appliqués sur cette architecture, forme un contraste très heureux avec les formes plus ronflantes et les sculptures moins soignées qui, dans la plupart des cas, s'étalent sur les meubles créés réellement à l'époque de Louis XIV.

Si l'on poussait plus loin cette comparaison entre les deux époques, si, notamment, on comparait les sculptures des boiseries qui, dans les habitations de luxe, formaient le cadre obligé d'un mobilier soigné, on arriverait aux mêmes constatations. La modération dans le décor, la recherche de la simplicité se retrouvent également dans tous les panneaux sculptés, dans les trumeaux créés à l'époque de Cressent et dont les dessins de l'architecte Robert de Cotte, qui fut chargé à son tour de la direction des Gobelins, donnent une idée parfaite.

Sans abandonner toujours les principes qui avaient dirigé l'art de Le Brun, Robert de Cotte a su les rendre plus simples, plus discrets, aussi bien dans le dessin que dans l'emploi des reliefs et des couleurs.

Si l'époque de la Régence, par une réaction bien compréhensible contre les exagérations du luxe de l'époque de Louis XIV, avait été simple, par une contre-réaction, le luxe français devait se jeter bientôt dans un véritable débordement de formes tout à fait exagérées.

L'influence d'artistes tels que Meissonier, pour citer le principal des dessinateurs étrangers, qui, au XVIIIe siècle, ont exercé une influence sur le style français, les dessins des Pineau et des Slodtz, devaient lancer le mobilier dans une aventure telle qu'il ne fallut rien moins qu'un retour des aspirations au style classique, le plus froid et le plus tempéré, pour lui rappeler qu'en architecture il existe des règles qu'on ne saurait enfreindre.

Ces tendances à la complication dans les formes, cette tendance à ramener chaque membre de l'architecture d'un meuble à une sorte de représentation stylisée d'une tige végétale, d'une fleur ou d'un coquillage, si caractéristique dans ce que l'on a appelé le style rocaille, ces tendances se font jour à l'époque de la Régence; mais c'est surtout à un moment où des importations répétées d'objets venus de l'Extrême-Orient influencent peu à peu le goût des artistes français, qu'éclôt définitivement un style dont les dessins de meubles et d'orfèvreries ou de joaillerie de Juste-Aurèle Meissonier sont l'expression la plus pure.

Dans cet art, le dessinateur doit chercher avant tout à éviter de se répéter; il ne doit point contrebalancer un motif de décoration par un motif semblable, ni même, dans la plupart des cas,

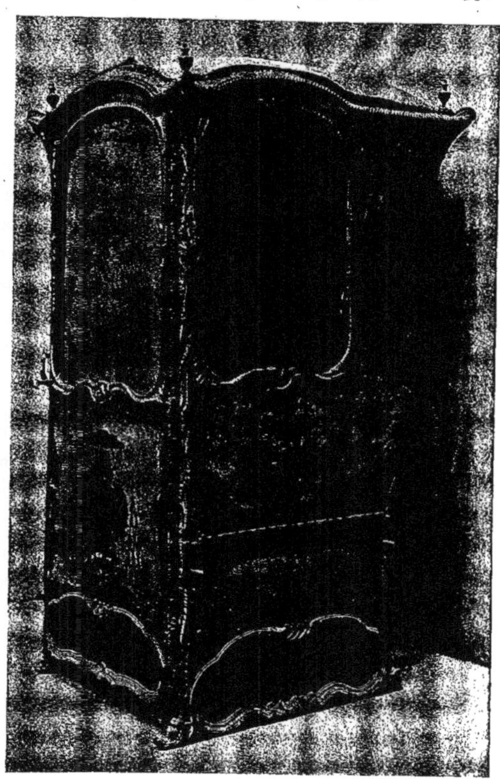

CHAISE A PORTEUR
ORNÉE DE PEINTURES AUX ARMES DU CARDINAL DE BERNIS (ÉPOQUE LOUIS XV)
MUSÉE D'ALBI

par un autre motif équivalent par sa forme ou par sa masse. Par principe, une composition décorative, pour être viable, pour être au dernier goût du jour, doit être boiteuse, inclinée à droite ou à gauche. Les lignes droites, aussi bien horizontales que verticales, ne sont admises que lorsque les lois de la statique l'exigent impérieusement.

Avec de tels principes, les artistes français, en additionnant ce besoin de variété, cette absence de symétrie d'un certain nombre de motifs pris au hasard, dans les laques et les porcelaines de l'Extrême-Orient, pouvaient aller très loin.

En réalité, et pour l'honneur du goût français, ils ne sont jamais allés si loin que nos voisins les Italiens et les Allemands qui, lorsqu'ils se sont évertués à composer eux-mêmes des décorations de style rocaille ou qu'ils ont copié des dessins de ce style exécutés par les Français, n'ont que rarement gardé une juste mesure. Tous les membres d'architecture de leurs meubles ou de leurs décorations ont des courbes tout à fait inharmonieuses, tout à fait forcées, et où des Français, tel que Pineau ou les Slodtz, aurait employé deux ou trois motifs de décoration qu'ils essayaient de relier tant bien que mal entre eux, un Allemand ou un Italien les auraient créés à la douzaine, superposant les branchages aux palmes, les palmes aux coquilles,

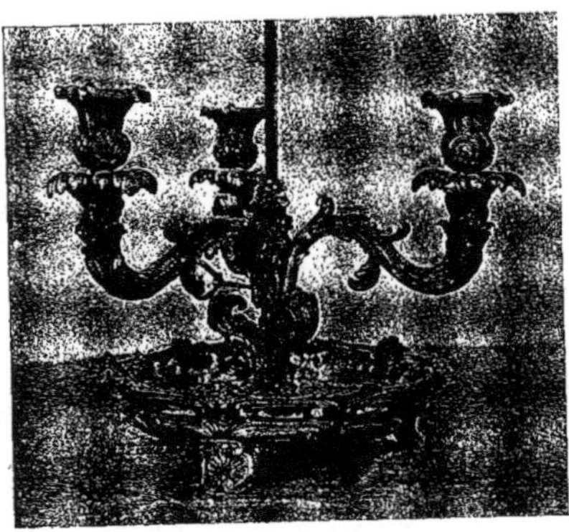

FLAMBEAU DE JEU en bronze (Époque Louis XV)
Collection Chappey

les dragons aux rinceaux, qui généralement sont posés à côté d'un ensemble, mais ne font point corps avec lui.

Ce qui a sauvé chez nous, dans la plupart des cas, ces compositions du ridicule, c'est que les artistes chargés de l'exécution du dessin, de la transcription en relief des œuvres imaginées à plat par les dessinateurs, ont toujours fait subir à ces premiers modèles les transformations nécessaires pour mettre un peu d'ordre dans des conceptions qui, pour être acceptées par le client, devaient dès l'abord se montrer excessivement déréglées.

Que l'un des Slodtz donne une composition à un des Caffieri, telle que la commode que possède la collection Wallace, et l'on voit tout de suite combien l'exécutant, combien celui qui a été chargé de traduire de ses mains par le modelage le dessin de l'artiste, a su prendre l'esprit de cette composition, non la lettre, combien il a rendu possible un système de décoration qui, au premier abord, paraissait tout à fait déraisonnable, trop maigre sur certains points, trop chargé sur d'autres.

On peut faire la même comparaison pour les médailliers du roi Louis XV dessinés aussi par Slodtz et exécutés par deux ébénistes parisiens, Gaudraux et Joubert.

Pour ne parler que de la pièce principale, du médaillier central en forme de commode, combien ce monument, qui date de 1739, est plus raisonnable dans l'exécution que dans le dessin des Slodtz, où ni une forme d'architecture, ni un motif décoratif n'est à l'échelle de l'ensemble. Il ne faut prendre que comme des indications très sommaires, de simples croquis, ces compositions sorties de l'atelier des dessinateurs du cabinet du roi.

Les artistes français du xviiie siècle et en particulier les bronziers et les ébénistes avaient conservé très intactes des traditions qui remontaient jusqu'au moyen âge, suivant lesquelles l'artiste exécutant, en face de son modèle, savait prendre, parce qu'il connaissait admirablement son métier, des libertés que bien souvent on ne tolérerait pas aujourd'hui; en sorte que le résultat définitif d'une commande n'est bien souvent qu'une interprétation excessivement libre, excessivement arrangée du modèle qui a servi de point de départ, qui a suggéré la pensée maîtresse de telle ou telle œuvre d'art, mais qui ne peut être considérée comme un patron qu'on doit suivre à la lettre.

L'emploi des laques de l'Extrême-Orient, soit qu'on les mît en œuvre tels qu'ils étaient fabriqués par les Chinois, soit qu'on en commandât rappelant par leur forme le galbe du meuble français, par leur décor et leur décoration n'ont pas été sans influer d'une façon puissante sur ce développement du style rocaille.

Ce n'était pas du reste la première fois que ces produits orientaux entraient pour une large part dans la décoration mobilière exécutée par les Français. Déjà nous voyons au xviie siècle un amateur tel que Mazarin avoir une chambre en laque de Chine, et sous le règne de Louis XIV aussi bien que pendant le règne de Louis XV de très nombreuses décorations d'inté-

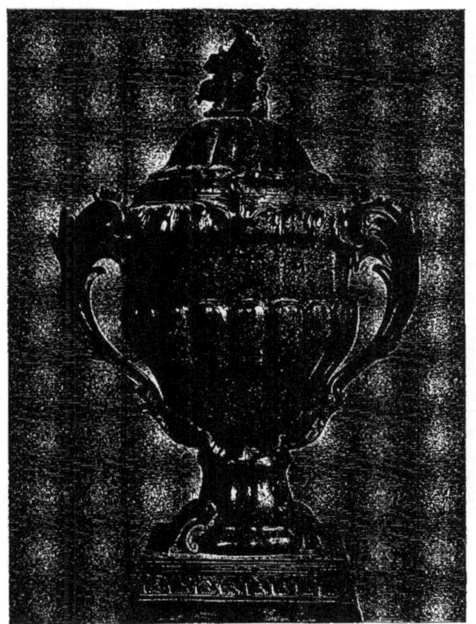

rieur ont été faites de la même façon. Les laques dits de Coromandel aux décors de personnages, de paysages ou de vases de fleurs aux tons voyants s'enlevant sur des fonds noirs, ont joué un rôle très considérable dans l'histoire de notre mobilier et ont fait adopter parfois, pour les tentures, des tons qui ne laissent pas, par leur vivacité et leur aspect heurté, de nous blesser quelquefois les yeux.

Qu'on se rappelle ces tapisseries aux petits points exécutées sous Louis XIV et dont on rapporte trop souvent la facture aux demoiselles de Saint-Cyr. Rien de plus voyants que ces ouvrages où les rouges, les bleus, les jaunes, se heurtent d'une façon inharmonieuse. C'est que ces tentures isolées paraissent singulièrement plus dures que si on les remet, par la pensée tout au moins, dans ce milieu où régnait l'art chinois, dans son expression la plus éloignée très certainement du génie européen.

L'influence que de tels produits avaient pu avoir sur l'emploi des couleurs se manifesta également sur le style du décor et on ne saurait trop répéter que certaines compositions de Toro, certaines compositions de Meissonier, telles que le modèle en bois d'une pendule qui est exposé au Petit Palais, telles que les modèles de deux torchères dont le luminaire est supporté par des dragons, sont des œuvres inspirées directement par l'art chinois.

Il est assez curieux que presque tous ceux qui se sont occupés de l'art français au xviiie siècle n'aient pas fait une assez large part à cette influence de l'Extrême-Orient que l'on rencontre presque à chaque pas.

On oublie trop que c'est à ce moment précis que s'est formé en France, par une traduction que les uns trouveront trop libre et d'autres maladroite, ce type du chinois que dans le langage populaire on a qualifié de chinois de paravent, que l'on rencontre dans les tentures chinoises du xviiie siècle tissées en Europe et dont un dernier reflet existe encore aujourd'hui dans la

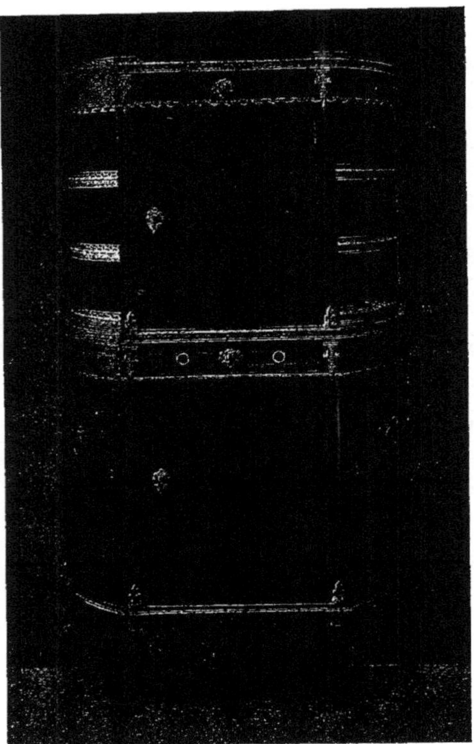

PETIT MEUBLE en marqueterie
Style d'Oeben (Époque Louis XV)
Collection Klotz

manière dont nous traduisons les objets et les personnages de l'Extrême-Orient dans des produits industriels de pacotille, qui ne tiennent pas à une grande exactitude et reproduisent inconsciemment des modèles orientaux comme nous reproduisons les œuvres du xviiie siècle.

Les faux laques, exécutés sur carton ou sur zinc à notre époque, continuent, sans que ceux qui les fabriquent s'en doutent assurément, le même système d'interprétation qui était en usage chez nos artistes, il y a cent cinquante ans.

La deuxième moitié du règne de Louis XV ou plus exactement la deuxième moitié du XVIIIe siècle devait voir une réaction en sens contraire.

Aux lignes trop onduleuses du style rocaille, à l'absence de symétrie, de règle dans ces compositions, devait bientôt se substituer un style directement inspiré de l'antiquité classique, dans lequel la verticale et l'horizontale régneraient en maître, où les ornements, réduits au strict nécessaire, laisseraient à nu de grandes parties d'architecture dont les lignes paraissaient suffisantes pour produire un effet décoratif.

C'est, bien entendu, dans l'architecture que s'est produit d'abord en France cette réaction.

L'architecture de Gabriel, avec ses façades à colonnades où la répétition du même motif finit par composer tout un système d'ornementation, est l'expression la plus ancienne à la fois et la plus complète du style qui régnera en France à partir de 1760 environ.

Ce n'est pas simplement par réaction contre les désordres du dessin rocaille que ces formes seront adoptées ; c'est qu'en réalité on revient de plus en plus à l'étude de l'antiquité classique, que tout le monde s'en mêle, que les amateurs tels que Caylus, des érudits tels que Barthélemy ou Winckelmann, font connaître plus amplement les œuvres grecques, romaines ou égyptiennes.

Sans doute, les traductions qu'ils en donnent, soit de leurs propres mains, soit par les planches qui accompagnent leurs ouvrages, ne sont pas au point de vue de l'exactitude un idéal très souhaitable, mais il n'en est pas moins vrai que ces recueils, mis constamment sous les yeux du public, l'habituent peu à peu à trouver ridicules les formes contournées créées par Meissonier et les Slodtz.

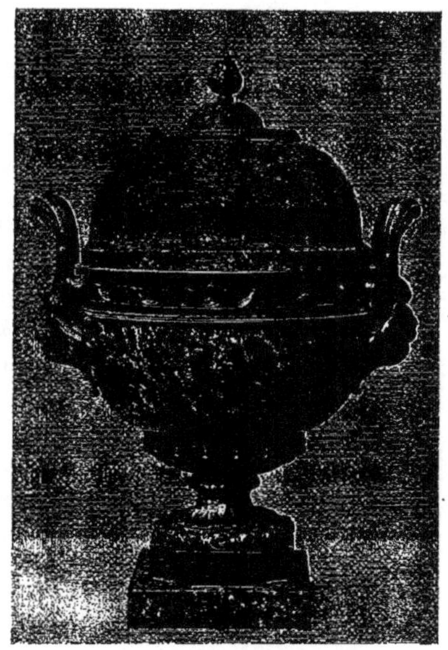

VASE EN MARBRE MONTÉ EN BRONZE DORÉ
(ÉPOQUE LOUIS XV)
COLLECTION LEROY-DUPRÉ

Si l'on songe que nos artistes, par l'intermédiaire de l'Académie de France à Rome, n'avaient jamais cessé d'être en rapport étroit avec les monuments de l'antiquité classique et les monuments de la renaissance italienne qui en sont la copie affaiblie, on comprend que ce retour à des formes plus calmes devait trouver chez nous un terrain de culture bien préparé, d'autant que la logique de l'esprit français, comme nous l'avons fait remarquer tout à l'heure, n'avait jamais oublié, même au moment où toute l'ornementation adoptée paraissait la plus folle, les principes éternels de l'architecture. Car on ne saurait trop le remarquer, ce qui a fait le succès du mobilier français, c'est qu'il a toujours conservé, sous une ornementation de placage, une architecture raisonnée et excessivement rationnelle.

Il va sans dire que cette influence des architectes sur le meuble, à l'époque de Louis XV, ne s'est point fait sentir du jour au lendemain ; elle s'est infiltrée progressivement, si bien que l'une des pièces principales fabriquées à cette époque, le bureau du roi, œuvre collective de Oeben, qui avait été élève de Boulle et de Riesener, dont les dernières productions devaient être très analogues à ce qu'on qualifie de style Empire, est encore dessiné suivant des galbes chers aux amateurs du style rocaille.

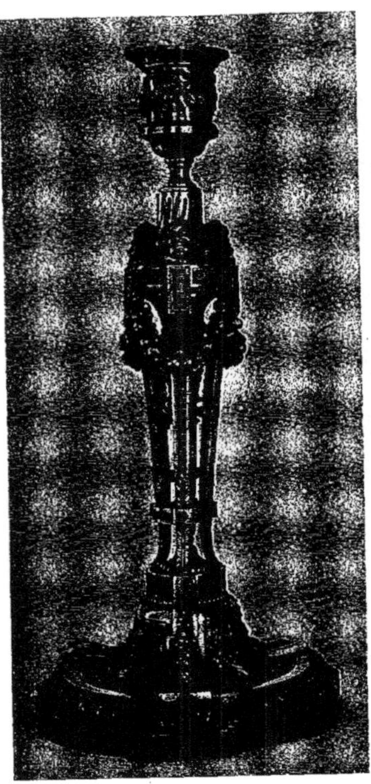

FLAMBEAU en bronze doré, signé Martincourt
(Époque Louis XVI)
Collection Chappey

Il est vrai que ces formes contournées ont en réalité des profils très calmes, et que sur ces formes d'architecture sont appliquées des décorations de bronze qu'un artiste comme Gabriel aurait absolument tolérées sur ses façades, qu'il croyait élever à la manière des classiques.

C'est surtout le style du dessinateur Delafosse, inspiré par les formes classiques et très voisines, au point de vue des partis pris décoratifs, des compositions d'architecture de Gabriel, qui influait sur nos ébénistes et nos bronziers de la seconde moitié du xviiie siècle, et c'est là que l'on retrouve ces guirlandes de feuillages, ces festons de lauriers qui jouent un tel rôle dans la décoration des édifices d'architecture de cette époque et qui parfois sont moins heureusement appliquées à l'ornementation des meubles.

C'est là qu'on retrouve les premiers éléments de ce style, auquel ceux qui aiment les classifications par trop simples et qui feraient volontiers correspondre à chacun des règnes des rois de France un style décoratif différent, ont qualifié de style Louis XVI, en sorte que les œuvres de Gouthière, exécutées pour le duc d'Aumont et pour Mme du Barry dans les dernières années du règne de Louis XV, devraient être, si ces amateurs étaient logiques, qualifiées d'œuvres créées sous le règne de Louis XVI.

C'est qu'en réalité il n'y a aucune analogie entre la chronologie de l'art et la chronologie des règnes des souverains français au xviiie siècle.

On a fait ce que l'on appelle couramment du Louis XVI bien longtemps avant le commencement du règne de ce prince.

Le pavillon de Louveciennes peut être même considéré comme l'expression la plus fine et la plus pure du style auquel, à tort ou à raison, plutôt à tort, le nom de la reine Marie-Antoinette est resté attaché. Or, on se rappelle que le pavillon de Louveciennes a été reconstruit et décoré dans les dernières années du règne de Louis XV, par l'architecte Ledoux, pour Mme du Barry.

Les modèles que Gouthière emploiera plus tard pour la décoration des meubles de Riesener sont des modèles qui ont été créés sous Louis XV.

Si nous avons pu dire que le style du mobilier français de Louis XIV était la résultante du mélange d'influence étrangère et que, même dans certains cas, ces meubles français avaient été exécutés par des mains étrangères, on peut faire la même remarque pour les meubles de la deuxième moitié du XVIIIe siècle.

L'énumération des noms seuls d'un très grand nombre des principaux ébénistes parisiens, de ceux qui furent employés surtout pour l'exécution des œuvres destinées au Garde-meuble royal, suffirait à montrer que ce sont surtout des artistes allemands qui ont travaillé chez nous aux œuvres d'ébénisterie : Oeben, Riesener, Bennemann et Schwertfeger, Weisweiler, ont tous, je pense, des noms d'un aspect suffisamment germanique pour qu'il ne soit pas nécessaire de pousser plus loin, dans l'étude rapide que nous faisons ici, la question de leur origine.

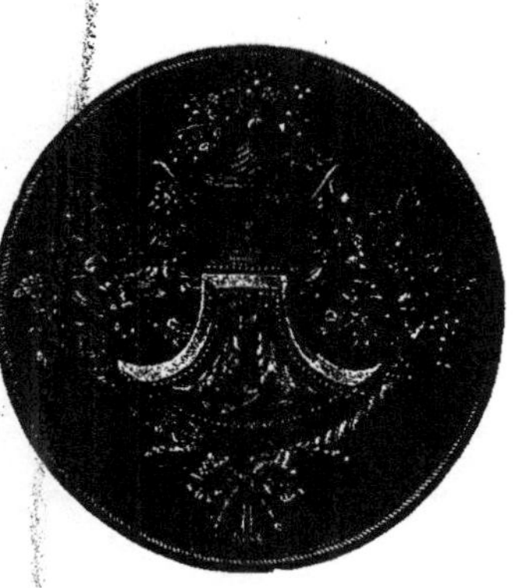

ORNEMENT D'UNE TABLE
(ÉPOQUE LOUIS XVI)
COLLECTION SCOTT

Je ne parle même pas d'artistes tels que Roentgen, qui ne fut que d'une façon tout à fait épisodique considéré comme membre de la corporation des ébénistes de Paris ; mais déjà à cette époque nous voyons installée et très florissante, au faubourg Saint-Antoine, une colonie très nombreuse d'Allemands qui inaugurent chez nous une tradition qui dure encore aujourd'hui ; il est vrai que c'est surtout à l'ébénisterie, à la marqueterie que s'emploient ces artistes, et les bronzes appliqués sur leurs œuvres sont en général dus à des artistes français.

Mais ce qui fait qu'on peut les considérer comme ayant joué un grand rôle dans l'art du mobilier de notre pays, c'est que faisant la plupart du temps abstraction de leur personnalité et même très probablement, dans certains cas, de leur goût personnel, ils ont eu entre les mains des modèles dus à des architectes français et se les sont assimilés. C'est pour cette raison que presque tous ces meubles sont en somme considérés et à juste titre comme des spécimens de l'art français du XVIIIe siècle. A peine, dans certains exemplaires, quelques fautes de dessin, quelques lourdeurs dans les lignes prouvent-elles que quelquefois le traducteur s'est montré impuissant à transcrire toutes les délicatesses du modèle. Certains bureaux, par leur forme trapue, par leur architecture plus lourde que l'architecture française, montrent bien une origine germanique que presque toujours vient confirmer une signature.

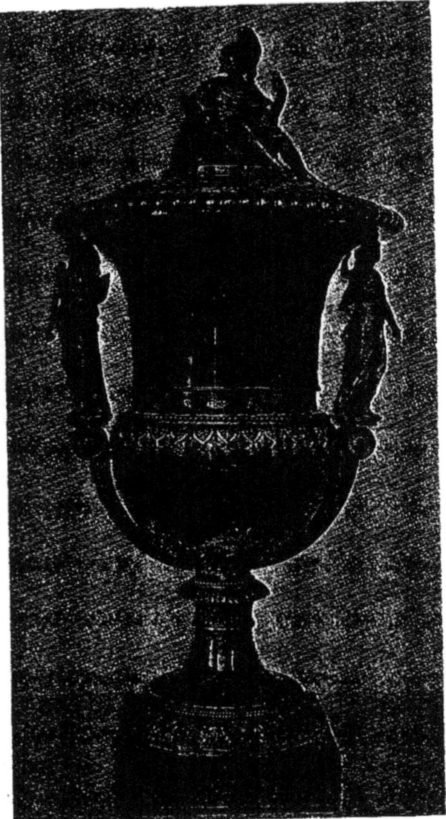

VASE EN PORCELAINE DE SÈVRES
Monté en bronze par Thomire (Époque Louis XVI)
Appartient a l'État

Néanmoins, cette intrusion d'artistes étrangers, de plus en plus nombreux, devait accentuer certaines tendances du mobilier français sous le règne de Louis XVI. On ne pouvait demander véritablement à ces artistes, à tous du moins, la même facilité d'assimilation et d'interprétation.

Que l'on mette en face l'une de l'autre une commode sortie des ateliers de Riesener à l'Arsenal, ou une commode sortie des ateliers de Bennemann à la même époque ou à quelques années de distance, et l'on verra tout de suite que la première est l'œuvre d'un artiste qui a su complètement, et avec une souplesse étonnante, s'assimiler les principes de l'art français, qui, même dans ses œuvres qui se rapprochent le plus de l'architecture de la même époque, sait conserver encore la grâce dont il avait fait preuve dans ses créations du règne de Louis XV.

Bennemann, au contraire, par les formes lourdes qu'il donne à son ébénisterie, par l'architecture trop simple qu'il adopte, prépare avec beaucoup de ses confrères, qui ne sont pas aussi habiles que lui comme ébénistes et qui ne sont pas plus forts comme architectes, une décadence qui aboutira au meuble imaginé par Jacob à la fin du règne de Louis XVI, et par ses successeurs sous le Directoire et le Premier Empire.

Ces artistes ignorent le secret que possède encore entièrement Riesener, celui d'associer l'architecture au décor qui y est superposé.

Pour eux un meuble se compose de surfaces plus ou moins grandes et non mouvementées, d'acajou généralement, sur lesquelles on peut appliquer, pourvu que l'on respecte les lois de la symétrie, tel décor que l'on voudra.

C'est ainsi que beaucoup des beaux motifs de bronze admirablement ciselés fixés à la façade des meubles de Bennemann ne se marient que très imparfaitement à l'architecture.

C'est ainsi que les Jacob arriveront à semer sur la façade de leurs secrétaires ou de leurs bureaux des rosettes ou des palmettes d'une exécution absolument irréprochable, mais qui n'ont pas plus de liens entre elles qu'on ne peut découvrir le lien qui les relie à l'architecture du mobilier.

Il se produit donc à ce moment une sorte de divorce entre l'appareil décoratif et le meuble qui sert de matière subjective à cette décoration.

L'introduction de nouveaux éléments dont l'utilité, au point de vue de l'ornementation, ne se faisait pas sentir, tels que les peintures sous verre, les grisailles, les incrustations de nacre, date de cette époque qui devait être féconde en résultats néfastes pour le goût français.

Mais pendant longtemps encore des hommes tels que

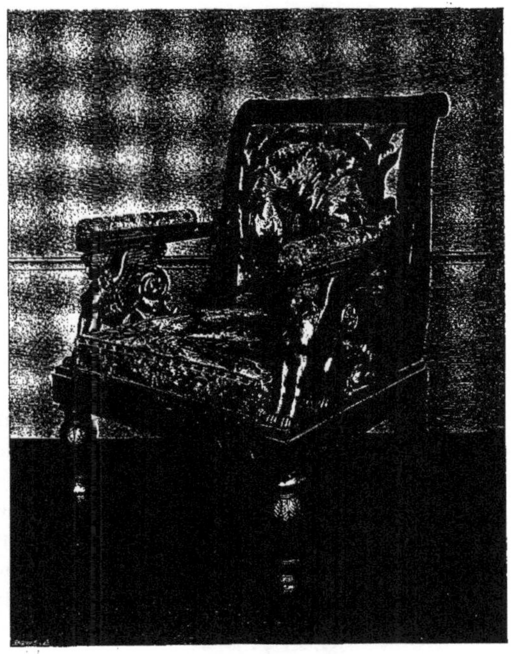

FAUTEUIL EN BOIS DORÉ
Recouvert en soierie de Lyon (Époque Louis XVI)
Appartient a l'État

Riesener ou Weisweiler maintiendront les principes qui avaient été en honneur sous le règne de Louis XV et ne voudront pas croire au divorce possible entre une riche décoration imaginée par les sculpteurs, les bronziers et les ébénistes, imitateurs des architectes.

Même Thomire, qui a eu au point de vue de l'histoire de l'art dans ces cent dernières années la carrière la plus extraordinaire, puisqu'il a déjà créé des chefs-d'œuvres sous le règne de Louis XVI et qu'il a eu le tort de prolonger son activité artistique jusqu'au règne de Louis-Philippe, même Thomire comprend les nécessités de relier étroitement les deux éléments qui composent le mobilier.

Même dans l'armoire à bijoux de Marie-Antoinette, œuvre collective de Schwertfeger qui fut le constructeur et l'ébéniste, de Thomire qui fut le bronzier, et de Degault qui fut le peintre, cette alliance est assez marquée. L'architecture du meuble et la décoration font bien un tout dont on peut critiquer certaines lignes ou certains détails, il rentre pourtant bien encore dans les traditions du mobilier français.

Mais que l'on prenne l'armoire à bijoux de l'impératrice Marie-Louise, œuvre créée par Jacob qui s'est inspiré visiblement du parti pris adopté pour l'architecture de ce meuble, de l'armoire à bijoux de Marie-Antoinette, on verra au contraire une dissociation complète entre les bronzes, d'une ciselure absolument parfaite, ou les incrustations de nacre appliquées sur ce meuble, et le meuble lui-même, bâti d'une façon excessivement soignée mais dont vraiment les lignes, par trop simples, ne font pas honneur à l'imagination des dessinateurs du commencement du xixe siècle.

ANGE PORTANT UN FLAMBEAU
(xive siècle)
COLLECTION SCHIFF

LA SCULPTURE ET LA PEINTURE. — Il ne pouvait être question dans une exposition telle que celle du Petit Palais, exposition avant tout organisée pour écrire, à l'aide des monuments, une histoire des arts mineurs, de donner une large place à la peinture ou à la sculpture : pour représenter la première, il eût fallu disposer d'une plus large place ; pour la seconde, si la place eût été à la rigueur suffisante, on se fût heurté à une grosse difficulté, puisque les plus beaux spécimens de la sculpture française sont immeubles par destination : les représenter par des moulages, c'eût été assez mal à propos créer un double de l'admirable Musée qu'abrite le Trocadéro.

Néanmoins, les organisateurs de l'Exposition rétrospective de l'art français ont pensé que c'était une occasion unique pour mettre sous les yeux du public quelques monuments célèbres de ces deux séries, qu'on voit mal dans les endroits où ils sont placés d'ordinaire, ou des monuments peu connus appartenant à des collections privées. Il eût été trop dur de paralyser, au nom d'un principe absolu, tant de bonnes volontés qui s'offraient d'elles-mêmes. Aussi bien peintures et sculptures pouvaient voisiner fort heureusement avec les tapisseries et les meubles, et servir à en éclairer l'histoire. De par l'admission de ces séries peu nombreuses, ont pris place au Petit Palais une foule d'objets de premier ordre, et personne ne s'est plaint de cette dérogation au cadre de l'organisation primitive. Nous allons indiquer rapidement les principaux parmi ces monuments.

L'étrange figure en pierre de Mercure, exhumée à Lezoux (Collection Plicque), est l'un des spécimens les plus importants de la sculpture gallo-romaine que l'on puisse citer; et cette plastique, un peu farouche d'aspect, eût suffi à légitimer l'admission de la sculpture, tant une semblable figure est suggestive au point de vue des origines de notre art national. Un cavalier du xie siècle, fragment de la décoration de l'abbaye de La Règle, à Limoges, comme le signe du Lion et le signe du Bélier, du Musée de Toulouse (xiie siècle) sont, à des titres différents, des échantillons très importants de la sculpture romane : ce dernier surtout, avec sa bizarre inscription, évoque le souvenir de toute une école de sculpture puissante qui a créé des chefs-d'œuvre. Mais il faut arriver jusqu'à l'époque gothique pour trouver des monuments de sculpture, nombreux et de première importance : la belle figure d'ange portant un flambeau, marbre de la collection Schiff, les pleureurs du tombeau de Philippe le Hardi, par Claus de Werve, à M. le baron Arthur de Schickler; les pleureurs du tombeau du duc de Berry, par Paul Mosselmann, à M. le marquis de Vogüé et au Musée de Bourges; un admirable buste de femme, polychromé, œuvre bourguignonne du xve siècle, à M. le baron Albert Oppenheim; puis, pour le commencement du xvie siècle, les beaux anges musiciens en marbre, de Saint-Ayoul de Provins. On en passe et des plus belles, telle une charmante Vierge en marbre du xve siècle, au Musée de Moulins, ou le beau buste d'une princesse du xive siècle, marbre de la collection Dufaÿ. Mais on ne peut avoir ici la prétention, à propos de ces monuments, d'esquisser, même en raccourci, une histoire de la sculpture française. Il suffit de montrer par quelques citations qu'en réalité aucune des manifestations principales

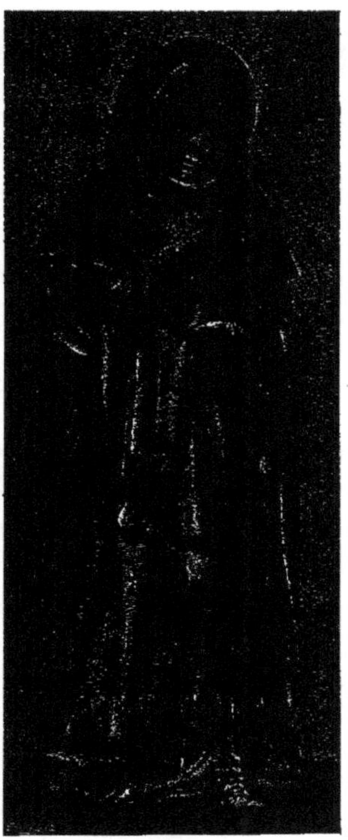

UN PLEUREUR

MARBRE PROVENANT DU TOMBEAU
DE JEAN, DUC DE BERRY
COLLECTION DE M. LE MARQUIS DE VOGÜÉ

de la sculpture française ne s'est trouvée omise : deux figures de la Force et de sainte Barbe, à M. R. Koechlin et à M. Gillot; un bas-relief représentant l'*Annonce aux bergers* et la *Présentation au temple*, à l'église Saint-Nicolas de Troyes, suffisaient à rendre compte des deux courants qui, au xvie siècle, partagent la sculpture champenoise, comme le buste de Jean de Morvilliers, le beau bronze de l'évêché d'Orléans, ou la Vierge en marbre de l'église de La Couture, au Mans, nous font admirablement comprendre les différentes phases du génie d'un Germain Pilon, tantôt portraitiste profond et implacable, tantôt artiste gracieux et affété.

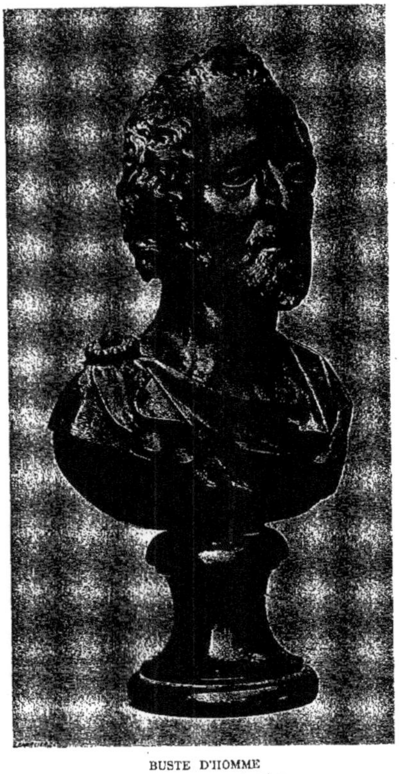

Le xviie siècle n'a pas été moins bien représenté par un beau buste d'homme en bronze, appartenant à M. Maurice Kann, et qu'on pourrait peut-être identifier avec un des personnages dont les médailleurs du commencement du siècle ont fait le portrait; un autre bronze appartenant à M. Heilbronner, et enfin l'admirable buste de Richelieu, par Warin, qui est déposé à la bibliothèque Mazarine. Le Marsyas, à M. Moïse de Camondo, ou l'Assomption, à M. le marquis de Boisgelin, sont de bons spécimens de l'art de Puget, et la curieuse statue équestre en fer de Louis XIV, d'après Girardon, à M. Doistau, est un chef-d'œuvre que connaissent depuis longtemps tous ceux qui prisent l'art du siècle de Louis XIV.

Mais c'est bien entendu pour le xviiie siècle qu'on pouvait espérer faire dans les Musées de province et chez les amateurs une ample moisson; elle a en effet été très fructueuse :

BUSTE D'HOMME
BRONZE FIN DU XVIe SIÈCLE
COLLECTION HEILBRONNER

bustes et petites sculptures, marbres, bronzes et terres cuites ont permis d'animer véritablement les salles consacrées au mobilier somptueux de cette époque. De la réunion de ces objets, comme aussi du voisinage des peintures, des tapisseries, des boîtes et des souvenirs en or émaillés, sortis des collections de Mme la baronne James de Rothschild, de M. le marquis de Thuisy ou de M. Bernard Franck, a été formée non point une restitution des mobiliers du xviiie siècle — le terme serait trop ambitieux et impropre — mais une sorte d'atmosphère spéciale qui permettait de juger plus équitablement chaque création artistique. C'est le grand défaut — souvent inévitable — de presque tous nos musées de présenter les objets par série, sans chercher à les remettre tant soit peu dans le milieu dans lequel ils sont nés et pour lequel ils ont été faits. Pour la plupart des collections, l'expérience pourrait être, croyons-nous, tentée ; pour la sculpture du xviiie siècle, bustes et figurines, elle est faite, et des plus concluantes. Aussi bien était-elle déjà faite chez les amateurs dont aucun n'aurait l'idée, même ceux dont les collections sont les plus riches, de se composer une salle de sculpture du xviiie siècle, c'est-à-dire un ensemble parfaitement froid et insipide.

En face d'une telle réunion, il devient bien difficile de citer. Essayons cependant : Voici d'abord le bronze équestre de Louis XV, de J.-B. Lemoyne, au Musée de Bordeaux; puis le buste en bronze du même souverain, appartenant à l'État ; l'admirable portrait de Mme de Fonville, par Defernex, au Musée du Mans ; un charmant buste de femme, en terre cuite, du Musée de Nevers ; un buste de femme, par Pajou, de la collection Deutsch ; un buste d'homme, que d'aucuns ont attribué à Pigalle, sans d'ailleurs que cette attribution soit cer-

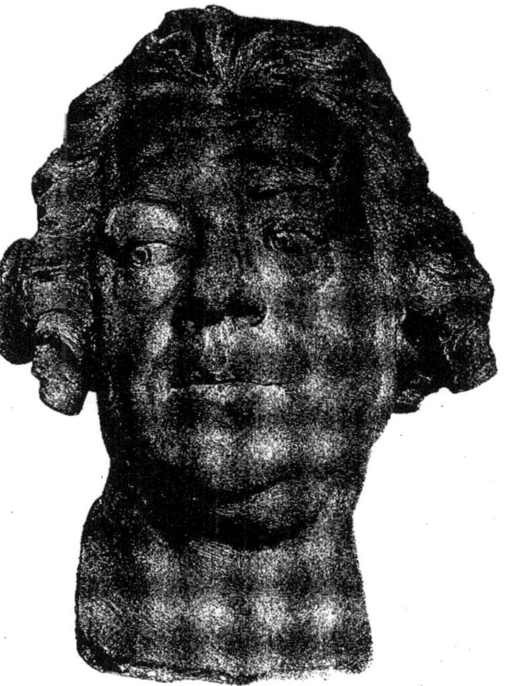

PORTRAIT D'HOMME, terre cuite par Falconet
Collection Donop de Mouchy

taine, au Musée Saint-Jean d'Angers ; le charmant buste en marbre de Sabine Houdon, par Houdon, de la collection Rueff.

Falconet, un des artistes pour lequel on aura en 1900, comme du temps de Diderot, dépensé beaucoup d'encre, ne saurait réclamer contre une exposition où il était représenté par un admirable masque (Collection Donop de Mouchy) ; la Pendule des Trois Grâces, à M. le comte Isaac de Camondo ; la baigneuse en cire, de la collection Leblanc-Barbedienne ; la Vénus et l'Amour, de la collection Boy, ou les baigneuses, du Musée de Montargis. Une charmante figure de la Fidélité en marbre, par J.-J. Caffiéri, à M. Moïse de Camondo, la Comédie, par Vassé, appartenant à l'État, les danseuses de Lorta, appartenant également à l'État, le portrait de Voltaire, par Rosset, de Saint-Claude, à M. Gaston Joliet, montraient des spécimens tout à fait caractéristiques d'artistes qui parfois eurent du génie, mais surent aussi, et dans leurs meilleurs moments, s'abaisser jusqu'à créer des œuvres délicates dont la place est tout indiquée pour la décoration des appartements.

Mais le triomphe fut véritablement pour les terres cuites et les marbres de Clodion dont on eût pu difficilement souhaiter une plus aimable et plus gracieuse réunion ; les groupes de la collection Moïse de Camondo, de la collection Beurdeley, l'*Escarpolette* de la collection de Mme la baronne James de Rothschild, la *Surprise*, de la collection de M. Ladan-Bockairy, l'esquisse d'un tombeau, de la collection de M. d'Albénas, voisinaient avec les bas-reliefs représentant les arts libéraux, du Musée de Cherbourg, la Flore et la Pomone, du Musée de Mâcon, le *Rhin séparant ses eaux*, de la collection de M. le Dr Cornil. Et on en passe ; il eût été difficile de mieux représenter un artiste dans les œuvres duquel s'épanouit toute la grâce du génie français de la fin du xviiie siècle, grâce dont Marin, lui aussi, dans un charmant modèle de pendule en terre cuite, de la collection de M. Klotz, paraît en ses bons jours avoir saisi une partie.

Le tableau d'Enguerrand Charonton, que l'abbé Requin a restitué à son véritable auteur et qu'abrite un musée trop délaissé, celui de Villeneuve-lès-Avignon, est une œuvre charmante, du xve siècle, qui montre à quel point chez nous ont pu se mélanger des influences très diverses. Charonton, en exécutant cette fraîche peinture, était hanté par bien des souvenirs : la Vierge et les deux figures humaines de la Trinité qui la couronnent sont plutôt flamandes, comme flamands de style sont beaucoup des personnages qui les entourent et les adorent ; le paysage et les constructions qui meublent la partie inférieure de son panneau se ressentent étrangement d'un commerce long et profitable avec les peintures italiennes et surtout florentines. Ce beau tableau fut longtemps attribué au roi René, qui, s'il mania jamais les pinceaux, dut être fort probablement un pitoyable miniaturiste. C'est au roi René d'Anjou également que fut longtemps attribuée la paternité de l'admirable triptyque dénommé le *Buisson ardent*, œuvre parfaite de Nicolas Froment, peintre d'Avignon, encore un artiste jadis ignoré, aujourd'hui remis en honneur grâce aux documents d'archives qui nous permettent de rendre un juste hommage au grand artiste qui peignit le triptyque de la cathédrale d'Aix. Il faut rapprocher des portraits du roi René et de la reine Jeanne de Laval, peints sur les volets, le diptyque offrant les mêmes portraits que conserve la collection Chabrières-Arlès ou ceux encore que possède le Louvre. Tous furent jadis considérés comme des œuvres royales. Il faut en rabattre aujourd'hui : ce sont les œuvres de quelques-uns des peintres vivant à la cour de Provence, mais ce sont des œuvres sincères de professionnels de la peinture et non de naïves tentatives d'amateurs.

C'est par ces morceaux, d'un intérêt capital, que débutait la série des peintures exposées au

Petit Palais. Mais hâtons-nous de dire que cette série présentait de nombreuses lacunes, puisque aussi bien n'avait-on point cherché à présenter les éléments d'une histoire complète. Les quatre panneaux à fond d'or du Musée de Moulins, l'histoire de saint Étienne et l'histoire de saint Laurent, œuvres de la fin du xvᵉ siècle, nous amènent au triptyque de la cathédrale de Moulins, Pierre II de Bourbon et Anne de Beaujeu en adoration devant la Vierge. Très partagés sont les avis sur cette peinture où se rencontrent et s'entrechoquent pour se fondre en un

tout assez harmonieux les influences les plus diverses ; les uns tiennent cette peinture pour italienne, et des noms connus ont été prononcés par des gens qui paraissent aussi bien ignorer la peinture italienne de la fin du xvᵉ siècle que la peinture française de la même époque. Sans entrer dans l'examen de ces opinions plutôt hasardées — elles n'en valent pas la peine — disons que, à notre sentiment, l'œuvre est sortie d'une main française, mais que le peintre avait beaucoup regardé les Italiens au point de vue de l'assemblage des tons, et les Flamands au point de vue de la forme. Mais ce sont là des accidents assez fréquents dans l'art français de l'époque de la Renaissance pour que ceux qui commencent à peine à ouvrir les yeux en face des œuvres d'art en soient seuls surpris. Quoi qu'il en soit, l'œuvre, bien qu'anonyme, est considé-

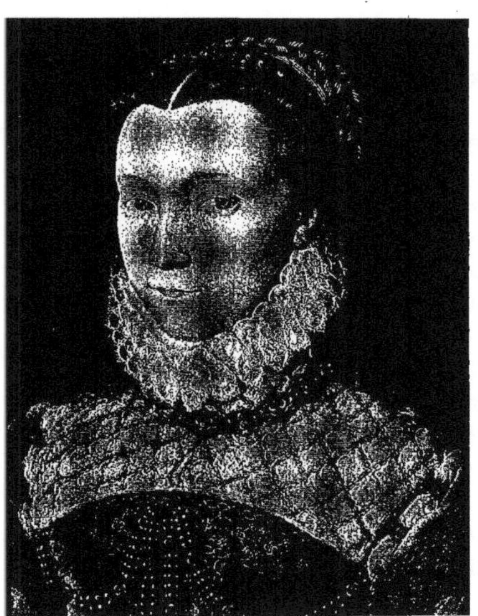

PORTRAIT DE LA DUCHESSE DE ROANNEZ,
xvıᵉ siècle
COLLECTION DE MAULDE

rable, et dès l'époque de sa création ne passa pas inaperçue. Elle fut en partie reproduite dans de charmants émaux translucides qui aujourd'hui font partie de la collection Wallace, à Londres. Les deux triptyques de la cathédrale d'Arras, attribués à Jean de Bellegambe, les deux tableaux votifs, ornés de cadres sculptés si somptueux, de Notre-Dame-du-Puy d'Amiens (Musée d'Amiens), nous amènent au xvıᵉ siècle, et, à partir de ce moment, pas plus qu'en face du charmant portrait de femme exposé par M. de Maulde, qu'en face du portrait de Henri II du Musée du Puy, il n'est plus question de discussion d'école : c'est bien à de la peinture française que nous avons affaire, aussi bien que dans les portraits équestres d'Henri IV et de Marie de Médicis, du Musée de La Rochelle, portraits si malencontreusement attribués à l'un des Clouet, attribution que des gens pleins d'esprit ont voulu faire endosser par les organisateurs de l'Exposition.

C'est simplement par quelques échantillons qu'était représentée la peinture du xviie siècle français : citons le président Gaspard de Gueidan (Musée d'Aix), par Rigaud, et une bergère (Collection Deutsch), par Largillière. On ne pouvait rêver deux œuvres plus souples, plus éclatantes, plus somptueuses et plus appropriées pour la décoration d'une salle où brillait le mobilier de l'époque de Louis XIV.

Chardin ne nous est pas apparu sous les espèces ni de ses natures mortes, ni de ses scènes intimes : le portrait de l'artiste (Collection Bureau), un portrait de femme (Collection Dollfus), le portrait de Rameau (Musée de Dijon) ont suffi à mettre en évidence un des côtés, le moins remarqué peut-être, mais le plus puissant du talent du grand artiste.

L'enseigne du marchand de peintures Gersaint que possède M. Michel Lévy est un tableau sur lequel on pourra discuter longtemps, sur lequel même on discutera toujours, étant donnée l'existence du tableau de Berlin ; et nous n'avons nullement la prétention, en cette étude rapide, de traiter, encore moins de présenter, un avis autorisé et documenté sur les œuvres de Watteau ; mais, quels que soient les avis, il faut être reconnaissant à son possesseur d'avoir exposé une œuvre qu'il y avait grand intérêt de pouvoir examiner et étudier de près. Les portraits des enfants du duc de Choiseul par Drouais, à M. le baron Henri de Rothschild, épave probable du château de Chanteloup, le portrait de Rameau par Greuze (Collection Joliet), l'*Innocence enchaînée par les Amours*, par Greuze également (Collection Schlichting), une femme nue par Vestier (Collection Scott), les *Amusements de l'Enfance* par Bachelier, ne pouvaient passer assurément pour donner une idée complète de l'évolution de la peinture française, pour la seconde moitié du xviiie siècle, mais tout au moins permettaient d'animer des ensembles de mobilier qui n'auraient pas eu la même signification s'ils s'étaient trouvés réduits à la présentation des chefs-d'œuvre des ébénistes ou des tapissiers. Et puis, agir de la sorte, n'était-ce pas affirmer une fois de plus le principe qui doit toujours nous guider, l'unité de l'art ?

TABLE DES GRAVURES INSÉRÉES DANS LE TEXTE

LES IVOIRES

	Pages
Tête de femme de style grec. Musée de Vienne (Isère)	1
Feuillet de diptyque consulaire (vie siècle). Musée de Bourges	2
Pyxide (vie siècle). Église de la Voute-Chilhac (Haute-Loire)	3
Coffret, travail byzantin. Cathédrale de Troyes	4
Pion d'échiquier (xie siècle). Collection Albert Maignan	5
Pion d'échiquier (xiiie siècle). Musée de Compiègne	5
Polyptyque (xive siècle). Collection Boy	6
Pyxide (xive siècle). Musée de Dijon	7
Boîte de miroir. Le siège du château d'amour (xive siècle). Collection de Mme la Marquise Arconati-Visconti	8
L'Annonciation (revers) (xve siècle). Musée de Langres	9
Couteau dit de Diane de Poitiers (xvie siècle). Collection Campe	10

LE BRONZE

Vénus. Musée de Chambéry	11
Jambe incrustée d'argent. Collection J. Protat	12
Marteau de porte (xiie siècle). Musée du Puy	13
Chandelier (xiie siècle). Collection Chabrières-Arlès	14
Chandelier (xiie siècle). Collection Chabrières-Arlès	14
Aquamanile (xiie siècle). Collection Martin le Roy	15
Aquamanile (xiiie siècle). Collection Martin le Roy	15
Aquamanile (xive siècle). Collection de M. le baron Oppenheim	16
Aquamanile (xve siècle). Collection Chabrières-Arlès	17
Saint Hubert (xve siècle). Collection de M. le baron de Schickler	18
Neptune (xvie siècle). Musée de Châlons-sur-Marne	18
Jean de Morvilliers, par Germain Pilon. Évêché d'Orléans	19
Le cardinal de Richelieu, par Jean Warin. Bibliothèque Mazarine	20

LE FER, LES ARMES

Serrure à vertevelle (xvᵉ siècle). Musée de Rodez ... 21
Clé (xviᵉ siècle). Musée de Narbonne ... 22
Clé (xviᵉ siècle). Musée de Toulouse ... 22
Clé (xviᵉ siècle). Musée de Narbonne ... 23
Clé (xviᵉ siècle). Musée de Toulouse ... 23

LA CÉRAMIQUE

Vase en terre vernissée en jaune (xviᵉ siècle). Musée du Mans ... 27
Gourde en faïence, peinte par Sigalon, Nîmes, 1581. Collection de M. le baron Gustave de Rothschild. 29
Vase de pharmacie en faïence, peinte par Masseot Abaquesne, de Rouen (xviᵉ siècle). Musée de Dieppe ... 31
Coupe en faïence dite de Saint-Porchaire. Collection de M. le baron Gustave de Rothschild ... 32
Plaque de revêtement en faïence par Bernard Palissy. Collection de Mˡˡᵉ Grandjean ... 33
Coupe découpée à jour, au chiffre de Henri II et de Catherine de Médicis, par Bernard Palissy. Collection de M. le baron Gustave de Rothschild ... 35

LA TAPISSERIE

Tapisserie de l'Apocalypse (fragment) (xviᵉ siècle). Cathédrale d'Angers ... 37
Scène de chasse (xvᵉ siècle). Église Notre-Dame de Nantilly, à Saumur ... 39
Tapisserie des armes de France (xvᵉ siècle). Musée des antiquités de la Seine-Inférieure, à Rouen ... 41
L'armement d'un chevalier (Commencement du xviᵉ siècle). Collection Schutz ... 43
Les instruments de la Passion (Commencement du xviᵉ siècle). Cathédrale d'Angers ... 45

LES TISSUS ET BRODERIES

Suaire de sainte Colombe et de saint Loup (fragment) (ixᵉ siècle). Cathédrale de Sens ... 46
Chape dite de saint Mesme (fragment) (xᵉ siècle). Église Saint-Étienne, à Chinon ... 47
Chape dite de saint Étienne de Muret (fragment) (xiᵉ siècle). Église d'Ambazac (Corrèze) ... 48
Chape dite de saint Rambert (fragment) (xiiᵉ siècle). Église de Saint-Rambert-sur-Loire (Loire) ... 49
Chape (fragment) (Commencement du xivᵉ siècle). Église de Saint-Bertrand-de-Comminges ... 50
Aumônière (xivᵉ siècle). Cathédrale de Troyes ... 51
Triptyque (Fin du xivᵉ siècle). Musée de Chartres ... 52
Chasuble (Fin du xviiᵉ siècle). Cathédrale de Reims ... 53

LES CUIRS

Écrin de reliquaire (xiiiᵉ siècle). Musée de Montargis ... 55
Coffret (xivᵉ siècle). Collection Ch. Gillot ... 56
Écrin d'un groupe en ivoire (xvᵉ siècle). Musée de Langres ... 57

L'ORFÈVRERIE

Boucle de ceinture en argent et en bronze, incrustée de verroterie (vie siècle). Collection Boulanger. .   59
Fibule en or (vie ou viie siècle). Collection Boulanger.   59
Patène du calice de saint Gozlin, or et émaux (xe siècle). Cathédrale de Nancy.   60
Calice de saint Gozlin, or et émaux (xe siècle). Cathédrale de Nancy.   61
Évangéliaire de saint Gozlin, argent repoussé (xe siècle). Cathédrale de Nancy.   62
Chef en bronze doré (xiie siècle). Église de Saint-Rémy, à Reims.   67
Calice dit de saint Rémy (xiie siècle). Cathédrale de Reims.   68
Reliquaire (xiie siècle). Musée d'Amiens.   69
Croix processionnelle (xiiie siècle). Église de Rouvres.   70
Reliquaire, argent et émaux (xiiie siècle). Église de Château-Ponsac.   71
Bras-reliquaire en argent (xiiie siècle). Église de Crespin.   72
Saint André, bronze doré (xive siècle). Église de Saint-André, à Reims.   73
Triptyque-Reliquaire, argent (xive siècle). Église de Sainghin.   74
Châsse, cuivre argenté (xve siècle). Église de Murtin.   75
Reliquaire du voile de sainte Aldegonde. Argent (xve siècle). Église de Maubeuge.   76
Sainte Marthe et la Tarasque, argent (xve siècle). Église de Lucéram (Alpes-Maritimes).   77
Plan en relief de la ville de Soissons, cuivre doré (xvie siècle). Séminaire de Soissons.   78
Burette, argent doré (Époque de Louis XV). Cathédrale de Nancy.   79
Plateau de burettes, argent doré (Époque de Louis XV). Cathédrale de Nancy.   81

LES ÉMAUX

Châsse (Fin du xie siècle). Église de Bellac (Haute-Vienne).   83
Châsse (Fin du xiie siècle). Église de Gimel (Corrèze).   85
Châsse (xiiie siècle). Ancienne cathédrale d'Apt (Vaucluse).   86
Châsse (xiiie siècle). Église de Sarrancolin (Hautes-Pyrénées).   87
Colombe eucharistique (xiiie siècle). Collection Taylor.   89
Triptyque, émail peint par Nardon Pénicaud. Collection Boy.   91
La Vierge et l'Enfant Jésus, émail peint par Jean II Pénicaud. Collection Boy.   92
Niobé, émail peint par Léonard Limousin. Collection Boy.   93
Europe, émail peint par Léonard Limousin. Collection Boy.   93
Saint Thomas, émail peint par Léonard Limousin. Église Saint-Père, à Chartres.   95

LE BOIS ET LE MEUBLE

Vantail d'une porte de la cathédrale du Puy (xie siècle).   97
La Vierge et l'Enfant. Bois peint et doré (Commencement du xive siècle). Collection Boy.   98
Sainte Marthe (xve siècle). Musée de Château-Gontier.   99
Statuette d'homme (xve siècle). Collection Oppenheim.   100
Chaire (xve siècle). Collection Boy.   101
Panneau (xve siècle). Musée de Moulins.   102
Devant de coffre (xvie siècle). Collection Boy.   102
Coffre (xvie siècle). Collection Boy.   103

Couvercle de fonts baptismaux (xvie siècle). Église Saint-Romain, à Rouen 104
Panneau de meuble (xvie siècle). Collection Taylor 105
Grand coffre (xvie siècle). Musée Saint-Jean, à Angers 106
Panneau d'armoire (xvie siècle). Collection Boy 107
Ange en bois sculpté (xviie siècle). Collection Lippmann 109
Guéridon en bois sculpté et doré (Époque de Louis XIV). Église de Là-Couture, au Mans 111
Petite console en bois doré (Époque de la Régence). Collection Leroy-Dupré 112
Fragment de la décoration d'un bureau de l'époque de la Régence. Collection Chappey 113
Chute d'une table de l'époque de la Régence. Collection Chappey 114
Cartel en bronze doré, style de Meissonier. Collection Klotz 115
Chaise à porteurs, ornée de peintures, aux armes du cardinal de Bernis (Époque Louis XV). Musée
    d'Albi 117
Flambeau de jeu en bronze (Époque Louis XV). Collection Chappey 118
Vase en porphyre, monté en bronze doré (Époque Louis XV). Appartient à l'État 119
Petit meuble en marqueterie, style d'Ocben (Époque Louis XV). Collection Klotz 120
Vase en marbre, monté en bronze doré (Époque Louis XV). Collection Leroy-Dupré 121
Flambeau en bronze doré, signé Martincourt (Époque Louis XVI). Collection Chappey 122
Ornement d'une table (Époque Louis XVI). Collection Scott 123
Vase en porcelaine de Sèvres, monté en bronze par Thomire (Époque Louis XVI). Appartient à
    l'État 124
Fauteuil en bois doré, recouvert en soie de Lyon (Époque Louis XVI). Appartient à l'État 125

LA PEINTURE ET LA SCULPTURE

Ange portant un flambeau (xive siècle). Collection Schiff 126
Un pleureur. Marbre provenant du tombeau de Jean, duc de Berry. Collection de M. de Vogüé 127
Buste d'homme. Bronze (Fin du xvie siècle). Collection Heilbronner 128
Portrait. Terre cuite par Falconet. Collection Donop de Mouchy 129
Portrait de la duchesse de Roannez (xvie siècle). Collection de Maulde 131

TABLE DES HÉLIOGRAVURES

IVOIRES

Diptyque consulaire au nom de Justinianus, consul en 521. Provient du Puy. Collection Sigismond Bardac.

L'Annonciation (xiiie siècle). Collection Chalandon. — Collection Garnier.

La Vierge et l'Enfant Jésus. Groupe polychrome (xive siècle). Collection de M. le baron Albert Oppenheim.

La Vierge et l'Enfant Jésus. Groupe en ivoire peint et doré (Commencement du xive siècle). Église de Villeneuve-lès-Avignon.

L'Annonciation. Ivoire peint et sculpté (Commencement du xve siècle). Musée de Langres.

BRONZES

Apollon. Bronze antique découvert à Vauxpoisson. Musée de Troyes.

Timon de char (Époque romaine). Musée de la Collégiale Saint-Raymond, à Toulouse.

Pied de candélabre, provenant de Saint-Remy de Reims (xiie siècle). Musée de Reims.

Sainte Fortunade. Buste bronze (xve siècle). Église de Sainte-Fortunade (Corrèze).

Sphinx (xvie siècle). Musée d'Aix.

Flambeaux en bronze doré : 1 et 2, par Caffieri (Cathédrale de Bayeux) ; 3, par Renart (Cathédrale d'Autun) (xviiie siècle).

ARMES

Demi-armure en fer repoussé et doré, ayant appartenu au roi Henri II. Collection Sigismond Bardac.

CÉRAMIQUE

Buire. Faïence de Saint-Porchaire. Collection de M. le baron Alphonse de Rothschild.

Vase en porcelaine de Sèvres, fond rose. Vase en porcelaine de Sèvres, fond bleu, monture en bronze doré. Collection de Mlle Grandjean.

TAPISSERIES

Bal costumé (xve siècle). Église Notre-Dame de Nantilly, à Saumur.

Le couronnement de la Vierge ; Salomon couronnant Bethsabée ; Assuérus couronnant Esther ; Une gloire d'anges. Tapisserie tissée de soie (Fin du xve siècle). Trésor de la cathédrale de Sens.

Pièce de la série de « L'histoire de saint Jean-Baptiste ». Tapisserie tissée d'or et de soie (Commencement du xvie siècle). Appartient à l'État.

Visite du roi Louis XIV à la manufacture des Gobelins. Tapisserie des Gobelins. Appartient à l'État.

Histoire de Daphnis et Chloé. 1718. Tapisserie des Gobelins. Appartient à M. Löwengard.

Pièce de la tenture des « Jeux russiens », d'après J.-B. Leprince. Appartient à l'État.

BRODERIES

Broderie de chape (fragment) (xve siècle). Collection de M. Martin Le Roy.

CUIRS

Coffret en cuir gravé, peint et doré (xve siècle). Musée de Clermont,

ORFÈVRERIE

Couverture de l'évangéliaire de saint Gozlin, évêque de Toul (xe siècle). Trésor de la cathédrale de Nancy.

Sainte Foy. Statue en or et en argent doré (Fin du xe siècle). Trésor de Conques.

A en argent doré, dit A de Charlemagne (xie siècle). Trésor de Conques.

Pied de croix en cuivre champlevé et émaillé. Provenant de l'abbaye de Saint-Bertin (xiie siècle). Musée de Saint-Omer.

Reliquaire de la Vraie Croix, en argent doré. Travail byzantin du xiie siècle, monté en France au xive siècle. Église de Jaucourt (Aube).

Reliquaire de la Sainte Épine, argent et cristal de roche (xiie siècle). Religieuses Augustines d'Arras. — Crosse, argent doré (xive siècle). Église de Maubeuge.

Coupe en argent repoussé (xiie siècle). Cathédrale de Sens.

Croix provenant de l'abbaye de la Valasse (xiie siècle). Musée de Rouen.

Châsse de saint Taurin (xiie siècle). Église de Saint-Taurin, à Évreux.

La Vierge ; saint Jean l'Évangéliste. Figurines en or (Fin du xive siècle). Collection Corroyer. — La Vierge et l'Enfant Jésus et un donateur. Plaque d'argent gravé (Fin du xive siècle). Collection Paul Garnier.

Reliquaire en ivoire et cuivre doré (xive siècle). Cathédrale de Rouen.

Reliquaire du voile de sainte Aldegonde. Argent doré (xve siècle). Église de Maubeuge.

Navette à encens en argent doré et coquille (xvie siècle). Cathédrale de Chartres.

Bouilloire et lampe, boîte et flacon à thé, en argent. Pièces faisant partie d'un service d'orfèvrerie exécuté par Henry-Nicolas Cousinet, en 1729, pour la reine Marie Leczinska. Collection Chabrières-Arlès.

Aiguière en jaspe, montée en or cisclé (Époque de Louis XV). Collection de Mme la baronne James de Rothschild.

Boîtes et souvenirs en or émaillé, ornés de miniatures (xviiie siècle). Collection de M. Bernard Franck.

Chocolatière et cafetière en vermeil (Époque de Louis XVI). Collection Chabrières-Arlès.

ÉMAUX

Autel portatif. Albâtre oriental et émaux cloisonnés (xie siècle). Trésor de l'église de Conques.

Geoffroy Plantagenet. Émail champlevé sur cuivre (xiie siècle). Musée du Mans.

Châsse en cuivre émaillé (Commencement du xiiie siècle). Église d'Ambazac (Haute-Vienne).

Hanap. Émaux en grisaille sur argent (xve siècle). Collection Thewalt.

Saint Jacques le Majeur. — La crucifixion. — Sainte Catherine d'Alexandrie. Triptyque par Monvaerni (xve siècle). Collection de M. Cottereau.

L'Annonciation et la Nativité. Triptyque par Nardon Pénicaud (Commencement du xvie siècle). Collection de Mlle Grandjean.

Les apôtres saint Barthélemy, saint Jean et saint Jacques, par Léonard Limousin (xvie siècle). Église Saint-Père, à Chartres.

MEUBLES ET BOIS SCULPTÉS

Lit d'Antoine de Lorraine. Bois sculpté, peint et doré (xvie siècle). Appartient à l'État. Déposé au Musée Lorrain, à Nancy.

Coffre en noyer (Commencement du xvie siècle. Collection Chabrières-Arlès. — Coffre aux armes de François d'Estaing, évêque de Rodez (Commencement du xvie siècle). Évêché de Rodez.

Modèle de la clôture d'une chapelle de la cathédrale de Rodez. Attribuée à Bachelier (xvie siècle). Collection de M. Boy.

Dressoir en noyer. Style de Du Cerceau (xvie siècle). Collection Chabrières-Arlès.

Dressoir en noyer (Seconde moitié du xvie siècle). Collection Chabrières-Arlès.

Grande armoire en noyer sculpté et peint, par Hugues Sambin (Fin du xvie siècle). Collection de Mme la Marquise Arconati-Visconti.

Table en noyer sculpté (Seconde moitié du xvie siècle). Musée de Dijon.

Dressoir en noyer (Seconde moitié du xvie siècle). Collection de Mme la Marquise Arconati-Visconti.

Bureau en marqueterie d'écaille et de cuivre, par A.-C. Boulle (Époque de Louis XIV). Collection Bernard Franck. — Hercule vainqueur du cerf, bronze par Jean Bologne. Appartient à l'État.

Canapé en bois sculpté et doré, recouvert en tapisserie des Gobelins (Époque de la Régence). Appartient à M. Chappey.

Pendule en bois sculpté et doré par Toro. — Feux en bronze doré. — Écran en bois sculpté et doré ; tapisserie des Gobelins (Époque de la Régence). Appartiennent à M. Chappey.

Grande console en bois doré (Époque de la Régence). Appartient à l'État. — Lion et taureau ; lion et cheval ; groupes en bronze (xviie siècle). Collection Léorier.

Console en bois doré (Époque de la Régence). Musée de Narbonne.

Grand bureau orné de bronze doré (Époque de la Régence). Appartient à M. Chappey.

Régulateur en marqueterie d'ébène, de cuivre et d'écaille, du cardinal de Rohan (Commencement du xviiie siècle). Appartient à l'État. — Régulateur en marqueterie, orné de bronze doré (Milieu du xviiie siècle). Collection Boucheron.

Console en bois sculpté, style de Meissonier (Époque Louis XV). Collection Doistau. — Pendule en bronze doré (Époque Louis XVI). Collection Lelong.

Médaillier en bois de rose provenant de l'abbaye de Sainte-Geneviève, par Charles Cressent. Bibliothèque Nationale.

Console en bois sculpté et doré (Époque de Louis XV). Appartient à M. A. de la Bretèche.

Commode en laque ; ornements en bronze (Époque de Louis XV). Provenant du château de Chanteloup (Préfecture d'Indre-et-Loire).

Applique en bronze doré, par Gouthière (Fin du règne de Louis XV). Appartient à Mlle Grandjean.

Bureau en acajou et bronze doré (Époque de Louis XV). Collection E. Löwengard. — Candélabres en bronze (Époque Louis XVI). Lycée de Reims.

Régulateur par Philippe Caffieri, 1767. Appartient à Mme la vicomtesse de Saint-Georges.

Pendule des Trois Grâces (Face), par Falconet. Collection de M. le comte Isaac de Camondo.

Pendule des Trois Grâces (Revers), par Falconet. Collection de M. le comte Isaac de Camondo.

Pendule des Trois Grâces (Côtés), par Falconet. Collection de M. le comte Isaac de Camondo.

Pendule en bronze doré. Modèle de Germain. Mouvement de Lepaute. Ancien mobilier de Mme Du Barry, à Louveciennes. Appartient à l'État.

Commode en marqueterie, par Riesener (Époque Louis XVI). Appartient à l'État.

Commode en acajou ornée de plaques en porcelaine et de bronzes, par Bennemann (Époque Louis XVI). Appartient à l'État. — Monument de l'abbé de Livry, par Goy. Appartient à l'Institut.

Commode en bois de rose, ornée de bronze doré, attribuée à Riesener (Époque Louis XVI). — Pendule en bronze doré, par Gouthière. — Vases en bronze, en partie dorés (Époque Louis XVI). Collection de Mme M. Brach.

Commode en acajou ornée de bronzes dorés, par Bennemann (Époque Louis XVI). Appartient à l'État.

Secrétaire en bois de rose (Époque Louis XVI). Collection Scott.

Console en bois doré (Époque de Louis XVI). Appartient à l'État.

Armoire à bijoux de la reine Marie-Antoinette, par Schwerdfeger, Degault et Thomire. Appartient à l'État.

Pendule en bronze doré. Modèle attribué à Falconet (Époque Louis XVI). Collection Bianchi.

Vase en marbre vert, monté en bronze doré (Époque de Louis XVI). Collection Scott.

SCULPTURES

Le signe du lion ; le signe du bélier. Marbre (xiie siècle). Musée de Toulouse.

Portrait de femme. Pierre peinte. Bourgogne (Commencement du xve siècle). Collection de M. le baron Albert Oppenheim.

Une sainte femme. Statuette en bois peint et doré. Collection Chabrières-Arlès.

La Vierge et l'Enfant. Marbre par Germain Pilon. Église N.-D. de La-Couture, au Mans.

La Vierge et l'Enfant Jésus. Terre cuite peinte (Fin du xvie siècle). Église de Saint-Paterne (Indre-et-Loire).

Louis XIV. Statue en fer ciselé par Girardon (xviie siècle). Collection Doistau.

Madame de Fonville. Terre cuite, par Defernex (Époque Louis XV). Musée du Mans.

Voltaire. Marbre, par Rosset de Saint-Claude. Collection Joliet.

La musique. — Les arts du dessin, par Michel, dit Clodion. Terre cuite. Musée de Cherbourg.

L'escarpolette. Groupe en terre cuite, par Michel, dit Clodion. Collection de Mme la baronne James de Rothschild.

La Surprise. Terre cuite par Michel, dit Clodion. Collection Émile-L. Bockairy.

Sabine Houdon, fille du sculpteur. Buste en marbre, par Houdon (1791). Collection Rueff.

Pendule en terre cuite. Modèle de Marin (Époque Louis XVI). Collection Klotz.

PEINTURES

Le buisson ardent. Le roi René d'Anjou et sa femme Jeanne de Laval, par Nicolas Froment (xve siècle). Cathédrale d'Aix.

Le Couronnement de la Vierge, par Enguerrand Charonton (xve siècle). Musée de Villeneuve-lès-Avignon.

Triptyque. Pierre II de Bourbon et Anne de Beaujeu (xve siècle). Cathédrale de Moulins.

Notre-Dame-du-Puy d'Amiens. Tableau votif avec cadre sculpté (xvie siècle). Musée d'Amiens.

Le président Gaspard de Guéïdan, par Rigaud. Musée d'Aix.

Portrait d'une princesse, par Largillière. Collection Deutsch de la Meurthe.

MACON, PROTAT FRÈRES, IMPRIMEURS.